U0754191

中国末代皇帝溥仪 (1906－1967)

维克多·尼古拉耶维奇·乌索夫　著

张晓东　译

群众出版社

2016·北京

图书在版编目（CIP）数据

中国末代皇帝溥仪：1906 – 1967／（俄罗斯）维克多·尼古拉耶维奇·乌索夫著；张晓
东译. —北京：群众出版社，2017. 10
ISBN 978 – 7 – 5014 – 5756 – 4

Ⅰ. ①中… Ⅱ. ①维…②张… Ⅲ. ①爱新觉罗·溥仪（1906 – 1967）—生平事迹
Ⅳ. ①K827 = 7

中国版本图书馆 CIP 数据核字（2017）第 248217 号

中图字：01 – 2016 – 6286

中国末代皇帝溥仪（1906—1967）

［俄］维克多·尼古拉耶维奇·乌索夫　张晓东　译

出版发行：群众出版社
地　　址：北京市丰台区方庄芳星园三区 15 号楼
邮政编码：100078
经　　销：新华书店
印　　刷：三河市书文印刷有限公司

版　　次：2018 年 1 月第 1 版
印　　次：2018 年 1 月第 1 次
印　　张：10.125
开　　本：880 毫米 × 1230 毫米　1/32
字　　数：280 千字

书　　号：ISBN 978 – 7 – 5014 – 5756 – 4
定　　价：38.00 元

网　　址：www. qzcbs. com
电子邮箱：843195700@ qq. com

营销中心电话：010 – 83903254
读者服务部电话（门市）：010 – 83903257
警官读者俱乐部电话（网购、邮购）：010 – 83903253
文艺分社电话：010 – 83901730　　010 – 83903973

目　录

光绪皇帝之死　1

溥仪继位　14

慈禧的死亡和出殡　19

宫中生活　24

溥仪的学业　45

溥仪的婚礼，皇后和妃子　56

鸦片的蔓延　70

辛亥革命与中华民国的建立　78

离开紫禁城　88

避难日本使馆　97

"满洲国"最高"执政"　115

"执政"的私生活　142

俄侨在满洲　146

1

"满洲帝国"皇帝　162

日本之行　175

七三一部队　185

日本投降　195

成为俘虏　204

在苏联　213

中国监狱生活　242

特赦　260

溥仪的亲眷　281

末代皇帝的病与死　308

光绪皇帝之死

　　天朝帝都紫禁城和城外皇帝及其嫔妃、子女、近亲的府邸，从来就充满了阴谋、谣言、互相构陷、明里暗里的争斗以及奇怪而突然的死亡。与皇室沾亲带故的各大家族往往相互为敌，嫔妃之间通常彼此仇恨，不择手段地想让对方从政治舞台上消失。太监、朝臣、宫女，都被卷入肮脏的宫斗中。在谣言与告密的复杂网络中，交织着紫禁城要害部门官员之间为职位和邀宠于天子的斗争。几个世纪以来，尽管仍有许多待解的宫闱之谜，但皇家的真实生活已经逐步公诸于世了。

两岁时的溥仪

　　1908 年，绝大部分中国人、在华洋人以及列强的头头脑脑们都被一桩怪事所吸引，大多数人都无法给出符合逻辑的合理解释。

　　这一年的 11 月 14 日至 15 日，在不到二十四个小时的时间里，发生了三起对于紫禁城、北京城乃至全中国都意义非凡的事件。一、三十六岁的光绪皇帝突然驾崩；二、慈禧皇太后宣布两岁的溥仪为皇位

1

继承人；三、统治了中国整整四十三年（1865—1908）的慈禧太后离奇地因患痢疾而薨，卒年七十四岁。

1910 年的《亚洲通讯》杂志报道说：在中国人看来，太后摧毁了新的精神——她不能够承受新的情境产生的压力，并将自己暮年的不悦归罪于光绪皇帝。太后之死，引发的是全国上下无法掩饰的快意。人们认为，和她一起死掉的还有她的党羽所做的一切努力——他们努力让中国回归旧秩序，更准确地说，是回到无序的道路上去。

关于光绪之死，末代皇帝溥仪后来在回忆录中写道："当慈禧太后明白自己再也爬不起来了却又不想死在光绪皇帝之前，便害死了他。"①不过，他更倾向于另一种说法，即慈禧根本没料到自己会死。直到两岁的溥仪登基那一天，她都不曾意识到自己很快就要离世了。光绪皇帝驾崩两小时后，她把两岁的溥仪之父、光绪的亲兄弟——醇亲王载沣召来说："你要按我所示，处理所有国家事务。"② 到了第二天，太后却说："我现在感觉很不好，可能再也起不来了。我死后，由摄政王处理一切国家事务。特别重要的大事要有皇后（光绪的结发妻子那拉氏、慈禧的侄女隆裕皇后）③ 参与决策。"然而，这一切并不能说明慈禧已经准备好撒手人寰了。

溥仪之说并非定论。关于光绪之死，众说纷纭。

一说是他杀，罪魁祸首乃为年迈的慈禧。1908 年 11 月 14 日早晨，大太监李莲英（慈禧的宠信）和两个心腹随从来到软禁光绪的瀛台，为天子准备了三种自杀工具：鸦片药丸、金箔（将其放在唇间，正常呼吸之下会紧紧封住人的咽喉，让人窒息而死）、白绫。离开前，他提醒皇

① 我的前半生：中国末代皇帝溥仪回忆录。莫斯科，1968 年，第 41—42 页。
② 同上，第 42 页。
③ 同上。

2

帝说，他会在午时回来；届时这三样东西都没有派上用场的话，太监们就不得不闷死他了。大太监午时回来了，桌子上的药丸不见了，光绪躺在那儿奄奄一息。李莲英知道，他已经无需再加把手了，一切都结束了。

另一说是，三十六岁的皇帝身体极度虚弱，已然油尽灯枯了。1908 年 11 月 14 日，大约下午 3 点，慈禧太后来看望重病缠身、身心俱疲的光绪皇帝。他已神志不清，认不出她

1917 年，溥仪

来了。稍后，当皇帝神志稍加恢复之际，侍从试图说服他换上寿衣。按照中国风俗，临终之前都要换寿衣的；咽气了再穿，会被认为不吉利。然而，光绪抗议这么做。晚上 5 点，光绪驾崩，在场的有慈禧太后、皇后、瑾妃和几个太监。在 1908 年 11 月 15 日的《中国通报》上，可以看到光绪之死的官方通告：

> 陛下天生羸弱，今春以来疾患不断。尤其难耐暑热，竟疟疾发作。传召全国八大名医确诊后，给陛下开了药方，均不见起色。陛下病情日重：呼吸困难，咳嗽，足冷，寒颤，发热，失眠，食欲不振，心力衰竭，脉息日渐微弱。

让我们试着回答以下问题：光绪皇帝究竟得的是什么病？

3

中日战争（1894—1895）的失败，唤起了大部分中国人的民族主义热情，启迪了部分社会民智，并在其中倾注了对以慈禧太后为代表的清朝统治的强烈反抗。1895 年秋，清廷当局缴获了一份反政府宣言。这是反清组织"兴中会"① 起草的。兴中会旨在发动全国性的武装暴动：推翻清王朝的统治，建立新政权。他们制订了改革中国的方案。入会誓词反映了中国资产阶级革命者的民族需求。兴中会提出了《民族主义纲领》，倡议"驱除鞑虏，恢复中华"。会员入会时，必须对着纲领发誓。总的说来，这个口号反映了来自不同社会力量的革命阵营要消灭违背他们利益的中国旧秩序的追求。在号召推翻清朝统治的同时，也提出了政治和社会改革的需求，即反封建的革命方针。同时，他们还反对民族压迫，反对清朝特权阶层的独裁和蹂躏，反对清朝贵族对汉族和中国其他民族的歧视。

兴中会的组织者相信，通过移植西方经验，在几千年中华文明的基础上，中国可以成为一个富强而独立的国家。兴中会的起义，是 1911 年辛亥革命前夜无数次起义中的首义。中国民主革命家孙逸仙博士的革命活动，就是从兴中会的建立开始的。

有一个新的现象在中国的社会政治生活中产生了，它的发展与其他社会力量密切相关且相互作用。那就是暴力"反满"以及变法运动。以康有为和梁启超为代表的维新派，是与革命党几乎同时出现在中国社会政治生活中的。后者建立了地下组织，纲领强调必须完成国家的改革；而前者，则是全国各地进京赴考的举子们的"公车上书"。

1900 年之前，革命党和维新派彼此视为理想盟友，相约"拯救中国"。随着革命运动的深入、以康有为为首的维新派的解体，曾经的盟友日渐分道扬镳。在 1900 年之后革命党和维新派之间尖锐的斗争中，

---

① 更多关于兴中会的内容请参阅 Л. H. 布洛赫：兴中会。莫斯科，1971 年。

都把对方当作头号敌人。1906 年梁启超在给康有为的信中写道："革命党是我们的头号敌人，帝制次之。"[1]

很多学者援引康有为和孙逸仙两人个性的差异，说明革命党和维新派之间的合作是不可能的。据说就在那个时期，孙逸仙认识了康有为和他的学生。1893 年，他在广州双门底行医，不远处就是康有为教书的万木草堂。康有为经常光顾孙逸仙朋友开的书店，时常在那里邂逅年轻的医生。他听说孙逸仙是一个"对西方科学涉猎很深的人"，就多方面表示了愿意结识的意思。通过共同的熟人，他们交换了名帖。康有为坚持孙逸仙必须对他执弟子礼被孙拒绝了，国家未来领袖可能的一次会面夭折。孙逸仙一方的人指责康有为"过于骄傲自大"。

甲午战争暴露了清朝政权在保卫国家方面的无能，也让年轻的光绪皇帝更加"不安分"。他的这一情绪，天然地与变法运动相关联。

维新派恐惧从中国底层爆发的革命，试图借由中国社会和政权来实现他们的改革理想。尽管如此，任何反对专制、可能动摇千百年来根深蒂固的儒教传统的言论在慈禧及其亲信看来，都是闻所未闻的大逆不道。

广东绅士[2]康有为[3]（1858—1927）是 19 世纪末中国维新运动最杰出的领袖之一，在人民反对专制的斗争史上留下了深深的足迹。1887 年，他完成了《大同书》。由于审查严厉，直到清王朝被推翻的 1911 年才得见天日（1913 年刊载于《不忍》杂志，全书 1935 年才出版）。康有为试图指出一条拯救人们于贫困与社会不公的道路，一条建立理想的大同社会的道路。那是孔子和弟子们对谈中提到过的社会。书中饱含了

---

① 同上，第 174 页。
② 中国的知识阶层是国家机器运转的重要组成部分。
③ 参见：百科全书，中国哲学卷。莫斯科，1994 年，第 143 页。

对当时中国社会的批判与揭露，对西方资本主义国家社会制度的不完善毫无隐瞒。为了实现"大同"，康有为提出，要在全世界范围内取消私有财产，让人们结合成一个巨大的生产集体——农业与工业的"广场"，即最基础的社会单位。在未来社会中，康有为预见人类的和谐发展：没有任何压迫与剥削；取消了国家、军队、边界；引进了国际语言（并没有极端地去废除民族语言。因为在未来，它们自己会死掉，就像拉丁文那样）；社会自治无限发展；奖励发明、发现，甚至按照对社会的贡献分类来制订社会保障计划；家庭制度被临时婚姻所代替；财产只能由社会来继承。康有为认为，信仰是重要的社会制度，主要的崇拜对象是上帝——最高的主宰。他认为，未来的宗教是佛教，其次是道教，而基督教、伊斯兰教以及其他宗教会因为不适应没有贫富差距的社会而提前消失。这本书的出现，标志着一种新的政治哲学在中国产生了。

1888 年，康有为向皇上递交了他的第一份关于社会改革的谏书。他坚持自己的哲学观："变乃天道。"他建议光绪皇帝借鉴日本明治维新以及俄罗斯彼得一世改革的经验，并进呈了《俄罗斯大彼得变政记》，介绍俄罗斯沙皇的改革。

1898 年，光绪皇帝的老师翁同龢介绍自己的"学生"与康有为结识。康有为以思想宽博、充满激情、信念坚定而令同时代人折服，也以出众的智慧、渊博的学识、连珠的妙语、信念的坚定、思想的大胆给年轻的皇帝留下了难以磨灭的印象。

康有为政治改革纲领的实质是，在中国引进宪政，实行温和的资产阶级改革。他反对中国社会进行革命，强调满人和汉人的文化信仰已经融合了。康有为提出了"君民共治、满汉不分"的口号。梁启超（1873—1929）是康有为最亲近的学生兼盟友之一。他出身地主家庭，也是广东人。维新派不号召推翻帝制，只是梦想实现君主立宪制，用律法来制约皇帝的权限。他们的维新没有触及经济、政治制度的实质，改革内容主要是：建立强大的军队；普及教育；吸引人才为国家政权服务；保护私营企业主以避免贪官污吏的盘剥；发展工业、农贸、交通、商业、实用科学。这个小团体得到了他们所拥戴的年轻皇帝的支持。皇帝和康有为日益惺惺相惜，很快成为思想一致的朋友，经常在紫禁城的某个房间一交流就是数个时辰，话题无不关于帝国的混乱无序、官僚的腐败以及1894年至1895年中日战争的失败。

年轻的皇帝与朋友康有为的维新计划严加保密。但他们有所不知，宫中许多太监都是慈禧的耳目，事无巨细都会向她汇报。

在康有为非凡人格魅力以及维新思想影响下，光绪皇帝尝试着将维新派年轻官员、学者推到重要位置来限制被慈禧任命为封疆大吏、地方要员的权力，也包括首都以及外省各级衙门的官员的权力。他得到了中国民主主义进步知识分子的支持。他们坚定地主张取消僵化的儒家教育体系，为国家利益拿来外国的科学，反对清政府保守势力的淫威。从1898年7月11日至9月21日的一百零三天中，光绪皇帝颁布了许多诏令，都是由维新运动的参与者撰写的。这段时间在中国历史上，被称作"百日维新"。

百日维新中，慈禧又在做什么呢？她深谙中国社会的复杂，采取了迂回战术。一方面，她对光绪皇帝的某些维新措施并未横加阻拦，甚至试图在表面上或让熟人看来还有些新派的作风。比如，她对1898年7月23日颁布的关于以国家考试代替八股的皇帝诏令表示赞同，对禁止女孩缠足①的运动抱以同情。有一回，她还和光绪皇帝携众内眷乘坐皇家专列火车，在京城郊外溜了一圈儿，且舍弃传统、允许民众瞻仰圣

---

① 中国女性缠足习俗有千年历史。这是世界文明史上一个重要现象，由中国影响到周边国家：日本、朝鲜、越南。但除了旧中国，没有哪个国家有十个世纪之久的缠足史。1911年后禁止缠足，现代中国还能见到缠足的后遗症。

驾。这都是前所未有的新鲜事儿，打破了千百年来的定规。应该强调的是，人们终于可以向旧传统说"不"了。

康有为和光绪会面，试图发起对慈禧最后的反击。他强调慈禧对国家资源的浪费：花大量银两建造自己的陵寝，装修颐和园，还提议终结太后的权力，包围她行乐的颐和园，并将其沉湖于紫禁城南海。

光绪意志薄弱，缺少有影响力的朋友、军队以及实权，难以与行事果断、经验丰富，在皇都和外省遍布亲信、耳目的慈禧抗衡。帝党与后党之争日益尖锐。1898 年夏天，慈禧强迫光绪下令将自己的老师翁同龢革职，并逐出京城。维新党人深知，如不采取积极行动，等待他们的也会是这个结局。

1898 年 10 月，维新党人计划趁御林军检阅期间杀掉荣禄，然后捉住慈禧以及保守党党羽。荣禄是太后最忠实的宠信之一，直接领导护卫慈禧和慈安太后的禁卫军。实际上，整个国家的兵权都掌握在他的手中。据传，荣禄和慈禧关系暧昧，是她的男宠。还有第二计划：趁荣禄在天津逗留期间杀掉他，然后迅速将他的一万兵力发往北京，捉住慈禧。不过，这里讲的不是要从肉体上消灭她，而是要将她扣押起来。不这么做，皇帝所有的维新政令不会被诏告天下，也不会生效。谋反者深知，不这么做，太后不仅会否决皇帝的诏书，还会直接将他们消灭。就在那时，皇帝颁发全国、家喻户晓的诏令开始被公然废除，情形变得更加复杂。

当慈禧知悉这些计划时，和光绪之间的矛盾就激化了。所有维新运动的反对者都团结在慈禧周围。皇帝的朋友游说他采取果断行动，反对太后及后党，拟将太后囚禁在宫中，让她无法插手国家事务。如果说维新党人某个阶段获得了制订计划、颁布新法（光绪颁布的新法超过两千条）的权力的话，以慈禧为首的保守势力实则掌握了全国的军政大权。

维新派不能指望荣禄或李鸿章的支持，决定把袁世凯拉到自己的阵

8

营中来。袁是汉人，出身于封建官僚家庭，1880 年进入军界，参与平定了朝鲜的反清起义。1885 年，他又被任命为驻扎朝鲜总理，在很长一段时间里履行着驻外武官的职责。随着中日战争中中方的失败，对中国而言，朝鲜也等于丢了。这一结果引发了袁世凯对慈禧为代表的清朝贵族的强烈不满。

袁世凯（1859－1916）

袁世凯素以大实业家著称，在华北地区投资兴建并扩张工厂、矿山、铁路。他致力于鼓吹军事现代化，支持维新派的某些变法，并参与到维新派组织"强学会"的具体事务中。袁世凯明白，要赶上列强，中国需要变革，却很难相信光绪皇帝和其支持者康有为有能力完成这一变革。

1898 年 11 月 14 日，袁世凯将军被天子从天津召到北京，在颐和园会面。初次相见，皇帝不能将变法方案和盘托出。他们谈到了军事现代化，认为要建立现代军队。当被问到若授予他全国兵权会否忠于自己时，他答道，"鞠躬尽瘁，死而后已"。很快，皇帝和袁世凯会面的消息就传到了慈禧那里。她传来袁世凯，恫吓式地问了他个底儿掉。她明白了，一场反对她的阴谋正在谋划中。

袁世凯将军仍在暗地里继续他与光绪皇帝的会面。会面在紫禁城光线昏暗的养心殿进行。这里透不进晨光，采取了专门的防护措施。皇帝坐在富丽堂皇的龙椅上，对袁世凯面授机宜：必须马上回天津杀掉荣禄，然后带兵回来控制慈禧。最后，天子赠送来客令箭一支。那是执行皇帝命令的象征。将军许诺一切照办，最终却背叛了皇帝。1898 年 11 月 20 日，他一到天津，就直奔荣禄官邸，汇报了维新党人的计划。荣禄与袁世凯会面后一个小时，就坐上了去往皇城的专列。免去各种繁冗礼节，他径直见了慈禧，将袁世凯所说的处死荣禄、关押慈禧等一一报告了。出于对死亡的恐惧，六十四岁的太后听到消息后又恨又怕，作出了足以改变国家走向的决定。是夜，颐和园所有警卫都换成了荣禄的禁卫军。第二天一早，她离开颐和园，去往紫禁城。

当时在慈禧身边伺候的人中间有一道规矩：慈禧一旦离开颐和园去紫禁城，就在颐和园的高处燃起耀眼的火把，以便整座皇城都能看到。这是让紫禁城的太监恭迎太后的信号。

1898 年 9 月 21 日早晨，天子还在酣睡中，丝毫没有觉察自己头顶上方正在乌云密布，也不知道袁世凯将军已经背叛了他，计划已经败露。他的心腹太监注意到了慈禧马上就要到来的信号，赶紧将沉睡中的皇帝唤醒，通知他太后的轿子马上就要到了。皇帝有一种不祥的直觉，赶紧通知康有为这十万火急的危险。他在匆匆写就的手谕中说："朕心甚忧，难诉纸笔。汝当火速去国，设法救朕。"康有为逃到天津，会见了日本领事，并在他的帮助下逃往塘沽，乘坐英国邮轮前往上海。宫里的政变领袖得知康有为已经离开北京后，便往天津和上海发了急电，说皇帝由于他的逃亡已经服药身亡，地方政权当逮捕康有为并将他作为谋害皇帝的凶手就地正法。因此，载着康有为的邮轮一抵达上海，清政府的官员就踏上了甲板，要求见到这个流亡者，却遭到船长的严词拒绝，说康有为不在船上（他被藏在底舱）。清朝官员落得空手而返。尽管慈禧重金悬赏捉拿康有为、不管生死，但他还是在英国人的帮助下得以逃脱上海，去往香港。列强对清政府的藐视，声称没有见到这个维新党，深深激怒了慈禧。

9月21日一早，慈禧来到养心殿，囚禁了光绪，包括他的太监。年轻的皇帝被家法囚禁在瀛台——坐落在紫禁城南海的一个小岛上。十四名贴身太监和近侍都被处死，仅有一座小桥将光绪寝宫与其他宫殿相连，被囚禁的皇帝实际上只能跟指定来监视他的太监交流，甚至连他合法的妻子隆裕也难得见到他。

褫夺了光绪皇帝的玉玺后，慈禧太后当天就以他的名义发布了吁请太后训政的诏书。在这份诏书中，皇帝承认自己无力解决众多复杂问题，吁请慈禧重新临朝训政。

从1898年开始，光绪就开始了在这座岛上的软禁生活。

"可以想象"，一个同时代人这样写道，"不幸的皇帝在湖心岛孤独的囚禁中，在坟墓一般死寂的宫中都感受到了什么。老样子——独自一人，与他的苦闷沉思、无法实现的希望以及众人为之奋斗的夭折了的事业为伴。朋友们在何方？那个非凡的康有为在哪里？是他用火热的言辞唤醒了自己沉睡的心灵，使它不可遏制地为光明和善而颤抖！他还活着吗？还能救自己出去吗？这一切，在折磨着孤独中的光绪。"

从天津和保定调来的兵士一到北京，荣禄就发起了对维新党人的大规模搜捕。"强学会"和其他爱国团体、组织被禁了，变法运动遭受顽固派的沉重打击。它的组织者不是被逮捕、处决，就是流亡海外。对皇城的镇压放倒了三十八人；很多北京和外省官员因为拥护变法而被解职或降职。清政府抓住了变法运动的首要分子：谭嗣同、杨锐、林旭、刘光第、杨深秀、康广仁（康有为之弟），均于1898年9月28日凌晨被斩首，未经审判①。

1900年4月4日，慈禧强迫光绪下达圣谕，声明自己和康有为脱离

---

① 中国新史。莫斯科，1972年，第311—312页。

关系。

根据太后命令，太监们警惕地守卫着关押光绪的瀛台，每天换防，以防有人亲近、助他逃脱。被软禁后光绪病了，食欲不振，本就很孱弱的他如今瘦得越发厉害了。苏州名医陈莲舫被召进宫来却不准给皇帝看病，只得跪在龙椅旁听太后讲述天子的病情。名医下了诊断：喉舌严重发炎；由于精神高度紧张而导致严重疟疾。大夫忧虑，皇上的病非同小可。然而，这些症状都源自他最重要的苦痛：严重的神经紊乱。

被囚禁的皇帝余生不过是在逐渐熄灭，天生孱弱的他再也不能从痛苦的折磨中恢复健康了。他的同时代人如此描述光绪的状况："不幸的光绪，身为天子，却是权力的囚徒，没有任何权力。他身为中国皇帝，登基多年之后都摆脱不了太后的桎梏。老太婆禁锢着的年轻皇帝看上去柔弱而病态，二十八岁的他看上去不过十五六岁的样子。他像瘦小而精致的少年，眼睛又黑又大，目光温柔、内敛而羞涩。他的脸庞优美，如此干净，不像典型的中国人的脸。皇帝的嘴唇总是微启，略向左歪，有点儿像在做鬼脸的样子，露出一排坚固而漂亮的牙齿。"很多人注意到，需要皇帝出席、在紫禁城或颐和园举行的传统仪式中，光绪按规矩坐在慈禧身旁，看上去总是显得压抑、恐惧、神情涣散。没人和他商议，也没人听他的，哪怕他在说话。

尽管光绪被长期软禁、监视，对顽固派来说仍是潜在的巨大危险。假如慈禧死后权力落到他手里，他有可能跟自己的敌人算账。他们深知这一点。要规避这个危险，要么暗杀天子，要么废黜他。

有过尝试暗中对光绪从肉体予以消灭，号称他身染重病。这种事儿中国历史上太多了。但这套方案未能成功。列强使臣听说了皇帝的"病情"，派了法国医生进宫给皇帝看病。下一步就是废黜他的尝试。很显然，有很多人是同情皇帝的。

流亡海外的康有为呼吁欧洲列强帮助身陷囹圄的光绪皇帝。"皇帝归政，中国重生。"他在呼吁中写道，"皇帝为革新政权、拯救帝国的努力，让他个人所遭受的痛苦非常恐怖：他原本是健康的，现在消瘦了，中医授意于人给他下毒；他像普通囚犯一样被关在瀛台，谁都不得见面；所有忠于他的人要么被逐，要么被诛；他的双脚被烧红的铁烙了；他要求改善吃食的祈求被拒绝，只能吃最粗劣的粮食；皇后哪怕在最严寒的季节也无法给他送冬衣，他只能穿夏服。难道我们不应该为我们宽宏大量的皇上所遭受的羞辱而感到发自内心的羞愧吗?"

拒绝废黜皇帝，让光绪重新执政的呼声越来越高了。在中国境外还成立了"保皇党"，由中国侨民组成。上海市长也以儒、商以及市民舆论的名义发表了相同的言论。慈禧与同党明白了，天子并非孤身一人。这妨碍了他们偷偷从肉体上消灭皇帝或将他废黜的计划。

因此，将光绪的意外死亡解释为他杀是合乎逻辑的，凶手归结到袁世凯一边。如果慈禧比光绪早死，袁有可能因为背叛而被对手复仇。天子的暴卒解救了他，使他免于尘世的惩罚和报应。

朝廷企图李代桃僵，掩盖罪行。给光绪看病的医生被治罪，被判失职，官位被剥夺。

光绪死后第二天早晨，太后召集内阁对其遗孀隆裕进行慰问，并以新帝溥仪的名义下诏，尊隆裕为皇太后，有权参与国家重大决策。

天子死后，为纪念他举行了隆重的仪式。皇后和妃子剪下一缕头发，包在一张特别的纸里，放在皇帝的左手中。继位者——两岁的溥仪，也在他人帮助下从小辫子上剪下一缕，用纸包好，放在已逝皇帝的右手中。皇帝的棺椁摆放在乾清宫。出殡于 1909 年 4 月 18 日举行。这是因为必须选择吉日下葬。这种事情，有专人负责。

溥仪继位

为何慈禧挑选两岁（按中国人的算法是三岁，从怀孕开始就算作年龄）的溥仪作为清朝继任者？看看他的家族谱系就清楚了。

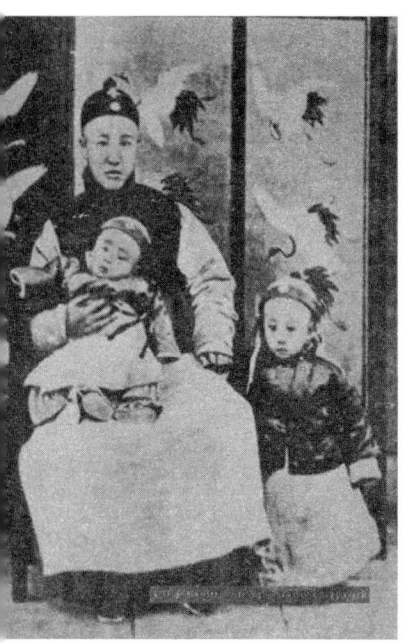

年幼的溥仪和溥杰

溥仪的爷爷——醇亲王奕譞，是道光皇帝与皇贵妃乌雅氏之子，咸丰皇帝之弟。他出生于1842年，活了四十八岁，卒于1890年。他共有四个妻子，给他生了七个儿子、三个女儿。到他去世那年，只剩下三个儿子、一个女儿。1861年，醇亲王在慈禧安排下，娶了她的胞妹。她生下了一个叫载湉的儿子，四岁被慈禧带进宫，那就是光绪皇帝。在慈禧的安排下，小醇亲王载沣（1883年2月12日—1951年2月3日）娶了大臣荣禄的女儿。据历史学家考证，她其实是慈禧和她的男宠荣禄的私生女。慈禧在自己的房间里秘密生下这个孩子，一落地就送到了荣禄家，在那里抚养长大，直到出嫁。醇亲王和荣禄的女儿生了两个儿子：长子溥仪出生于1906年2月，次子溥杰出生稍晚。醇亲王共有四个儿子、七个女儿。如果这种说法可靠，溥仪就是慈禧的外孙。为了保住自己的氏族

14

血统，她决定让溥仪来担任这个垂危帝国的继承者。考虑到光绪病情严重，慈禧要给醇亲王的儿子——吃奶的娃娃溥仪找一个特别的奶妈。这已经意味着他将继位。朝野上下呼吁她宣布谁将继位，但慈禧拒绝了。因为这不合祖宗规矩。照规矩，除非到了现任皇帝万不得已，是不能说出继任者姓名的。

现在，现任皇帝万不得已的时候到了。慈禧坐在龙椅上，对皇帝的内阁说："多年前，我把荣禄的女儿指婚给了醇亲王。我决定让他们的长子溥仪来继承皇位。这是为了表彰荣禄的忠心，以及他对大清江山的功劳，特别是颐和园的反贼造反的时候。是他救了大清皇帝，阻止了洋人的进攻。"

然而，并非内阁所有成员都同意慈禧的意见。庆亲王和大将军袁世凯主张由贝勒——载治之子溥伦继承王位。然而，这个建议把慈禧惹恼了。"你觉得我老糊涂了吗？"她对袁世凯说，"你要知道，我还明白得很呢，谁

溥仪的父亲，醇亲王载沣

也别想摆布我。在这危难关头，对于国家来说皇储容易引起争权。但你别忘了，我还能够帮助醇亲王决定国家大事。"慈禧命令内阁立即以濒危皇帝的名义下了两道诏书：其一，封醇亲王为摄政王；其二，立其年幼的儿子溥仪（溥仪出生于 1906 年 2 月 7 日）为帝。这两条很快被执行了。溥仪年号宣统，他本名叫爱新觉罗·溥仪。爱新的意思是"金

子"，"觉罗"的意思是"生"①。然后，慈禧马上将两岁的溥仪带进宫中。

故宫龙椅。年幼的溥仪作为皇帝的御座

溥仪在他的著作《我的前半生》中，描述了醇亲王家是如何接旨的："光绪三十四年旧历十月二十日傍晚，醇王府发生了一场大混乱。这边老福晋不等听完新就位的摄政王带来的懿旨，先昏过去了。王府太监和妇差、丫头们灌姜汁的灌姜汁，传大夫的传大夫，忙成一团；那边又传过来孩子的哭叫和大人们的哄劝声。摄政王手忙脚乱地跑出跑进，一会儿招呼随他一起来的军机大臣和内监，叫人给孩子穿衣服，却忘掉了老福晋正昏迷不醒；一会儿被叫进去看老福晋，又忘掉了军机大臣还等着送未来的皇帝进宫。这样闹腾好一大阵，老福晋苏醒过来，被扶送到里面去歇息了；未来的皇帝还在抗旨，连哭带打地不让内监过来抱他。内监苦笑着看军机大臣怎么吩咐；军机大臣则束手无策地等摄政王商量办法；可摄政王只会点头，什么办法也没有……"②

醇亲王把儿子带进了宫，慈禧刚抽完鸦片。最近由于打击，她已经虚弱到如此地步了。娃娃被带到濒死皇帝的皇后隆裕那儿，她许诺要善

① 林冰：从御妹到平民。北京，1988 年，第 2 页。
② 我的前半生：中国末代皇帝溥仪回忆录。莫斯科，1968 年，第 58 页。

待他，并带他去见慈禧。溥仪如此回忆他和慈禧的初次见面："我记得自己那时忽然处在许多陌生人中间，面前有一个阴森森的帷帐，里面露出一张丑得要命的瘦脸——这就是慈禧。据说我一看见慈禧，立刻号啕大哭，浑身哆嗦不住。慈禧叫人拿冰糖葫芦给我，被我一把摔到地下，连声哭喊：要嬷嬷！要嬷嬷！弄得慈禧很不痛快，说：这孩子真别扭，抱到哪儿玩去吧。"[1]

摄政王双手扶着被如此众多的陌生人、陌生环境吓坏了、哇哇大哭的两岁孩子，哄着他，以保证他在登基大典、接受百官朝拜时不会在巨大的、冰冷的龙椅上乱动。他的话后来被认为是愚蠢的谶语："别哭，别哭！快完了，快完了！"但是孩子太小了，并不明白发生了什么。在他的幼年，权力实际上掌握在清朝的亲王们手里。

从小溥仪就习惯了宫里的黄色。有时候，这种黄色太刺眼了——座椅上都覆盖着黄缎子；桌子上铺着黄色；银饭锅裹着保温的黄色棉套；盘子是黄色的；床上铺着黄色的绫罗绸缎，上面绣着蓝色的祥云；床上黄色的纱帐装饰着黄色的香袋；窗户上糊着黄纸。

慈禧薨天的那日，以两岁的溥仪之名颁布了第一条诏令。

> 朕等自幼承蒙太后垂爱，感激不尽。承太后旨意登基，朕等深信，圣母皇太后定能长命百岁。本指望恭听圣训，直到江山稳固、国力强盛之日，岂料丧钟日夜响起，太后体力日减，龙驭归天。朕等痛摧心肝，恸哭奈何。朕等依太后遗旨，大丧期限二十七日。朕等不甘，全丧当百日，守孝当二十七月，方能尽情宣泄朕等哀思。为节制、分散痛苦，当以国事为要。朕等不敢稍怠太后遗训，当竭力克制悲痛，以慰太后在天之灵。

---

[1] 同上，第59页。

1908 年 11 月 19 日，小皇帝溥仪穿上丧服，在以摄政王醇亲王为首的十六位亲王陪同下，乘坐大轿，先叩拜慈禧太后的灵柩，然后是光绪皇帝的。随后，溥仪迅速换了衣服：有人从他身上脱下丧服，换上了盛装；然后，他被面朝南安放在龙椅上。一个高级官员宣读登基诏书。读过的诏书放在一个用金纸做成的凤凰口中——它是太后的象征。这就意味着，这场至高无上的登基是由太后宣布的。人们双膝跪地，恭敬地聆听着。与此同时，两岁的娃娃皇帝被这难以理解的仪式吓得哇哇大哭，不停地喊：妈妈，妈妈……

慈禧的死亡和出殡

　　根据中国的古老说法，人的生命之路走完之后，并非了无痕迹，告别这个世界，是为了在一个谜一般的精神世界即黄泉之下，继续生活。

　　中国人对待死亡的态度是复杂而多义的。在很多中国古代思想家那里，可以找到乍看之下离奇的命题：死生之道。根据这套逻辑，他们生和死的概念并不是对立的，谈及生的尽头，很自然地认为它是生的继续，就仿佛是在说尘世中正生活于其间的世界那样。这套理论视人为宇宙中的一分子，调和存在与虚无，让精神与客观世界和谐相处。古代经典《左传》认为：殡葬与生者的事务一样，必须合乎"礼"。这个准则众所周知，尊礼重礼的孔子早就进行了概括和总结，形成了完备的规则：他为母亲守孝三年。他的学生和追随者发展了他的思想。孔子最出色的继承者之一荀子认为，应当像对待生者一样对待死者。这种哲学流派的思想在汉朝（公元前 206 年—公元 220 年）有了影响力，并成为国家的意识形态，天下臣民都要按照严厉的儒家规范对待生死。从这个时期开始，在中国所有与丧葬有关的事务和礼仪都得到了严格的规定，首要便是对于"阴间"的安置。陵墓在未来的主人还活着的时候就已经准备好，规模视其主人的社会地位而定，形制也有着重大的意义。在汉朝和唐朝（公元 618 年—907 年），方形的封土被认为是最威严的。宋朝（公元 960 年—1279 年）的陵墓通常是三层的，两层的结构只能为皇家使用。

　　慈禧和绝大多数之前的中国统治者一样，为陵墓选址煞费苦心。她的陵寝坐落在北京城外七十公里处的东陵，非常安静，松柏环绕，旁边是咸丰皇帝及与她共同掌权的慈安太后的陵寝。

　　早在去世前二十年，慈禧即已开始修造陵寝，并时常过去视察，作出各种指示，指挥修建进度，并且不计成本（整项工程耗费二百三十万两白银，比之前清朝九个帝王、三十五个嫔妃的陵寝都贵多了）。1897年，陵寝快要修好时，太后又下令重修。她觉得柚木柱子看起来不够宏伟，有碍观瞻。慈禧陵墓的形制和之前几个清帝王的类似，只不过更大，更奢华。太后的棺椁是精心制作的，由两部分组成：棺材本身和外面的函套。棺材用厚重、稀有、散发着香味的金丝楠木制作，涂着浅黄色的清漆，缎子包裹物上绣着金色的龙凤图案。棺材底部满是五彩斑斓的宝石、铜器、金银器皿、珍贵瓷器、十七大串稀有珠宝串成的念珠。珍宝下面的空当为了防止尸首腐败（别忘了，慈禧死后差不多过了一年，于1909年11月9日才下葬），保持优雅的味道，填满了木炭和香材：樟脑、麝香、檀香木。为了让死者躺得舒服些，棺材里铺了三条被子：一床是丝绒的；一床是黄缎子的，上面绣着龙和祥云；一床是真丝的，上面绣着九龙图案。根据流传的迷信说法，人的灵魂会依附在衣服上。这就是为何在古老的传统中，陵墓旁边还要有衣冠冢。

　　慈禧遗体被放进棺材，头旁放着玉莲花①，颈边放着玉荷叶，手边放着十八尊珠宝做成的佛像，眉毛上方蜿蜒着珠串，身上缠绕着九大串硕大的珠宝。一百零八尊金翠玉佛环绕着她，脚边摆着玉佛手、玉桃、玉苹果、玉梨、玉杏、玉枣，以及一只装满玉花朵的大玉杯。身体附近两边摆放着珍贵的木材和缀满珊瑚的叶子。死去的太后身着黄缎长衫，缀满珠宝，满绣龙纹以及佛教中寓意长寿的图案。短上衣和鞋子也缀满

---

① 一种天然矿石，是大自然以上万年时间在深山与河道里形成的，只有经过开采、雕刻才能显出玉的本色。

了珠宝，冠冕是用很细的金线缝制的。她手上的手镯是由闪闪发光的钻石组成一朵硕大的菊花和六朵小梅花；手里还拿着一根六英寸长的祖母绿权杖，用来驱赶恶鬼。在死者与棺材壁之间，堆满了五颜六色的绫罗绸缎。上面放着几条真丝被子，用金线绣着佛教经文。太后身边摆着"七大件"，是所有珠宝当中最昂贵的，是从历代皇帝传承下来的：两大串蜜蜡珠子；由一百八十颗硕大珠宝和五颜六色的奢华宝石串成的项链；由一百二十八颗宝石点缀的凤冠；两只洁白夺目的龙形玉镯；十八颗非常尺寸、非凡色泽的宝石串；由珠宝组成的太阳和月亮。棺材外部刷有清漆，刻着象征长寿的纹样与牡丹图案。棺材函套的金色雕饰分三个层面，缀满各种奇珍异宝，尺寸惊人：长十六米，宽一米五，高两米。它同样有雕饰，裹着绣着金龙的缎子。

由历史我们可以了解到，亲戚朋友们对待死者就像生者一样，送给他们礼物，并随之下葬，就好比祝贺死者乔迁到另一个世界生活一样。因此，亲戚故旧为了表示对慈禧太后的敬意，耗费了大量的珍贵宝物，都随着她下葬了。

1909 年 11 月 9 日，举行了慈禧下葬仪式。清晨 5 点，盖着绣有龙纹黄色丝绸织物的棺材被人从宫里抬出来，装上隆重的灵柩车，向着京城西北方向七十公里处的东陵出发。送葬队伍走在黄沙漫天的土路上，路边则是清兵和探子。共有八十四人抬棺——这是能把棺材抬出宫门所能容纳人数的上限。不过一出宫墙，轿夫就变成一百二十人了。他们抬着这沉重的棺椁，轮流换班，实际上抬轿者在七千人以上。

走在前面的是溥仪的父亲——摄政王醇亲王和他的亲兵、内阁大臣、欧式装备的骑兵；随后则是庞大的驼队，骆驼驮着帐幔——他们要走四天才能到东陵，晚上要休整。随后是装饰华丽的华盖。这是 1901 年慈禧从西安返驾时给她准备的（在她下葬时烧掉了）。后面是大太监李莲英、宫里喇嘛教的精神领袖以及皇宫仆役。他们带着清朝祭祀用

21

品、佛事乐器以及刺绣的鲜艳旗帜。队列中有三辆装饰豪华的马车，骏马都穿着漂亮的马衣。马车都盖着描龙绣凤的黄色真丝华盖。根据古老的传说，龙、凤是神物，是能够保佑家族香火延续、备有魔力的形象。人们甚至还准备了两顶和慈禧生前坐过的一模一样的轿子（都在陵墓旁烧掉了）。

抵达的时候，慈禧的棺材被放在一张装饰精美的床上，上面雕刻着太监、宫女形象①，以便他们能永远地为自己的主子服务。旁边是盖着绣花织物的铜的或瓷的祭祀器皿。棺材旁放着大量纸质祭祀用品：小船、纸钱、纸扎的大臣、女官、侍卫、随从、太监、龙椅，宫里的各种设施，等等。在祈祷声中，这些模拟现实生活的各种物事按照特定的严格规矩被付之一炬。

光绪皇帝的遗孀——新太后隆裕和宫中的命妇在慈禧墓中执行最后的仪式，皇室的男性亲眷在外边叩头。全部仪式结束后，一块巨大的像门一样的花岗岩将陵墓封住，慈禧似乎永远与世隔绝了。

陵墓修建者当然知晓，过去很多皇家的陵寝经常被盗。如何防盗，是一个任务。到达修成八面体的寝宫，要走过四道大理石的大门。穹顶上方，闪耀着九条金龙。寝宫的面积和故宫中和殿大致相等。通往棺椁的隧道镶嵌了白色大理石，整个棺椁都是用稀有的昂贵石材做的。慈禧的陵墓就像一座真正的城堡：墙壁和顶板如此厚重，看上去不可攻克。然而，让陵墓的设计者与建造者始料未及的是他们忽略了一个重要细节：陵墓底部是不设防的。也就是说，可以从不是非常厚重的地下突破，进入陵墓。这个疏忽被强盗利用了。慈禧下葬二十年后，即1928年6月，他们打开了一条通往棺椁下方的通道，没费什么力气就毁掉地

---

① 在远古和中世纪，嫔妃和宫女都要随皇帝殉葬。这个陋习直到明英宗去世时才废止。

22

板，来到了太后棺材旁。被盗窃的陪葬珍宝价值连城，超过七亿五千万美元！

"我听到东陵守护大臣报告了孙殿英盗掘东陵的消息，当时所受到的刺激，比我自己被驱逐出宫时还严重。"溥仪回忆道，"宗室和遗老们全都激动起来了……不论哪一派，纷纷赶到我这里，表达了对蒋介石军队的愤慨。各地遗老也纷纷寄来重修祖陵的费用。①"据说孙殿英原来是个赌棍和毒贩，后来当过师长，再后出任蒋介石四十一军军长。他以军事演习的名义调动部队到河北省遵化的马兰峪，也就是东陵所在地。他们事先声明，要在这一带搞军事演习，封锁了附近的交通。然后由工兵营长带兵挖掘。用了三个夜晚的时间，就把殉葬财宝抢劫一空。

在了解此事后，清室和遗老们分别向蒋介石和平津卫戍司令阎锡山以及各报馆发出通电，要求惩办孙殿英，追究责任。阎锡山扣押了孙殿英派到北平的一个师长。然而很快就传出消息说，他被蒋介石放了，并决定不再追究此事。据传孙殿英将慈禧后冠上的珠宝送给了蒋介石年轻的太太，很快就被用来装饰宋美龄的鞋子了。

被激怒的溥仪面对宗室发誓，要对蒋介石军队的大不敬复仇。

---

① 我的前半生：中国末代皇帝溥仪回忆录。莫斯科，1968年，第256页。

宫中生活

除了皇帝和他的太监们，宫里是不允许男人过夜的（难怪被称作"紫禁城"），一到晚上就变成了一个独特的"女儿国"。

"在从前，禁城以内，每天到一定时刻，除了值班的乾清宫侍卫之外，上自王公大臣，下至最低贱的仆役，全都走得干干净净。除了皇帝自家人，再没有一个真正的男性。"末代皇帝溥仪回忆说。

太监在执行着监视人的职责，同时还是奴才、密探、皮条客。其中

清朝皇宫

有些成了统治者和王公大臣信任的人，对国家政治生活不无影响。皇帝使他们成为自己的口舌和耳目。

每当夕阳西下，禁城进入了暮色苍茫中，进宫办事的人全都走尽了，静悄悄的禁城中央——乾清宫那里便传来凄厉的呼声："搭闸，下钱粮，灯火小——心——"余音袅袅，禁城各个角落里此起彼伏，回荡着值班太监死气沉沉的呼叫。这是康熙皇帝给太监们规定的例行公事，以保持警惕，却把紫禁城弄得阴森鬼气。"这时，我再不敢走出屋子，觉得故事里的鬼怪都聚到我窗户外面来了。"溥仪在回忆当年宫里生活时说。

犯了错误的太监，并不是被关在宫里，依据《大明律》，是要送去边疆充军的。游览皇宫会有这样的感觉：太监是无处不在的。他们扫地，拿着苍蝇拍打苍蝇；伺候皇帝及其家人；看病、陪护；演戏；做饭。

皇帝吃饭是一场仪式。到了吃饭时间——并无固定时间，完全由皇帝自己决定——溥仪在回忆录中写道——我吩咐一声"传膳"，跟前的御前小太监便照样向守在养心殿的殿上太监说一声"传膳"，殿上太监又把这话传给鹄立在养心殿门外的太监，他再传给候在西长街的御膳房太监……这样一直传进御膳房里面。不等回声消失，一个犹如抬嫁妆的行列已经走出了御膳房。这是由几十名穿戴齐整的太监们组成的队伍，抬着大小七张膳桌，捧着几十个绘有金龙的朱漆盒，浩浩荡荡地直奔养心殿而来。进到明殿里，由套上白袖头的小太监接过，在东暖阁摆好。平日菜肴两桌，冬天另设一桌火锅。此外，有各种点心、米膳、粥品三桌，咸菜一小桌。食具是绘着龙纹和写着"万寿无疆"字样的明黄色瓷器，冬天则是银器，下托以盛有热水的瓷罐。每个菜碟或菜碗都有一个银牌，是为戒备下毒而设的。为了同样的原因，菜送来之前都要经过一个太监品尝，叫"尝膳"。在这些尝过的东西摆好之后，皇帝入座前，一个小太监会叫一声"打碗盖"，四五个小太监便动手把每个菜上的银盖取下，放到一个大盒子里拿走。于是，皇帝就开始"用膳"了。

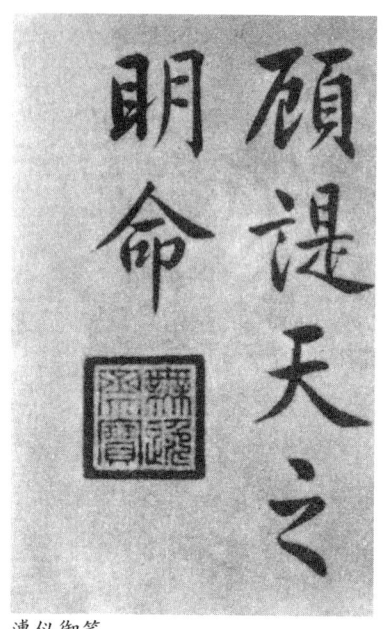
薄仪御笔

太监的功能之一是保护皇帝和宫殿。在仪式以及外国客人造访的场合，他们都是在场的，守卫紫禁城的大门和财产，守卫弹药库和武器、战略装备。

以前，保护皇帝的大内密探的工作是由两个宫里的职能部门分担的，那就是锦衣卫和东厂。锦衣卫是在明朝于太监做头领的东、西厂之后设立的，除了保护皇上，主要功能是打压民间不满，以及用来监视高级官员。

锦衣卫具有双重功能。首先，它是负有保卫皇家责任的军事机构。其次，也是一个秘密警察机关，还有自己特殊的监狱。据称，锦衣卫各级将领每天都要碰头，商量秘密的、狡诈的、毒辣的东西。除此之外，锦衣卫还要负责让皇帝的懿旨广达天下，也就是保证宫里的指令能够被彻底执行。

东厂正式成立于 1420 年。这个搜捕机构从 1410 年 2 月就已经存在了，负责对官员不守法行为的侦查、逮捕、审讯、关押，离皇宫不远，就在东华门北边。这项秘密工作的头儿是最有权势的大内太监之一，甚至他自己也有私人护卫。有些中国历史学家认为，设立特务机构的起因是皇帝对官员的不信任，害怕军中产生不满情绪或地方不执行中央政权的命令。和锦衣卫不同的是，东厂是由大内太监组成的。根据有些历史学家的说法，东厂的权力不亚于锦衣卫，相互补充。老百姓将其合称为

"厂卫"。这两个秘密机构在宫外都没有注册。

到了最后一个朝代清朝，据统计，每天要向宫内输送四十个净身的男孩。对于中国人来说，在宫里当差，是最靠谱的接近权力的途径之一。在清朝时期，只有汉人才能当太监，为的是不让统治民族蒙受损失。

慈禧的御前女官裕容龄（她的母亲有一半美国血统，父亲是清朝高官裕庚，曾任清驻日公使，并于1895年至1903年任驻法公使）所著的《清宫琐记》中写道：太监大多来自贫穷家庭，生活不好才进宫的。传统上这些男孩都出自河北的河间府。在宫里，他们跟年长的太监学习并支付不多的费用。当差的太监通常都有自己的住所（有的还很豪华）、仆人、马、马车。有时候，他们还会收养孩子，但一定是族人的孩子。

1964年，十五个太监应国务院邀请到北京座谈，听他们讲述过往。根据这次会议可以确定：太监要出自河北某地、北京周边以及山东的几个地方。唐朝太监大多出自福建和广东（高力士就是福州人）。不过，太监有的也来自其他省份，甚至邻国。总的说来，还是北方人当太监的多。中国历史有过一些著名事件，说明出身南方的太监所引起的不满比北方人要多。

根据某些说法，天子可以有三千名太监，太子和公主可以有三十名。皇帝的幼子与侄子可以有二十名，表兄弟可以有十名。在古代，太监是皇帝从其附属藩王那里得到的，他们必须每五年进贡八个太监。

最受皇宫女性欢迎的是五岁左右的小太监，他们是宫中贵妇消遣的玩物。等长到十岁，就会被替换掉，充任宫里普通的差仆了。十岁前的太监被认为是纯洁的，被当作小姑娘，伺候年轻的贵妇。到了十至十五岁，就被称作小太监了，只能在宫里当差；再年长些的太监则去伺候上了年纪的贵妇。

在20世纪初，宫里有超过三千名太监。太监分两类。第一类是伺候皇帝、皇后、太后、嫔妃的，通常享有一些特权；剩下的就是第二类。太监的等级制度如下：皇宫里有专门管理太监的机构，称作"敬事房"，由宫里的大太监掌管（这样的太监有十六个，低于百分之一的比例）；分管具体事务的太监（一百五十二人）；其余百分之九十都是普通太监。皇帝和皇后身边的是大总管太监，嫔妃们只能使用分管的头领。太监通常能达到的最高官衔是四品，从李莲英开始有可能达到三品或二品。不过，这只是规矩中的例外。依据官衔，太监可以戴蓝色的顶戴和蓝色的翎毛（李莲英则是红顶花翎）。

据溥仪皇帝回忆，明代（1368—1644）太监最多，有一万人。慈禧的年代达到三千人。到了1922年，全国有一千一百三十七人，两年之后，剩下两百人，到1945年只剩下十人了。

不久前中国出版的著作《末代太监孙耀庭》中写道，谁也不知道皇宫里太监花名册上人们生卒的时间。他们当中谁死了，达官显贵们是不会知道的。管事太监手里的名册上，有大量的"死魂灵"。为了不让管事太监利用肥缺中饱私囊，太后或皇后要到各宫巡视。实际上她们也是参与者。到了清末，新晋太监的钱都落到了管事太监、皇后、各宫妃嫔手里。

在慈禧太后的时代，太监又重新弄权。很多太监手上都不干净。据溥仪说，"紫禁城在表面上是一片平静，内里的秩序却是糟乱一团。从我懂事的时候起，就时常听说宫里发生盗案、火警以及行凶事件。至于烟赌，更不用说。到我结婚的时候，偷盗已经发展到这种程度：刚行过婚礼，由珍珠、玉翠镶嵌的皇后凤冠上的全部珍宝，竟整个被换成了赝品"。

清宫的珠宝是明清两代帝王搜刮来的宝物，举世闻名。溥仪说，这些东西大部分没有数目，就是有数目也没有人去检查，凡是有机会偷盗之人，是无一不偷的，根本不讲什么良心。"偷盗的方式各有不同"，溥仪回忆道，"有拔门撬锁秘密地偷的，有根据合法手续，明目张胆地偷的。太监大都采用前一种方式，大臣和官员们则用后一种……我十六岁那年，有一天由于好奇心驱使，叫太监打开建福宫那边一座库房。库房封条很厚，至少有几十年没开过了。我看见满屋都是堆到天花板上的大箱子，箱子皮上有嘉庆年的封条。里面是什么东西，谁也说不上来。我叫太监打开一个，

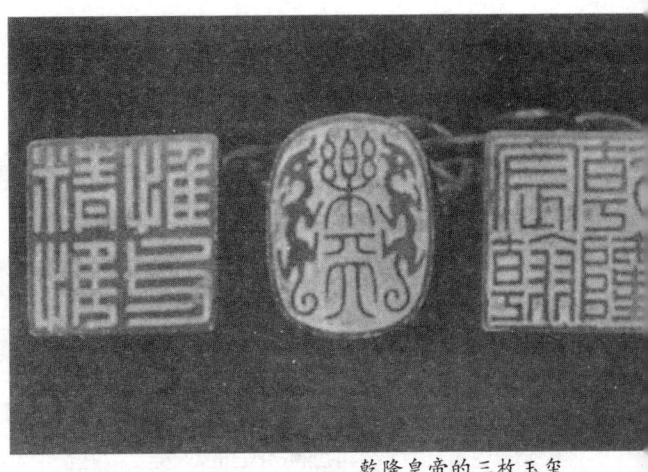

乾隆皇帝的三枚玉玺

原来全是手卷字画和非常精巧的古玩玉器。后来弄清楚了，这是当年乾隆最喜爱的珍玩。乾隆去世之后，嘉庆下令把珍宝文物全部封存，装满了建福宫一带许多殿堂库房……有的库尽是彝器，有的库尽是瓷器，有的库尽是名画……"所有人都参与了偷盗，有的人砸掉了毓庆宫的库房门锁，有的人打开了乾清宫的后窗，以求更方便得手。溥仪刚买的大钻石也不见了。太妃曾组织会审当事太监，甚至动了刑，但无论刑讯还是悬赏，都未获得一点效果。有人报告溥仪，地安门一带开了很多古董店，有的就是太监开的。他决定清点一下宫里的宝物。建福宫的清点刚开始，1923 年 6 月 27 日夜里火灾顿起，一把火烧了个精光。

"据说"，溥仪写道，"火情是意大利公使馆消防队首先发现的。救火车开到紫禁城叫门时，守门的还不知怎么回事。这场大火经各处来的消防队扑救了一夜，建福宫附近一大片地方还是烧成了焦土。这是清宫主藏珍宝最多的地方，究竟在这一把火里毁了多少东西，至今还是一个谜。内务府后来发表的一部分糊涂账说，烧毁了金佛二千六百六十五尊、字画一千一百五十七件、古玩四百三十五件、古书几万册"。后来

北京一个金店以五十万元的价格买到了大火灰烬的处理权，把熔化的金块、金片拣出了一万七千多两。余下的灰烬装了许多麻袋，分给了内务府的人们。皇帝回忆说，有一个官员后来告诉他，他叔父那时施舍给北京雍和宫和柏林寺每庙各两座黄金"坛城"，直径和高度均有一尺上下，就是用麻袋里的灰烬提炼出来的。不久之后，养心殿东套院的窗户又发生火警，幸好发现得早，一团浸过煤油的棉花刚烧着，就被发现并扑灭了。

溥仪决定调查是谁在纵火和掩盖罪行。他又读了一遍摆在寝宫里的《圣训》。里面说，雍正和康熙告诉后代谁也不要相信，尤其是太监。溥仪随即采取了行动，盘问身边的小太监，并偷听他们的谈话。有一回他在太监的窗户下偷听到，他们背后议论说皇帝的脾气越来越坏。这更引起了他的猜疑。在无逸斋发生火警那天晚上他又去偷听，竟然听到他们议论说是他自己放的火。这时他得出结论，太监真是居心叵测，再不采取措施，将后患无穷。

刚好这时宫里发生了一起凶案。一个太监因为被人告发，受了责罚。一天早晨，趁着告发人还没起身，这个太监进了房间，先撒石灰在那人脸上，迷了他的眼，然后用刀戳他的脸。所有发生的这一切惊醒了溥仪，将不需要的太监全部解散已经势在必行。最终只留下为数不多的伺候太妃的太监。

最后一个太监孙耀庭是从另一个角度讲述那场大火的。"1923年阴历六月二十六日晚上，"孙耀庭回忆，"溥仪在建福宫饶有兴致地看电影。八九点钟时他就离开了，后面跟着随从。过了一小会儿，建福宫的大火就烧起来了。"孙耀庭看见建福宫的东北角燃起了火，火苗一清二楚，甚至还有爆炸声。救火车呼啸而来……大火越烧越厉害了。溥仪非常激动，在厢房里走来走去，边走边骂：哼，这些太监，让他们都见鬼去！这下抓到他们的把柄了。他们想把咱们都烧死！烧死皇帝！这些坏透了的太监，我要把他们全赶走！溥仪不时跑到院子里查看火情，急得团团转。一大早溥仪离开皇宫，去往北边的行宫。他告诉父亲，除非遣散所有太监，否则绝不回去。这里应当说及的是，最近溥仪想起很多太监受过他的责打，害怕被报复。他在回忆录中说："想到这里，我简直连觉都不敢睡了。从我的卧室外间一直到抱厦，都有值更太监打地铺睡觉。如果有谁对我不怀好心，和我过不去，不是太容易下手了吗？我想挑一个可靠的人给我守夜。挑来挑去，只挑出皇后来。我从这天起让婉容（字慕鸿，溥仪的妻子，比他大一岁）整夜为我守卫，一听见动静就叫醒我。同时，我还预备了一根棍子，放在床边，以便应变。一连几天，婉容也不能睡觉。我看这究竟不是个办法，为了一劳永逸，最后决定把太监全都赶走不要！"这样的决定对于习惯于宫中生活的太监来说，无异于晴空霹雳，连屋顶都掀翻了。然而，遣散太监的命令下达了：宫里只留下一百七十名左右的太监。除了伺候两位太妃，其余太监不管老少，尽数遣散。那一天，在暴雨下，太监们从神武门出宫去了。

溥仪还是少年的时候，就学着慈禧的样，对太监非常残酷；成人之后，遣散太监也同样残酷。孙耀庭到死都无法忘记溥仪那个邪恶的恶作剧。天子传他到养心殿跪下，用手枪指着他的脑袋。小太监吓得要死，连连磕头，脑袋都磕破了。皇帝这才跟身边的人说："我是跟他闹着玩的。"

在这一点上，慈禧是他的榜样。众所周知，很多普通太监都受过慈禧太后的折磨。她经常说："谁让我今天不痛快，我就让他一辈子不痛快。"她的残酷和她无边的权力是相应的，会让人产生莫名的恐惧。她总是随身带着一个黄色袋子，里面是各种各样的竹板子，都是她用来惩罚太监的，无论走到哪儿都带着。太监犯了错，就要被打板子。胆敢逃跑，也要打板子。第二次逃跑，就要在脖子上挂石头。那是一种枷锁，由两块半圆形的板围绕脖颈后拼合在一起。戴着这种枷锁的人两个月都

31

婉容

不能摘下来。再次逃跑，就要被流放到奉天——清朝旧都。被人告发偷东西的话，就要掉脑袋。有一次，一个太监陪慈禧下象棋时喊了句"奴才杀了老祖宗的马"，她马上火冒三丈："我杀你全家！"这个太监马上被拖出去活活打死了。

据说，太后非常珍爱自己的头发。有一次，太监不小心梳下了几根头发，正想藏起来，但被太后从镜子里看到了，便被杖毙。太后很小心地隐瞒自己的年龄，以便让周围的人忘掉这一点。有一次，一个太监多看了她的脸一下，她怒气冲冲地问："看那么久做什么？"太监无言以对，被拖出去打了几十板子。

有时候慈禧问太监外边天气如何，太监有时候改不了乡下习惯，回答说外边冷飕飕的，也要挨打。慈禧不惮于采用更残暴的手段，以毒药来毒死不合她心意的犯了错的太监。一个姓刘的太监就死在她的毒药下。这个人的影响一度超过了大总管李莲英，李用尽手段在太后面前诋毁他。刘终究逃不过诽谤，成为慈禧的牺牲品。

慈禧把姓刘的召来，大发雷霆。"你的大不敬足够砍头了！"她恶狠狠地说。

刘明白，他的命运已经不可逆转了。他双膝跪下说："奴才该死！但我求老佛爷念在奴才当牛做马伺候您三十年的分儿上，给奴才留个全尸。"

"回去听候发落！"她嫌恶地回答。让侍从把他带到另一个房间里锁起来。然后，慈禧冷笑着叫来自己的太监和侍从："今天有个新的消遣给你们看。"

一个侍从从太后的寝宫取来一个小匣子。慈禧用拴在腰间的一把小钥匙打开了它。匣子里有二十个左右装液体的袋子。她选了其中一个，把液体倒在杯子里，加上水，吩咐人把杯子给犯人送过去。"让他喝了，安静地躺着。"她最后吩咐道。

侍从很快回来报告，一切都按老佛爷的吩咐做了。

过了几分钟，慈禧把所有人召齐："现在，你们可以去看看我说的笑话了。打开刘公公的门，去看看怎么回事吧。"

大家照做了。只见刘太监躺在那里，已经死了，看不出任何破绽。

据有关统计数据，有三十名太监因为不堪慈禧的折磨而死。美国历史学家哈希指出，慈禧在其心腹太监安德海、李莲英、老太监万长友的协助下，建立了最完备的宫廷特务系统。从效忠的太监那里，她几乎知道宫里白天黑夜发生的一切，包括皇帝何时、何地、和谁睡觉，睡了几次这样的事情。我们知道，他的继任者效仿了她的手段。

在小皇帝的紫禁城里，除了数量众多的太监，还有数不清的嫔妃。

众所周知，在中东和近东地区，有地位的男人都有好几个妻子。这是身份的象征。男人只要能够保证每个妻子都有自己的庭院或者单独楼层，或者有自己的房子就成。

荷马将多妻制称作东方风俗。希腊国王和英雄都只有一个老婆，但小亚细亚特洛伊国王普里阿摩斯却有很多老婆。他的大老婆赫卡柏把这种羞辱不当回事：

> 在抵抗侵略中，我有五十个儿子
> 立下赫赫战功。

其中十九个是同一个母亲生的；

其余人的母亲都是宫里的宠妃。

　　阿孟霍普特三世（公元前 1408 年—公元前 1372 年）喜欢炫耀自己的伟大以及对老婆泰雅的爱。他说，他的老婆之一，米坦尼公主塔杜赫帕给他带来了三百一十七个女仆充实后宫。所罗门王（公元前 10 世纪）据称拥有来自不同国家的三百到一千个女人，包括通过"政治手段"得到的埃及公主。每当这个举世拥戴的国王同另一个国家缔结条约时，总是要娶一个该国的公主为妻。每一个公主－嫔妃都有自己独立的宅子。据史料记载，这样的宅子与后来波斯那种东方后宫不一样。

　　据史料记载，中华文明之祖——黄帝就有一妻三妾。中国古代皇帝有四个老婆，那是宫廷生活的标准。著名的俄罗斯汉学家 B. 马里亚文指出，根据宫中书籍的记载，皇帝的四个老婆象征着世界的四大方向与四个季节，和皇帝在一起恰好是神圣的数字"五"：五行、五色、五蕴，等等。他指出，从这个视角看，皇帝的后宫反映了宇宙的原型。根据最新的戏谑式解释，皇帝的家庭好比茶具，一个茶壶配四个杯子。另外，据中国历史学家王亚平说，智慧的舜帝只有三个老婆，三次三个就是九个，意味着九阳至尊。夏朝的皇帝有十二个妻妾（三的四倍）；殷商时期皇帝又增加了二十七个嫔妃（九的三倍），也就是说有三十九个老婆。到了周代，帝王后宫已经有一百二十个老婆了。

　　皇帝后宫的形制是在唐朝固定下来的。后宫的女性分为若干等级。据著名俄罗斯历史学家维亚特金说，汉元帝（公元前 48 年至公元前 32 年）时期，就已经分为十四个等级了。"二八侍宿，射递代些。九侯淑女，多迅众些。"诗人屈原在《招魂》中如此写道。

　　历史学家王亚平是这样阐述后妃等级和如何层层递进的：最高等级是皇后，然后是四个（而不是三个）"夫人"，每个都有特殊封号：贵妃、淑妃、德妃和贤妃。她们是最高等级的。九个"嫔"，位于第二等。然后是二十七个"世妇"。其中又分为九个"婕妤"、九个"美人"、九个"才人"，她们是第三等、第四等和第五等。第六等、第七等、第八等是八十一个"御姬"。她们又分为三个等级：二十七个"宝林"，二十七个"御女"，二十七个"采女"。如前所述，三的倍数象征着自然之阳刚、男性因素与男性的能力。这一切都有严格规定。四象征着女性之阴以及生育能力。三是一之后的第一个奇数，意味着强大的男性潜能。九是三的三倍，象征着极多。相应地，二十七与八十一是同样的寓意。

除了数不清的妃嫔，天子还拥有女宫。她们位于最低等级。另外还有宫女。她们就位列等级之外了，是宫里地位最低的存在。

我们看到，这些数字有一种宇宙的语义学逻辑。但这并不意味着后宫女性的全部。中国历史学家田登国和王亚平指出，唐代（618—907）和明代（1368—1643）是历史上后宫人数最多的，加在一起超过四万人。著名的如唐玄宗（712—756年在位），在六十岁的年纪为二十二岁的儿媳杨玉环所倾倒，纳为贵妃，后宫有将近四万名女性。

王亚平根据史料，统计了不同历史时期皇宫里女性的人数：秦始皇（公元前246年—公元前210年）的后宫有一万佳丽，汉武帝（公元前140年—公元前87年）有两万佳丽，晋武帝（265—290）有一万五千人，隋炀帝（605—617）有数万名，以及我们所说的唐玄宗有四万佳丽。在古典后宫最为流行的时代，萨桑王朝科斯洛埃斯一世（531—579）最大的后宫据说不过一千二百名佳丽。

在中国其他朝代，据田登国统计，后宫佳丽要少很多。据有的资料记载，宋朝皇帝按规定只能有十二个后妃。这是根据一年十二个月制定的。其中包括三个娘娘、九个嫔妃；王公可以有九个老婆，一妻八妾；大臣可以有一妻两妾。实际上，后宫佳丽要远远超过十二人，甚至可能达到一千二百人。中国最后一个朝代——清朝的光绪皇帝，却只有两个妃子。由此我们可以看到，皇帝的后宫佳丽可以从几人到几万人不等。

嫔妃们在宫里是由太监和宫女服侍的，他们的人数在每个朝代都不一样。清代后半叶，据田登国考证，太后有十二个宫女，皇后有十个，一等嫔妃有八个，二等有六个，三等有四个，普通嫔妃只有三个宫女。

在中国古代，按规矩，除了天子拥有嫔妃，只有皇家血统的亲王可以有。但有些男性的财产让他们养得起妾，也开始往家里娶小老婆。在汉代，根据史料记载，中等收入的男性就可以纳妾。他们经常通过公开途径购买自己喜欢的姑娘。这个传统，在后来的朝代里延续下来。

俄罗斯著名历史学家 A. 波克夏宁认为，唐朝及以降，直到 16 世纪，纳妾是没有限制的。娶妾，无论娶的还是买的，都是官方认可的。唐朝法典规定，一旦娶妾，就必须缔结婚约。如果是买来不知道姓名的，要通过算卦等方法确认。禁止纳长辈亲属的遗孀以及同姓者为妾。

唐朝姬妾分为两个等级："媵"和"妾"：五品以上官员所纳为"媵"；五品之下及普通人所纳者为"妾"。"媵"的地位高于"妾"。决定她们地位的不是出身，而是丈夫的地位。俄罗斯汉学家 H. 斯维斯图诺夫认为，在明朝或更早时候，这两个等级开始混合在一起，统称为"妾"。

妾称呼丈夫的正房妻子为"女君"，并在她去世的时候戴孝；而同样的情境下，妻不用给妾戴孝。很自然地，相同情境下妾也必须为丈夫戴孝；丈夫，包括儿子以及妾所出的儿孙，都不用给妾戴孝。责打妾的话如果没有明显外伤，丈夫不用承担任何责任。但如果丈夫把妾打死了，所承担的刑罚会比打死普通人轻两个等级。根据唐朝法律，奴才强奸主人的小妾要比强奸他的妻子得到的刑罚轻一级。总之，无论奸污还是偷情，他与妾所发生之事接受处罚要比妻轻一级。妻子如果辱骂丈夫，会被罚一年苦役；妾这么做就会被罚一年半苦役。在中世纪，妾导致丈夫伤残会被处死。

如果妾生了儿子，她在家中的地位就会大大提高，特别是这个儿子所在家族没有直系继承人时成了继承人的话。通常，财产继承权归正房长子。

强奸父亲或爷爷的小妾，假如她跟父亲或爷爷生了儿子，罪犯就要面临被勒死的处罚。如果她没有儿子，罪罚就会轻得多。如果强奸的是正房妻子，就会面临更厉害的死刑：砍头。在明朝，敢对正房动手的妾要被打六十大板并流放；反之，正房却不会受到什么责罚；妾辱骂正房要被打八十大板；反之，按照官方法令，正房也不会受到任何责罚。由此可见，家庭和社会对妻和妾的态度有着巨大差异。

"所有男人都可以纳妾。"到过中国的著名传教士利玛窦（1552—1610）写道："其中，社会地位和财产都不重要，唯一重要的就是是否吸引女人。一百金便可以买到一个妾，有时甚至更少。在底层，只要男人愿意，买卖妇女就是常有的事。"

儒家经典之一《女则》说，理想的女人就是能与其他女性和睦相处，不争不妒的女性。一旦出嫁，就要以夫为天，而且是唯一的天。再去找别的一片天，会给自己带来灾难。

在家庭等级中，每一个女性都有严格界定的地位：女仆服从妾，妾服从妻，妻服从正房妻子。不容置辩的是，必须听父亲、正房的；父亲去世的话，就要听长兄的。而在皇帝的后宫里，皇后统领所有贵妃，皇贵妃与其他嫔妃是无权和正宫平起平坐的。这一点甚至在"妾"这个字的书写中得到了体现：上面是"立"，下面是"女"。

清代的法律规定，敢把原配贬低到妾的地位的男人，要挨一百大板；原配在世，给妾这种地位的要挨九十大板。在这两种情况下，原配都必须恢复到本来的地位。

所有没有孩子的男人都可以冠冕堂皇地再娶。同时代人是这样描述这种婚礼的：结婚当天，这个人要和原配一起去请求先祖的允许。他们要陈述这个婚礼的缘由是为了绵延香火。然后，丈夫和原配坐在客厅主位上，让妾给他们磕头。接着，丈夫和妾饮交杯酒，并给她起个名字，以便其他家庭成员好称呼她。丈夫把妾娶回家，妻能善待她，这个妾就会得到丈夫的尊重。

男人娶妾不仅出于自己意愿，也要看经济状况。在不富裕的家庭里，所有妾都住在一起，要做所有的家务活儿——做饭、洗碗等。皇帝的妻妾住在宫里。北京故宫里，皇后和嫔妃的六宫，从"后三宫"到东宫、西宫，都离皇帝的寝宫相去甚远。在清代，通常只有太后和皇后能穿明黄色的龙袍，其他嫔妃只能穿杏黄色的。

妾都尽力讨好正房，因为正房的好恶无疑会影响到当家的。妾根据进门的先后排序，比如：大姨太、二姨太、三姨太，等等。序列数字越高，她在社会中的地位越低。辱骂一个男人或女人时，有人会骂"他是十五姨太生的"。

嫔妃们都非常注意自己的姿色，以便取悦皇帝。她们在这上面花了大量心思，也非常注意发型与发饰。云鬟就是将黑黑的头发紧扎成束，用发簪造型成各种美丽的形状。在中国，发簪是女性的象征。众所周知，著名的中国长篇小说、曹雪芹（1724—1764）所著《红楼梦》又名《金陵十二钗》，女主角之一的名字叫宝钗。发钗是情侣互相赠送、交换的信物。发钗还是戏剧舞台上女演员重要的头饰，经常出现在这出戏或那出戏中。发钗是用珍贵的玉石等制作成凤凰等形状，引发观者产生日常的或文化的联想，以及不是最坏的色情的联想。

后来，故宫里建了六座西宫，住进了皇贵妃、太后、高级嫔妃等。所有女人，包括嫔妃，都有权满足性需求。虽说肉体的接触被严格限制在床笫之间，丈夫还是要给每个女人足够的关注，以免离开床铺后就生分了。需要说明的是，这里说的床比实际上用来睡觉的大很多，实际上是一个立着四根柱子、用帐子以及从内部紧闭的帷幔连接起来的小房间。如果丈夫在性方面冷落了哪一个女人，按照《礼记》的观点来看，是一种罪过。不管年龄还是相貌，丈夫都逃不过祖制的要求，必须做到雨露均沾。规矩认为，即便嫔妃年长色衰，还不到五十岁的话，丈夫还是必须五天和她亲热一次。从女方来说，被送到丈夫床笫之前，要洗得干干净净，穿着整洁，梳洗打扮好，穿上相应的系带鞋。对于皇贵妃来说，有另外的规矩。假如正宫不在，她不能和丈夫过夜，房事过后就要离开。只有在服丧期间（三个月及以上），丈夫才有正当理由不和妻妾行房。皇帝的嫔妃在皇帝初次临幸前必须是处女。由专门的官员，通常是太监（也有假太监。中国史书记载，这种人在宫里不算少数）在全国为皇帝甄选秀女。然而，这些选来的美人皇上有可能连见都不会见。因为，能与皇帝共枕席的毕竟是少数。很多人害怕有其他失去贞操的可能，例如遭假太监之辣手，毕竟她们心里还期待着更高的恩宠。假如尝过了禁果，一旦入选是要去侍寝的，这对于她本人和近亲来说，一切都会因羞耻断送。避免这种后果的方法就只有保护好自己。也经常会有嫔妃（不在少数）在与皇帝共享枕席之欢后，被忘得一干二净。

当年幼的溥仪作为同治、光绪的继子被带进宫时，所有遗孀都成了他的"母亲"。溥仪自己有一个奶妈，哺乳他差不多到八岁。然而，光绪的遗孀——隆裕皇后不希望看到他有其他合法"母亲"，将可能在这个问题上和她叫板的同治嫔妃和瑜、珣、瑨三妃打入冷宫，根本不把他们算在母亲之列。当所有女眷一起吃饭时，隆裕和小皇帝坐着，其他人只能站着。这种情况一直持续到隆裕去世。在 1913 年 2 月 22 日她去世的那一天，同治、光绪的几个妃子就要求摄政王恢复她们的地位。据说，这是出于袁世凯的干预。正是他向内务府提出，应该给同治、光绪的四妃加以晋封和爵号，并且承认瑨妃列四妃之首。溥仪父亲载沣接受了这种干预，给瑜、珣皇贵妃上了敬懿、庄和的尊号，瑨、瑾二贵妃也晋封为皇贵妃，尊号为荣惠、端康。端康成了小皇帝的首席"母亲"，从此对他越管越严。

　　端康一心一意模仿慈禧太后，尽管她的亲姐姐珍妃正是死于慈禧的毒手。虽说皇帝这时已经逊位了，端康还在幻想延续帝制。她不仅学会了毒打太监，还学会了派太监监视皇帝的办法。她遣散了皇帝身边的太监，又把自己身边的太监派去伺候皇帝。这个太监每天要到她那里报告皇帝的一举一动。为了控制天子，端康经常召他去她那里。溥仪当时十岁多一点儿，每次听说端康传唤，就直发怵，都要在门口询问太后心情如何。据一个太监回忆，每次见面，小男孩儿总是吓得浑身发抖。

　　溥仪像全世界的孩子一样喜欢玩具，喜欢时髦打扮。有的太监为了讨好他，时不时给他买点儿有趣的玩物。有一次，一个太监给他制了一套民国将领穿的大礼服，帽子上还有个像白鸡毛掸子的翎子，还有军刀和皮带。溥仪马上穿戴起来，洋洋得意。端康知道后，大为震怒。当知道溥仪还穿了太监买来的洋袜子时，更觉得不得了。"无法无天！"她大为光火。她把购买礼服和洋袜子的太监李长安叫进永和宫，叫几个太监用竹棍打得体无完肤，奄奄一息时还要过去向端康磕头。这还没完，他还被撤职，被发落到打扫处去当苦役。她又把皇帝叫了去，大加训斥："大清皇帝穿民国的衣裳，还穿洋袜子！还像话吗?①"不得已，皇帝收拾起心爱的军服、洋刀，脱下洋袜子，换上了裤褂和绣着龙纹的布袜子。

　　此后，端康和溥仪的矛盾更加尖锐了，虽然双方都没有撕破脸，彼此都关注着对方的一举一动。会面越来越多地伴随着争吵，常常是几句寒暄过后就开始吵，然后是僵持的沉默。

　　为了培养身边亲信，端康选了几个男孩子。他们都是"私白"的。在明、清两代，有专门为皇帝遴选身边人的机构（清朝叫慎刑司，归属

---

① 我的前半生：中国末代皇帝溥仪回忆录。莫斯科，1968 年，第 83—84 页。

内务府)。在北京，有很有名的去势"专家"。他们实际上掌控着这一块"地盘"，并且一代一代传下去。最有名的是两家——一个叫毕五，一个叫小刀刘。他们都住得离皇宫不远，家传此一营生。他们干活儿的家伙和古代没甚区别。动手前，要把刀架在火上烧，以此消毒，然后就用这把刀动手术了。失败的手术很少发生，死亡率只有百分之三到百分之六。然而，还是有不少人选择"私白"，而不是去专门机构寻求"专家"。自宫的人数要上报当地政府，以便入宫备选。顺便说，《旧唐书》有禁止自宫的规定，因为自宫而死的并不少见。有一个叫小七儿的，八九岁，是个小机灵鬼，嘴又乖巧，端康非常喜欢他。有一天下暴雨了他还没回来，端康开始着急了。突然，小七儿浑身湿透，赤着脚，拎着靴子跑了进来，呼哧喘气。"老爷子，快把鞋给我穿上吧！"

"哟，下这么大雨，你跑哪儿去啦？"端康拿起鞋子。

"老爷子，我上外边玩去啦。"

"瞧你淋得跟水鸡子似的。"

端康亲自给小七子穿上鞋子，又让随侍太监拿上香巾，亲手为他擦抹头上和身上的雨水。

"谢老爷子了。"小七儿的嘴巴特别甜。一句话又逗得端康心花怒放。

"哎呀，我的小七儿哟……"端康一生无子，晚年对小孩儿有一种特殊的感情。再加上小七儿会哄人，她简直把小七儿当成了亲生儿子。

听太监学舌后，溥仪恼火了，嫉妒这个小太监被太妃宠爱。"她对小七儿啊，比对我都好得多！"

当知道端康派人监视自己时，大大地伤了皇帝的自尊心。老师陈宝琛也非常愤慨，跟他讲了嫡庶之分的理论，更加激起了他心里的怒火。太医院一个叫范一梅的大夫被端康辞退，便成了爆发的导火索。这个大夫是给端康治病的医生之一，但不知道什么原因被端康辞退了。然而根

41

据她的职位，是没有这个权力的，只有皇帝才有这个权力，太医院是皇帝的。总管太监张谦和，就是买军服和洋袜子的告发人，暗地里也对端康不满。他再次提醒这个男孩，端康未免专擅："她的所作所为就像个乡下婆娘！皇帝何不给她点儿君威看看！① 再说太医院的事，也要万岁爷说了算哪！连奴才也看不过去了。"② 这激怒了溥仪。他在回忆录中说："我的激动立刻升到顶点，气冲冲地跑到永和宫，一见端康就嚷道：'你凭什么辞掉范一梅？你太专擅了！我是不是皇帝？谁说了话算数？真是专擅已极！……'我大嚷了一通，不顾气得脸色发白的端康说什么，一甩袖子跑了出来。回到毓庆宫，师傅们都把我夸了一阵。气急败坏的端康太妃没有找我，却叫人把我的父亲和几位王公找了去，向他们大哭大叫，叫他们给拿主意。这些王公谁也没敢出主意。我听到这消息，便把他们叫到上书房，慷慨激昂地说：'她是什么人，不过是个妃。本朝历代从来没有皇帝管妃叫额娘的！嫡庶之分要不要？如果不要，怎么溥杰不管王爷的侧福晋叫一声呢？凭什么我就得叫她，还要听她的呢？'这几位王公听我嚷了一阵，仍然是什么话都没说。敬懿太妃跟端康是不合的，这时特意来告诉我：'听说永和宫要请太太、奶奶来，皇帝可要留神！'"③

永和宫太监大首领刘承平和二首领穆海臣建议端康把溥仪的亲生母亲五奶奶叫进宫来，让她来说说溥仪，告诉他必须和"额娘"和睦相处，不能为了一点儿小事就吵架。

溥仪的母亲住进宫才知道，真的很为难。这边是端康皇太妃，那边是自己的儿子，却又是退了位的"皇帝"。她一直是一个很要强的女人，

---

① 人民中国（俄文版）。1994 年第 4 期，第 40 页。
② 我的前半生：中国末代皇帝溥仪回忆录。莫斯科，1968 年，第 84 页。
③ 同上。

现在却左右为难。她先是劝说了溥仪一番大道理："虽然端康对你没有生育之恩，却有养育之恩啊。从几岁起，她就抚养你，对你讲过多少纲常大义呀。论能耐，她比不上慈禧、隆裕太后，可对你并不错啊。言语上再有差池，她也是你的长辈啊。你得尊敬她……"

生母的一席话说得溥仪有些回心转意了。"您说，那怎么说好呢？"

"我也不能老住这儿，得出宫回府去。你听我一句话，上永和宫那儿请个安，说句软话不就得了！"

"跟她有什么说的！"溥仪不满道。

"就说我小，不懂事，不就成了？"五奶奶又一次告诉儿子要尊敬皇额娘，听她的话，勤着点儿去永和宫请安。

溥仪勉勉强强答应去道歉，他的生母就去永和宫拜见端康。

端康一见溥仪的母亲和祖母就大叫大嚷，数落皇帝行为不端。喊叫起了作用，她们赶紧跪下，哭着求端康息怒，保证让溥仪道歉。她们派人去叫皇帝。溥仪是这样描述当时情况的："我走到端康面前，看也没看她一眼，请了个安，含含糊糊地说了一句'皇额娘，我错了'，就又出来了。端康有了面子，停止了哭喊。"①

当天，五奶奶就回了北府。谁知第二天一早就传来噩耗：五奶奶吞鸦片死了。对于母亲的死因，溥仪是这样解释的："我母亲从小没受过别人申斥。她的个性极强，受不了这个刺激。她从宫里回去，就吞了鸦片烟。后来端康担心我对她追究，从此便对我一变过去的态度，不但不再加以管束，而且变得十分随和。"②

但在太监当中流传着另外的说法，说是端康和五奶奶聊了很久，最后闹起来了。原来端康还幻想着复辟清朝政权。苦于无法出宫斡旋，便偷偷捎出许多珍宝，让五奶奶笼络一些军阀、政客，四处活动。谁知珍宝耗去不少，却没有任何结果。端康埋怨她办不成事，话里还透出怀疑五奶奶私揣了腰包。不然，哪儿能出这个悲剧啊!③

① 我的前半生：中国末代皇帝溥仪回忆录。莫斯科，1968 年，第 85 页。
② 我的前半生：中国末代皇帝溥仪回忆录。莫斯科，1968 年，第 85—86 页。
③ 人民中国（俄文版）。1994 年第 4 期，第 41 页。

溥仪的学业

1911 年，年幼的溥仪和隆裕太后

　　皇帝六岁那年就已经被决定，要开始读书了。隆裕太后为他选好了师傅，钦天监为他选好了开学的吉日良辰。他读书的书房先是在中南海，但很快就转移到并不宽敞的毓庆宫了。这是光绪小时候读书的地方。毓庆宫紧紧夹在两排又矮又小的配房之间，里面隔成许多小房间。溥仪的书房是西边两个比较大的敞间。其中一间，窗下是一张长条几，上面陈设着帽筒、花瓶，靠墙是一溜炕。孩子起初就是在炕上学习，炕桌就是书桌。溥仪在这里第一次被大钟惊吓了：直径有两米，指针比人

45

的胳膊还长。他的课本主要是《十三经》,另外有一些辅助的《朱子家训》《圣武记》《大清开国方略》之类。师傅每天在书房里把书念几遍,却不能像传统中国教育那样强迫皇帝去背诵,也不检查。他规定,孩子到太后面前请安时,要把书从头念一遍给她听。为了让他记得更牢,每天早晨起床后,由总管太监在卧室外面大声把昨天学的功课念几遍。至于小皇帝能记住多少,就没人管了。从来没人给他布置命题作文,也不重视他写诗的兴趣。他做过几次对子,写过几首律诗,但宫里没人对这个感兴趣,孩子写诗也就当个乐子。顺便说,后来他还真写过几首不错的诗,有点儿名气。孩子更感兴趣的是所学的内容,而不是文体形式。

溥仪小时候是个淘气鬼,读书时会突然脱掉袜子,扔在桌上,师傅就得再给他穿上。他看到师傅的长眉毛很好玩,会把师傅叫过来,拔下来一根。为了让他专心读书,在他九岁那年,师傅们又想出一招,给他配上伴读的学生。伴读者每个月可以拿到八十两银子折合的筹赏,另外被赏"紫禁城骑马"。虽说当时已经是民国了,但是在皇亲中这还是一大荣耀。中国古人云:"成王有过,则挞伯禽。"同学们就代小皇帝受过了。如果师傅们想劝戒皇帝,会对好好坐在那里的一个同学说:"看你何其轻佻!"

溥仪十三四岁时已经读过不少书了,有几乎全部明清以来的笔记、野史和清末民初出版的历史演义、公案小说。等到再大些时,他又编造了不少"传奇",并自制插图,然后自己欣赏。

念书时间是 8 时到 11 时。后来添了英文课,在下午 1 时至 3 时。上课前,逊帝乘坐金顶黄轿到达。他说一声"叫",太监就应声出去,把配房里的老师和伴读者叫了来。他们进殿也有一套程序:前面是捧书的太监,后面是第一堂课的老师傅,再后面是伴读的学生。老师进门后,先站在那里向皇帝注目一下,作为见面礼,皇帝无须回礼,因为"虽师,臣也;虽徒,君也"。然后,伴读向皇帝请跪安。礼毕,大家就座。

皇帝按规矩坐在北面朝南的座位，师傅坐在面西的位置上，伴读坐在师傅周围。太监们把他们的帽子在帽筒上放好，鱼贯而退，这时伴读功课就开始了。

溥仪汉文师傅最初是一个，后来增加到三个。根据他自己的回忆，他的满文是清朝皇帝中最差的。他学了好几年，只会一句话："伊立。"意思是，平身吧。因为这是满族大臣向他请安，跪在地上说一句请安的话后，他必须回答的那个。

皇帝十一岁的时候，除了中国师傅，还多了一个外国师傅。他得教孩子英文，还能兼作可靠的"保镖"，给皇帝介绍西方现代科技的

身穿朝服的溥仪老师庄士敦先生

成就以及世界局势。最后，皇帝的官员们（经过李鸿章之子李经迈的推荐）选定了雷纳尔德·弗莱明·庄士敦先生。雷纳尔德·庄士敦是一个典型的英国人（苏格兰血统），牛津大学硕士，曾在香港的英国总督府当过秘书，做过英国租借地威海卫的行政长官。他来亚洲的二十年间，在中国走遍了内地各省，游遍了名山大川和古迹名胜。他通晓中国历史，熟悉中国风土人情，对儒、释、墨、老都有研究，对中国古诗特别欣赏，喜欢摇头晃脑、抑扬顿挫地诵读唐诗。他是经由徐世昌向英国公使馆交涉，正式聘来的。1919 年 3 月 4 日，皇帝的父亲和中国师傅们正式将庄士敦先生引荐给皇帝。溥仪回忆道："按着接见外臣的仪式，我

坐在宝座上，他向我行鞠躬礼，我起立和他行握手礼；他又行一鞠躬礼，退出门外。然后，他再进来，我向他鞠个躬，算是拜师之礼。这些礼都完了，在朱意藩师傅陪坐下，他开始给我讲课。"① 据溥仪回忆，第一次见庄士敦略感不不舒服。他四十多岁，有一双蓝眼睛，头发淡黄带白，讲一口流利的中文，比陈师傅的福建话和朱师傅的江西话还好懂。一开始，溥仪不敢像对中国师傅那样对这个称呼自己为"皇上"的人，规规矩矩跟他学英文，而不是念书腻烦了就瞎聊，甚至叫师傅放假。那种时候，一个小太监就得代他受过。当皇帝学烦了或累了时，庄士敦就推开书本陪学生闲聊。为了学生更好地掌握英语，根据他的建议，增加了一个英文课伴读。庄士敦的努力没有白费，人们后来注意到，皇帝的英语说得很好了，有一口漂亮的牛津腔。庄士敦在教小皇帝的过程中，表现出了巨大的耐心。由于工作突出，天子奖给英国师傅一品顶戴；后者以这项赏赐为荣。庄士敦专门做了一套清朝袍褂冠带，穿着这套衣服站在锡山别墅前照了相，并广赠亲友。

内务府给庄士敦在地安门租了一座四合院。他将此处布置得像一座清朝遗老的住宅。一进门，在门洞里可以看见四个红底黑字的"门封"，一边是"毓庆宫行走""赏坐二人肩舆"，另一边是"赐头品顶戴""赏穿带膆貂褂"。② 为了让自己更像中国人，庄士敦给自己起了个雅号"志道"，来源于《论语》中的"士志于道"。③ 庄士敦试图教自己的学生西方礼节，教育他怎样做个英国绅士。溥仪十五岁那年，发生了一件趣事。他决定照英国师傅那样来打扮自己，让太监上街买了一大堆西装。他穿上大得出奇的新西服，把领带系得像绳子似的挂在领子外面。

---

① 我的前半生：中国末代皇帝溥仪回忆录。莫斯科，1968 年，第 148 页。
② 回英国后，庄士敦专门在一个房间里展出皇帝赐给他的各种用品和穿戴。
③ Л. С. 别列洛莫夫：孔子：论语。莫斯科，1998 年，第 347 页。

当他这个样子走进毓庆宫时，庄士敦命令他赶紧回去换回正常的衣着。第二天，他带来裁缝给溥仪量尺寸，定做了英式西服。这个英国佬对皇帝说："如果西装不合身，还是穿原来的袍褂好。穿那种估衣铺的衣服的不是绅士，是……"是什么，他没说下去。他对溥仪说："假如皇上以后出现在伦敦，总要经常被邀请参加茶会的。那是比较随便而又重要的聚会，时间大都在星期三。在那种场合，可以见到贵族、学者、名流以及皇上有必要见到的各种人。衣裳不必太讲究，但是礼貌十分重要。如果喝咖啡像灌开水，拿点心当饭吃，或者叉子、勺儿叮叮当当地响，那就坏了。在英国，吃点心、喝咖啡是用来提神的，不是当饭吃的……"

那些年，英国师傅对皇帝的影响是巨大的。溥仪叫内务府买洋式家具，给养心殿装上木地板，把紫檀木装铜活儿的炕几换成了抹着洋漆、装着白瓷把手的炕几。仿照庄士敦，溥仪购买了各种零碎东西：怀表、表链、戒指、别针、袖扣、领带，等等。他口袋上的自来水笔让溥仪觉得，中国人使用毛笔和宣纸很落后。自从他把英国军乐队带进宫里演奏之后，溥仪更觉得中国的丝弦不堪入耳，甚至连丹陛大乐的威严也大为削弱。

庄士敦经常嘲笑男人的辫子，说像猪尾巴。1911 年辛亥革命后，男人剪辫子的告示早已公布，然而在紫禁城，民国的命令并未得到执行。从民国二年起，内务部就几次给内务府来函，请紫禁城协助劝说旗人剪辫子，并且希望紫禁城里的人们也剪掉它，语气非常委婉，根本没提到皇帝和他的大臣头上。内务府用了不少理由去搪塞内务部，以拒绝民国的指令。紫禁城甚至用辫子作为出入宫门的标志。多年过去了，紫禁城依旧如故，不顾外面的中国是什么样子，里面的男人们还是拖着一条辫子。然而，庄士敦只是随便讽刺了几句，溥仪就第一个剪掉了辫子。在皇帝的感召下，几天之内，上千名官员剪掉了辫子，只有三个中国师傅和几个大臣留着它。因为溥仪剪了辫子，几个太妃痛哭了好几次，师傅

49

们有好多天脸色阴沉。

随着溥仪年龄的增长，庄士敦给他打开了更大的眼界。给他讲英国王室的生活和不同国家的政治体制，讲"大不列颠日不落大帝国"，讲中国内战，以及中国新文化、白话文运动与西方文明的关系。在庄士敦的影响下，他决定接见1919年五四运动的领导人之一胡适。溥仪这样写道："这样玩了一阵（皇帝正沉迷于新装的电话），我忽然想起胡适博士来。庄士敦曾提到过他。我想听听这位'匹克尼克来江边'的作者用什么调儿说话。巧得很，正是他本人接的电话。我问道：'你

1924年，溥仪与爱犬

是胡博士啊，好极了。你猜我是谁？''你是谁啊？我怎么听不出来呢？''哈哈，甭猜了！我说吧。我是宣统啊。''宣统？是皇上？''对啦，我是皇上。你说话我听见了。我还不知道你是什么样儿，你有空到宫里来，叫我瞅瞅吧。'我这无心的玩笑，真把他给引来了。据庄士敦说，胡适为了证实这个电话，特意找了庄士敦核实。没想到真是皇上打的，就连忙向庄士敦打听进宫的规矩，明白了我并不叫他磕头，我这皇上脾气还好，他就来了。"① 和胡适的会面只花了二十分钟。溥仪问了他白话文有什么用，以及他去过什么国家，等等。

---

① 我的前半生：中国末代皇帝溥仪回忆录。莫斯科，1968年，第166页。

1924 年 4 月的一天，皇帝会见了著名的印度作家——罗宾德拉特·泰戈尔。

庄士敦提及复辟的可能性，以及军阀不可靠的态度……他让皇帝动了去英国留学的念头，去英国威廉王子读书的牛津大学求学。他还说，在那里，皇帝可以得到许多必要的知识，打开宽阔的眼界。经庄士敦介绍，紫禁城来过英国海军司令和香港英国总督，每个人都对皇帝彬彬有礼，称他为"皇帝陛下"。

1922 年夏天，溥仪想出洋的意愿越发强烈了，却遭到了王公大臣们的激烈反对。就连庄士敦也反对，说不是时候。王公大臣们只同意在天津英租界准备一座房子，以供溥仪万一必要时去安身。皇帝很难从紫禁城脱身，只能暗地里找溥杰商量。他们有真正的友谊，溥杰能在外面活动，有条件成为皇帝逃跑的同谋和助手。第一步是筹办经费。难兄难弟决定，把宫里最值钱的字画和古籍以赏赐溥杰之名，运出宫外，存到天津英租界的房子里。就这样，在六个月内，每次溥杰放学回家必带走一个大包袱，里面的字画古籍都是精品中的精品。当时正值内务府大臣和师傅们清点字画，溥仪就从他们选出的最上品中取最好的拿。西昭仁殿全部的宋版、明版珍本书籍，都被这样从紫禁城盗运到了天津。据溥仪统计，有一千多件手卷字画、二百多种挂轴册页、二百种左右的宋版珍本，大多数后来流到了海外。伪满洲国成立后，日本关东军参谋吉冈安直把这些珍品从天津运到了东北；1945 年日本投降后就不知所踪了。

有时候，溥仪也会冒出来一些革新的念头，突然决定把颐和园改造成商场①。

按照《清室优待条件》，溥仪退位后和身边的人得以继续留在宫里生活。（一）大清皇帝辞位之后，尊号仍存不废，中华民国以待各外国

---

① 中国百年。济南，2000 年，第 166 页。

君主之礼相待。（二）大清皇帝辞位之后，岁用四百万两。俟改铸新币后，改为肆佰万元。此款由中华民国拨用。（三）大清皇帝辞位之后，暂居宫禁。日后移居颐和园。侍卫人等，照常留用。（四）德宗（光绪皇帝谥号）崇陵未完工程，如制妥修。其奉安典礼，仍如旧制。所有实用经费，并由中华民国支出。（五）以前宫内所用各项执事人员，可照常留用，惟以后不得再招阉人。（六）大清皇帝辞位之后，其原有之私产由中华民国特别保护。原有的禁卫军归中华民国陆军部编制，额数俸饷，仍如其旧。①

然而，尽管清宫开支庞大，《清室优待条件》规定的巨额数目仍在逐年减少。为了抵消花费，清室内务府每年都要变卖、抵押古董字画、金银器、瓷器等。

《清室优待条件》所提到的"暂居宫禁"，并没有规定离开的具体期限。除了三大殿属于国家外，紫禁城的其他大部分还是属于清室。溥仪在这个小世界里生活了将近十三年，直到1924年才被民国军队赶了出去。

皇室计有几千名官员、太监、禁卫军、嫔妃、皇帝及其亲眷，俨然一个小朝廷。小朝廷运行着特殊的管理、法律、法庭、财政机制。显然，每天和定期的礼仪需要专门的机构和人手来打理。这些事是由内务府来负责的，其庞大的编制由来自七大司的头儿和官吏组成：广储、都虞、掌仪、慎刑、庆丰、会计、营造七个司以及四十八个分部……②第三司掌仪司，包括一定数目的太监，负责安排嫔妃去给皇帝请安的次序，为皇帝的出行准备侍从和轿舆，在隆重庆典和节日时负责维持秩序。每个司都有自己的库房。会计司掌管宫里的六个库房：金银、皮

---

① 我的前半生：中国末代皇帝溥仪回忆录。莫斯科，1968 年，第70—71 页。
② 我的前半生：中国末代皇帝溥仪回忆录。莫斯科，1968 年，第78 页。

草、瓷器、丝绸、茶具。到溥仪登基的时候，机关有一千零三十二名官员（不算太监、侍从和苏拉）。到 1912 年，辛亥革命以及民国成立之后，减到了六百多人；到 1924 年，只剩下三百多人了。

溥仪从小就有胃病，他认为这和他的"母亲们"有关。后来，他回忆道："我六岁时有一次栗子吃多了，撑着了，有一个多月的时间隆裕太后只许我吃糊米粥，尽管我天天嚷肚子饿，也没有人管。我记得有一天游中南海，太后叫人拿来干馒头，让我喂鱼玩。我一时情不自禁，就把馒头塞到嘴里去了。我这副饿相不但没有让隆裕悔悟过来，反而让她布置了更严厉的戒备。他们越戒备，便越刺激了我抢吃抢喝的欲望。有一天，各王府给太后送来贡品，停在西长街，被我看见了。我凭着一种本能，直奔其中一个食盒。打开盖子一看，食盒里是满满的酱肘子，我抓起一只就咬。跟随的太监大惊失色，赶忙来抢。我虽然拼命抵抗，终因人小力弱，好香的一个肘子刚到嘴又被抢跑了。我恢复了正常饮食之后，也常免不了受罪。有一次我一连吃了六个春饼，被一个领班太监知道了。他怕我被春饼撑着，竟异想天开地发明了一个消食的办法，叫两个太监左右提起我的双臂，像砸夯似的在砖地上礅了我一阵。过后他们很满意，说我没叫春饼撑着，都亏那个治疗方法。"①

溥仪刚满十一岁，太妃开始准许奶奶和母亲来探望他。一起来的还有他的弟弟溥杰和妹妹们，他们和小皇帝一起玩捉迷藏。溥仪和其他小孩子一样，喜欢奔跑，嬉戏。后面跟着一群太监在跑，生怕被丢下。他们跑得丢盔弃甲，喘吁不止。溥仪大一些之后，懂得了发号施令。想跑的时候，叫太监们站在一边等着。于是，除了御前小太监，他们都到一边静立，等他跑够了再重新贴在后面。如此，每天去太妃那里请安或去毓庆宫上学，仍然要有一定的尾巴跟随。如果没有了那个尾巴，倒会觉

① 我的前半生：中国末代皇帝溥仪回忆录。莫斯科，1968 年，第80—81 页。

1941 年溥仪的妹妹们

得不自然了。

溥仪十五岁那年，庄士敦发现这个学生的眼睛可能有近视的迹象，建议请个外国眼科医生来检验一下，必要的话，就给小伙子配上眼镜。这遭到了紫禁城的激烈反对。皇上的眼珠子还能叫外国人看?! 皇上正当春秋鼎盛，怎么就像老头儿一样戴上"光子"?! 从太妃起，全都不答应。后来费了庄士敦不少口舌，这才解决。

王公大臣们总是要反对皇帝想要的现代新鲜玩意儿，哪怕是他们早就得到了的，比如安电话机的那一回。

溥仪十五岁那年，庄士敦有一回讲起了电话的作用。当时皇帝正对新鲜事物感兴趣，后来问溥杰，说北府（溥仪父亲住所）也装了电话，就叫内务府在养心殿也装一个。内务府大臣一听皇帝的吩咐就变了脸色，但当着皇帝的面不敢反对，"嗻"了一声就下去了。第二天，师傅们就一起来劝说了。"这是祖制向来没有的事。安上电话，什么人都可以跟皇上说话了。祖宗也没这样干过……这些西洋奇技淫巧，祖宗是不用的……"

溥仪也有自己的道理："宫里的自鸣钟、洋琴、电灯都是西洋玩意儿，祖制里也没有过，不是祖宗也用了吗?"

"外界随意打电话，冒犯了天颜，岂不有失尊严?"

眼看无法说服皇帝，内务府又请溥仪的父亲来帮忙。溥仪回忆道："但是他并没有内务府所希望的那种口才。他除了重复师傅们的话，没有任何新的理由来说服我，而且叫我一句话便问得答不上来了：'王爷府上不是早安上电话了吗?''那是，那是。可是，可是跟皇帝并不一样。这件事还是过两天再说吧……'我想起他的辫子剪得比我早，电话先安上了，不让我买汽车而他却买了，心里很不满意。'皇帝怎么不一样? 我就连这点儿自由都没有? 不行，我就是要安!'我回头叫太监：'传内务府，今天就给我安电话!''好，好。'父亲连忙点头，'好、好，那就安……'随着电话机，还送来了一个电话簿。电话就这么在宫里装上了。"

溥仪想要自行车，就给他买了一辆。但在紫禁城骑自行车是很不舒服的，到处都是高门槛。他学着骑车时，下令把路上所有门槛都锯掉。这样，他就能在各大殿之间疯狂骑行，后面没有任何尾巴。顺便说，这一点成为他后来的一大罪状：宫里的高门槛是用来阻挡恶鬼以及其他黑暗势力的。既然是溥仪下令全部锯掉的，全国信徒就有理由相信，天子要为涌入中国的各种新鲜玩意儿和思潮负主要责任。甚至到了孙逸仙领导的辛亥革命胜利后，还有人正儿八经地将此归咎于门槛被锯了。

溥仪的婚礼，皇后和妃子

宫里嫔妃的组成时不时就会刷新一下。清代，每三年就要在皇宫里举办一回特别的"相亲"，经过数轮之后，选出天下最美的姑娘。

在古代中国，出生在四川成都的著名辞赋大家司马相如（公元前179年—公元前117年）如此歌咏宫中的美女：

> 上宫闲馆，寂寞云虚，门合昼掩，暧若神居。臣排其户而造其堂，芳香芬烈，黼帐高张。有女独处，宛然在床。奇葩逸丽，淑质艳光。睹臣迁延，微笑而言曰："上客何国之公子？所从来无乃远乎？"遂设旨酒，进鸣琴。臣遂抚弦，为幽兰白雪之曲。女乃歌曰："独处室兮廓无依，思佳人兮情伤悲。有美人兮来何迟，日既暮兮华色衰。敢托身兮长自私。"玉钗挂臣冠，罗袖拂臣衣。时日西夕，玄阴晦冥。流风惨冽，素雪飘零。闲房寂谧，不闻人声。于是寝具既设，服玩珍奇，金锭熏香，黼帐低垂。裯襦重陈，角枕横施。女乃驰其上服，表其亵衣。皓体呈露，弱骨丰肌。时来亲臣，柔滑如脂。臣乃气服于内，心正于怀，信誓旦旦，秉志不回，翻然高举，与彼长辞。

选秀女通常由太后在紫禁城坤宁门后面的御花园进行。坤宁门将后面三个宫殿巧妙隔绝开来，其中的坤宁宫是太后的居所。顺便说，1644年，崇祯皇帝的周皇后为免于落入攻陷北京的农民起义军之手，在此自

尽。在中国，耗时最长、最重要的准备工作是结婚前的一段时间，即挑选对象、媒人说媒。而说媒这件事情本身也关乎家庭的威望，在旧中国是非常重要也非常微妙的，需要中间人帮忙。中国有谚语云："天上无云不下雨，地上无媒不成婚。"皇帝挑选新娘的"相亲"是这样进行的：清朝统治期间，按照清宫规矩，秀女必须是旗人官员的女儿。清朝官阶共分九品，第九品为最低，选秀只能在八旗高级官员的家庭中进行。八旗制度始于1601年，清朝第一个皇帝努尔哈赤创建了四旗：正黄旗、正白旗、正红旗和正蓝旗；十四年后，1615年又增加了四旗：镶黄旗、镶白旗、镶红旗和镶蓝旗。所有满人都编入了旗兵，和平时期从事生产，战时去打仗。所有旗人官员的姑娘在八岁至十四岁期间都要在内务府登记。旗人官员必须在女儿十二岁至十六岁期间按照旨令，将女儿送去"选秀"。清驻法大使裕庚的女儿德龄在回忆录中强调，所有二品以上旗人官员的女儿到了十四岁都要进宫，以便皇帝从中选妃，如果他需要的话。皇帝同宗亲戚则不用让女儿去选秀，是为了避免近亲乱伦。和历朝历代不同，汉族女性也不在此列。这是因为另一个原因：清帝王害怕来自被奴役民众的谋反。但是，让她们充当宫女或者嫔妃则是可以的。有一些旗人贵族不希望自己的女儿进宫，因为皇宫里的生活不总是那么甜蜜，如果她们熟悉了皇帝的坏脾气的话。他们有时候把自己的女儿弄丑，以免被选进宫，或者用贫穷旗人家的女儿，甚至用买来的汉人家的姑娘李代桃僵。

溥仪之妃文绣

皇帝会在太后的陪同下"选妃"，挑几个顺眼的，以充实自己的后宫。1852 年 6 月 14 日，有一列旗人贵族家庭的姑娘接受了道光皇帝遗孀挑剔的检阅。在六十个姑娘当中，挑出了二十八个优秀的。入选后宫的有：咸丰皇帝去世的皇后的妹妹钮祜禄氏（慈安），以及十六岁的姑娘那拉氏（慈禧）。精挑细选之后，姑娘们被放回家两个月。通过选拔的会被赏赐相应等级的皇帝嫔妃穿戴，然后在皇宫集合。不过，1911 年辛亥革命之后，皇宫里的选妃简化了。"当王公大臣们奉了太妃之命向我提出我已经到了'大婚'年龄，如果说我对这件事还有点儿兴趣，是因为结婚是个成人的标志，经过这道手续，别人就不能把我像个孩子似的管束了。对这类事情最操心的是老太太们。民国十年年初，即我刚过了十五周岁的时候，太妃们把我父亲找去商议了几次。接着，召集了十位王公讨论这件事。从议婚到成婚，经历了将近两年的时间（官方的婚礼在 1922 年 12 月 1 日举行）。在这中间，由于庄和太妃和我母亲先后去世，师傅们因时局不宁劝解从缓，特别是发生了情形颇为复杂的争执，婚事曾有过几起几落，不能定案……究竟选谁，当然要皇帝说话，钦定一下。同治和光绪时代的办法是叫候选的姑娘们站成一排，由未来的新郎当面挑拣，挑中了的当面做个记号：一说是递个玉如意，一说是把一个荷包系在姑娘的扣子上。到我的时代，经过王公大臣们的商议，认为把人家闺女摆成一排挑来挑去不大妥当，于是改为挑照片。我看着谁好，就用铅笔在照片上做个记号。这是满洲额尔德特氏端恭的女儿，名叫文绣，又名惠心，比我小三岁，看照片的那年是十二岁。这是敬懿太妃所中意的姑娘。这个挑选结果送到太妃那里，端康太妃不满意了。她不顾敬懿的反对，硬叫王公们来劝我重选她中意的那个，理由是文绣家境贫寒，长得不好，而她推荐的这个是个富户，又长得很美。她推荐的这个是满洲正白旗郭布罗氏荣源家的女儿，名婉容，字慕鸿，比我大一岁（有些中国历史学家认为他们同岁，她成为皇后的时候是十七岁①）。我听了王公们的劝告，心里想你们何不早说，好在用铅笔画圈不费什么事，于是我又在婉容的相片上画了一下。可是敬懿和荣惠两太妃又不满意了。不知太妃们和王公们是怎么争辩的，结果荣惠太妃出面说：既然皇上圈过文绣，她是不能再嫁给臣民了，因此可以纳为妃。我想，一个老婆我还不觉得有多大的必要，怎么一下子还要两个呢？我不太想接受这个意见，可禁不住王公大臣根据祖制说出'皇帝必须有后有妃'的道理。我想，既然这是皇帝的特点，我当然要具备，于是答应了他们。"

大婚将近，宫里热闹起来了。大家都在说，溥仪，即宣统皇帝，即将大婚；同时纳十四岁的文绣为妃。必要的工作已经马不停蹄地开始了，一些人去采购结婚必须的东西，一些人忙着准备必须的仪式。

---

① 王庆祥：皇帝成了公民以后——溥仪后半生轶事录。北京，1985 年，第 25 页。

在旧中国，结婚通常伴随着复杂而冗长繁琐的典礼；同时这也是社会生活和传统文化的重要方面。婚礼有很多礼节，细节都很丰富，强调在个人、家庭生活中这个事件的重要性。清代的法典甚至还有专门关于男女结婚的章节。其中关于结婚的"六礼"的大部分内容，都出自公元前好几个世纪的古代经典——《礼记》和《仪礼》。

薄仪和皇后婉容

在《仪礼》中，一切都是从挑选未婚妻、由鸿雁一般的媒人登门说媒开始的。如何接待媒人、告知未婚妻，有一套复杂的程序。然后，要在未婚夫家里做一套占卜程序，根据最有利的结果确定婚期。未婚夫要穿戴整齐地去未婚妻家里拜访，并会得到盛情款待。然后，盛装的新娘在伴娘的陪伴下去到新郎家。这之前要有酒席，也会有拜新娘祖先的仪式。然后，新郎扶新娘上车，送亲的人也跟随一起去。新娘被引进新郎家，在喜酒之后入洞房。

中国人（甚至包括朝鲜人）都认为，婚礼是以儒家准则制定的四礼（其余是成人礼、葬礼和祭祖）中最重要的之一。中国婚礼从一方面来说，是世界观及其他宇宙本原意义上的阴阳调和关系；从另一方面来说，由婚礼能看到中国人最基本的生活价值观念的表达：生儿育女，最好生男孩的愿望，以及家庭成员的地位。结婚的观念是通过婚礼的不同阶段表现出来的：婚礼前（求婚仪式以及为婚礼的准备），婚

婚前的溥仪

皇后婉容

礼本身（新郎、新娘见面，结婚典礼本身，等等）以及婚礼后。传统上要为婚礼所做的准备分为六步：1）给女方家送见面礼，作为订婚的标志；2）征询女方意见；3）告知女方娘家男方家里占卜的结果；4）给女方家送彩礼；5）通知女方家结婚的日子；6）新郎去接新娘，新娘娘家送亲到新郎家。

中国年轻人在青春期和婚前期，用现在的话说，是有性教育的。有专门的图书给年轻人看，里面绘有各种性爱的姿势，叫作"春

宫画"。这种图书，他可以在新婚之夜使用。

对皇帝而言，这要复杂一些。我们可以通过历史文献得知，过去皇宫用来教育未来皇帝有着春宫画那种性爱指南功能的，是密宗的一些雕像。田艺蘅描述了明朝皇宫里的密宗佛像。他确证，在 1536 年，翰林学士夏言上书皇上，要求销毁这些佛像。他说，这些淫秽的男女雕像打着"欢喜佛"的名号，其实是为了摆布皇位继承人。因为太子生活在完全封闭的环境下，担心他在性的方面不能把持自己。显然，夏言的进谏没有得到重视。到了明朝末年，这些佛像还在宫廷的宗教仪式中发挥着重要的作用。文学家沈德符（1578—1642）在文章中证实，他在宫中见过"欢喜佛"，据说是国外进贡的；佛像装饰奢华，一对男女拥抱在一起。此外，他们的性器官是连在一起的，有的佛像还是活动的，能看得更真切。大太监告诉他，太子婚礼后，夫妇就会被带到这里。他们先要跪下祈祷；随后，新郎、新娘要触碰佛像的生殖器官，以便领会如何按此行事。只有完成了这套仪式，他们才能饮尽交杯酒。这样做，是为了避免这对最尊贵的新人对性爱的各种方式不知所措。

溥仪的婚礼和中国社会常见的方式都不一样。正式婚礼举行那天，仪仗队在北京街道上摆来摆去，向着后邸进发。走在最前面的是民国的两班军乐队；紧随其后的是骑在马上的庆亲王和郑亲王，手中执节；在他们后面，跟随着黄河路军马队、警察马队、保安队马队；再后面则是龙凤旗伞、鸾驾仪仗七十二副、黄亭四架、宫灯三十对。在张灯结彩的后邸前面，又是一大片军警，保卫着婉容的父亲荣源和她的兄弟们。他们都跪在那里迎接圣旨。

皇帝婚礼的目击者——法国人安利·戈蒂埃这样写道：透过半掩的门，我们看到远处行进的队列。王公骑着马。我们看到手执裹着黄绸子仪仗的司仪；几百个穿红色长衫、拿着白色小伞的侍从；上百个提灯的人；二十四马，都穿着马披；捂得密不透风的黄色凤舆被十六个轿夫用红色的轿杠抬着，周围满是太监，都穿着黄色的衣服。

皇帝大婚，收到了民国头面人物的厚礼。大总统在大红帖子上写着："中华民国大总统黎元洪赠宣统大皇帝。"礼物八件：珐琅器四件，绸缎二种，帐一件，联一副，都是预祝富贵吉祥。他的前任徐世昌送了贺礼两万元和许多贵重礼物，包括二十八件瓷器和一张富丽堂皇的龙凤中国地毯。张作霖、吴佩孚、张勋、曹锟等军阀、政客都赠送了现款和许多别的礼物。民国财政部特地拨款十万元作为婚礼费用，其中两万元算是民国政府贺礼。①

在婚礼仪式上，民国政府代表、总统府侍从武官长荫昌以对外国君主之礼正式祝贺。他鞠躬之后，忽然宣布：刚才那是代表民国的；现在是奴才自己给皇上行礼。说完，跪在地下磕起头来。

在结婚典礼上，自辛亥革命后紫禁城第一次出现了外国官方人员，虽说他们是以私人身份来的。为表示对外国客人观礼的重视和感谢，按庄士敦的意思，在乾清宫特意安排了一个招待酒会。溥仪用英语念了事先准备好的书面谢词。祝了酒，回到养心殿后，他脱下龙袍，换上便装长袍，内穿西服裤，头戴鸭舌帽。当英国佬庄士敦看到自己的学生这副打扮之后，脸涨得通红。对皇帝这个样子感到失望的外国人散了之后，他气急败坏地说："这叫什么样子啊，皇帝陛下！中国皇帝戴了一顶猎帽，我的上帝！"②

紫禁城的婚礼不是白天举行的，而是晚间。夜里两点，奏响了美妙的音乐，凤舆在乾清门停下了。那王和贡王喜气洋洋地站在凤舆两旁，扶着轿杠。队伍缓缓地行进。皇后进宫称作"迎娶"，坐的是九凤金辇百子喜轿，经大清门、端门、午门、太和门、内左门、乾清宫的正门，

① 中国百年。第132页。
② 我的前半生：中国末代皇帝溥仪回忆录。莫斯科，1968年，第155页。

在夜间进入。妃子进宫有严格的区分。淑妃文绣进宫称为"迎接"，以九辇金凤顶大仪车绕神武门、顺贞门等后门，在下午入大内。过去同治的皇后曾经对慈禧说，她是从乾清宫正门抬进来的。这就把慈禧给惹恼了，因为这等于提醒她低微的出身：她当初只是以贵人的身份入宫，坐着内务府的大车进的神武门。

溥仪和婉容在交泰殿拜了天地。这时又响起了音乐，迎亲的人们都去往坤宁宫的喜房，它位于祭神房的东边。这就意味着，皇帝和皇后要一起吃"子孙饽饽"和"长寿面"了。要特别准备三十二个饽饽，其中有两个大的、七个小的。这在传统中的寓意是，祝愿年轻夫妻养育七子二女。饽饽故意不做熟，当新娘子品尝的时候（并非真的吃它），就有人问"生不生"。这与"生孩子"是谐音。新娘子并不回答（她在整个婚礼过程中都要保持沉默），但这并不重要，因为所有人都明白，他们还嫩着呢，迟早会生的。新房里，许多老太太滚在地上，头也不抬地念着满语。她们是在唱"喜歌"。过了一会儿，宫里大名鼎鼎的珍妃的嫂子、志胆西的夫人走了进来，她穿着鲜艳的满族服装，看起来尤为出众。她是被称作"憨宝"的人，就是给新娘子做特别检查的女人。"憨宝"的意思是，在性行为过后，志胆西夫人要检查皇后有没有"喜"。

婚礼上的太监白等皇帝到半夜，也没见到溥仪；到了早晨，他们撑不住了，就都散了。第二天，紫禁城流传着不同的说法。有的说，皇上不喜欢皇后；还有的说，大家都知道，皇上从来就没对女人感过兴趣……显然，皇上没有去新房，而是独自留在了养心殿。

溥仪皇帝本人是这样说及他第一次新婚之夜的。按照传统，我们新婚第一夜要在坤宁宫一间不过十米见方的喜房度过。屋里除了地面，全涂上了红色（中国传统将婚事称作"红事"，婚礼上要大面积使用红色，寓意着幸福、快乐；而葬礼则被称作"白事"）。行过合卺礼，吃过子孙饽饽，进入这间一片暗红色的屋子里，我觉得很憋气。皇后坐在炕上，低着头。我在旁边看了一会儿，只觉着眼前一片红：红帐子、红褥子、红花朵、红脸蛋……好像一摊融化了的红蜡烛。我坐也不是，站也不是。我觉得还是养心殿好，便开开门，回来了。①

太监们没有见到"喜"。有人猜测，皇帝没有跟皇后发生亲密关系。"喜"是新娘处女身的证明。很快，皇帝结婚没有见"喜"变成一个笑话，在宫里，尤其在太监中间流传开来。但老太监很不喜欢对这件事开玩笑，认为这很不善。皇帝对此很生气。总之，大婚后宫里有一种很奇怪的气氛。

大家都知道，皇帝溥仪很少在皇后处过夜。有时候他会去找她，但总是很快就出来了。他们没有正常的夫妻生活。这在储秀宫并不是秘密。出于好奇心，太监们对婉容的私生活很感兴趣。年轻女性来月经是正常现象，皇后的经期不但宫女知道，太监也知道。皇上总归应该知道这个消息的。在这种日子里，婉容一般会差富妈去请太医。

有趣的是，一般这些时候婉容会去养心殿找溥仪"放生"。后来皇帝和皇后关系比较僵的时候，就得要孙耀庭出马。每个月富妈都会悄悄告诉他：今天你得去皇上那儿请"放生"。他就马上去找溥仪。通常情况下，他不用行蹲腿安，但这种情况下必须这么做。逢皇上心情好的时候，他只要弯一下腰就可以了：皇后主子请皇帝"放生"……听到后，溥仪挥挥手：知道了。过了几天，孙耀庭又去养心殿了：皇后让奴才把"放生"撤销了……

据说，中国末代皇帝溥仪很小的时候身边有人诲淫，并对男孩表现出不健康的兴趣。关于这件事末代太监是这样讲述的：溥仪三岁登基，长于宫内，虽然三宫六院七十二妃在晚清宫廷已是虚名，但嫔妃、宫女成群却并非虚幻，沉湎于性事。年轻的皇帝要到成年，即十七八岁时才

---

① 我的前半生：中国末代皇帝溥仪回忆录。莫斯科，1968 年，第 160—161 页。

能选妃，还不包括前任皇帝丧期规定的期限。在皇帝驾崩二十七个月之内，皇室任何人都不能结婚；大臣十二个月内不能结婚；就连普通老百姓，百天之内都不得嫁娶。在此期间，后、妃不得怀孕；在丧期怀上的孩子会被认为是非法的。因为新的皇帝没有权力染指父皇的后宫。

溥仪第二任妻子，贵妃谭玉龄

溥仪在不同年代公开结过四次婚。关于这个，我们后文再说。

皇后婉容被认为是满洲正白旗最漂亮的姑娘。她极为重视自己的皇后名分，并且只愿做皇后。1932 年春天，溥仪成为伪满洲国最高君主，婉容也在随行之列。皇帝对她的事情不怎么感兴趣，也很少和她说话。她也从来不谈及自己的感受、愿望、痛苦。由于孤独、缺少和周围人的交流，1930 年代后半期由于周围环境的影响，她抽上了大烟。侍卫李越亭同情婉容，对她很温柔和体贴，燃起了她熄灭已久的爱。因为他，婉容怀孕了。很快，溥仪知道了此事（根据一个无孔不入的日本眼线的密奏）。李越亭因为勾引皇后被逮捕，之后被处死；生下来的孩子被扔到火里；婉容被打入冷宫（顺便说，溥仪在回忆录里"忘记"写这一段了，尽管在中国很多人都知道）。孩子死了以后，婉容疯了。日本投降后，溥仪和她分离。1946 年，她由于重病，死在吉林。

1937 年，皇帝经北京一个亲戚介绍，娶了一个年轻的贵人谭玉龄，

"作为对婉容的惩罚"。她出身满族一个古老的姓氏——他他拉氏，在北京的一个中学读书，成为皇帝的贵人时才十七岁。她不喜欢日本人，有时候会直接告诉溥仪。然而，他们在一起只生活了五年。1942 年，她离奇地死去，只有二十四岁。溥仪写道：

> 她的死，对我至今还是一个谜。她的病，据中医诊断说是伤寒，但并不认为是个绝症。后来，我的医生黄子正介绍市立医院的日本医生来诊治。吉冈这时说是要"照料"，破例搬到宫内府来了。就这样，在吉冈的监督下，日本医生给谭玉龄进行了医治。不料在治疗开始后的第二天，她便突然死去了。
>
> 令我奇怪的是，日本医生开始时表现非常热心（打针、输血），但在吉冈把他叫到另一间屋子，关上门谈了很长时间后，再不那么热情了，不再忙着打针、输血，变成了沉默而悄悄的。住在宫里的吉冈整夜让宪兵给护士打电话，询问病情。这样过了一夜，第二天一早，谭玉龄便死了。
>
> 我刚听到她的死讯，吉冈就来了，说他代表关东军司令官向我吊唁，并且立即送来了关东军司令官的花圈。我心里越发奇怪，他们怎么预备得这样快呢……吉冈在谭玉龄死后不久的一个举动更叫我联想到，即使不是他使坏，谭的死还是和关东军有关的。谭玉龄刚死，吉冈就给我拿来一堆日本姑娘的照片，让我挑选。[1]

千真万确，溥仪的妻子死得相当蹊跷。以 20 世纪 40 年代医学发展的水平和训练有素的日本医生，伤寒这种疾病是不会死人的。完全可以

---

[1] 我的前半生：中国末代皇帝溥仪回忆录。莫斯科，1968 年，第 399—400 页。

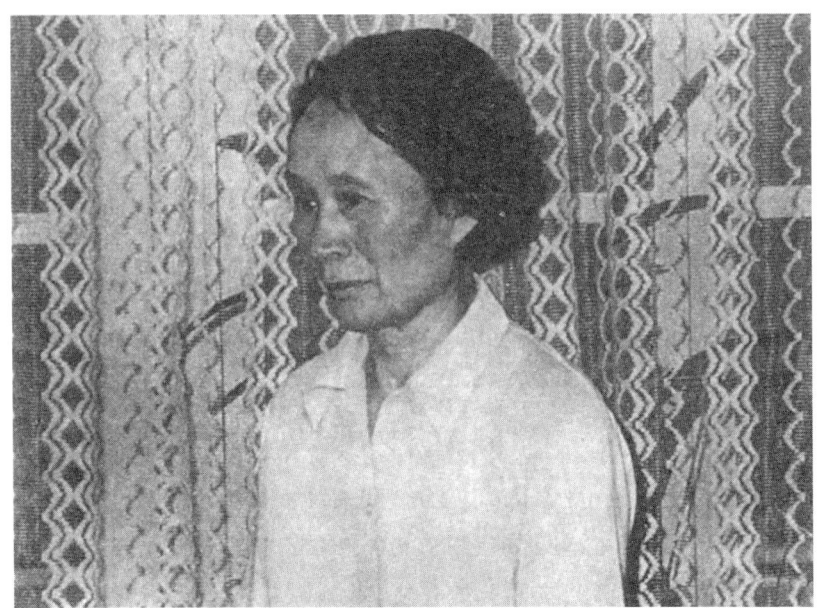

1983 年 8 月，溥仪最后的伴侣李淑贤女士

推测，她是因为不跟日本人合作，给溥仪施加影响而被日本人害死的。据溥仪最后一任妻子李淑贤回忆，在四个妻子中溥仪最喜欢谭玉龄，提及她最多。李淑贤回忆道："有一回，我在溥仪的杂乱物品里发现了一个小木匣子，就问里面是什么。他说是谭玉龄的骨灰。"① 直到溥仪死后七年，谭玉龄的骨灰才由其父母安葬。②

谭玉龄死后，日本人坚持让溥仪从日本姑娘中选一个结婚。溥仪坚决拒绝日本老婆，因为他很清楚，"这等于在我床上安上了个耳目"。日本人明白溥仪坚决拒绝日本老婆后，就拿来一些在旅顺日本学校就读的中国女孩照片给他。溥仪的妹妹提醒他说，这是日本人训练好的，跟日

① 王庆祥：皇帝成了公民以后——溥仪后半生轶事录。北京，1985 年，第 29 页。
② 王庆祥：皇帝成了公民以后——溥仪后半生轶事录。北京，1985 年，第 29 页。

本人一样。但溥仪知道，总拖着也不是个办法，如果关东军硬给他指定一个，他还是得认可。于是，他在照片中选了一个年龄最小的，叫李玉琴。这个十五岁的小姑娘成了他的下一任"妻子"，进了宫。她进宫不到两年，尚未成年，伪满洲国就垮台了。之后，溥仪去了苏联的战俘营，他的小"妻子"被遣返回长春的家了。李玉琴回忆说，她实际上不过是"宫里的玩物"，需要做的就是伺候皇上，取悦于他。溥仪让她唱歌她就得唱歌；让她

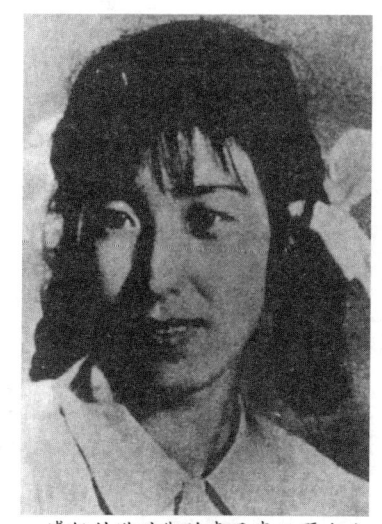

溥仪伪满时期的妻子李玉琴女士

陪他坐着，她就得一连几个小时坐在那里；他生气了还会揍她。他给她讲一些家长式的训诫，佛经，完了还要她发誓顺从。溥仪承认，他只把她看作一个心智不成熟的孩子，招之即来，呼之即去，有时候还会臭骂她一顿，甚至拳脚相加。他们没有建立起正常的夫妻关系，几乎不在一起生活。①

① 王庆祥：皇帝成了公民以后——溥仪后半生轶事录。北京，1985 年，第 31 页。

鸦片的蔓延

鸦片是天朝最基本的消费品。在这里，鸦片这种毒品已经成为淫乐的基础与推动力。

19 世纪时，抽大烟成为全国各地广泛流行的一件事。虽说中国早在 13 世纪，鸦片就作为一种药品而为人所知，并由阿拉伯商人当作一种催眠方式引入天朝。但鸦片作为毒品，是在荷兰人占领台湾后广为传播才开始出名的。18 世纪初，抽鸦片仅限于中国南方地区的沿海省份。到 18 世纪末，抽大烟已经成为天朝一大社会问题，遍布所有省份。第一份皇帝的禁烟令颁发于 1729 年。1796 年，嘉庆皇帝执政的第一年，颁布了禁止进口鸦片的圣旨。然而，这并不意味着毒品进口的减少。1798 年，英国轮船公司的管理者和驻印度的最高长官通气，从那里往中国运输鸦片。"所有人都相信，海关官员暗地里扩大了这种非法的贸易，为的是中饱私囊。他们当然不可能积极地去推进禁令。"1802 年，航海委员会报告："虽然中国政府不止一次颁发禁烟令，然而毫无疑问，实际上对鸦片的需求极大地增加了。"

1809 年，两广总督兼粤海关监督百龄颁布了严厉的禁烟令。1811 年，航海委员会在报告中说："根据观察，总督的禁烟令不过是一纸空文，其中根本没有任何封锁交通的具体措施。因为政府早就在走私了，这是他们赚钱的一个很舒服的方式。"1813 年，嘉庆皇帝责令刑部修改了对买卖、使用鸦片的军人以及公民的罪名和责罚。在诏令中，天子谴责了官员。他说，在所有海关，归根结底，都有人在利用鸦片换取银两。这必然会导致奸商投机倒把。这种毒药日渐泛滥，又有什么可奇怪的呢。这并非虚言。据悉，两广水师副将韩肇庆在对缉私的掌管过程中为自己谋私利。他与洋人暗通款曲，每一次都放一万箱鸦片入境，留下几百箱作为海军的缉私成果。更有甚者，他用军舰走私，还把船上的鸦片当作缉私成果。他因此被清政府升为广州水师总兵，赐花翎顶戴。他的渎职给他带来了巨额财产。这一时期，鸦片的输入已经逐渐上升到每年四五万箱。

继位的道光皇帝同样颁布了严格的禁烟诏令，同样没什么效果。1822 年颁布了圣谕，严禁海关官员收取贿赂，放行走私。圣谕中说，鸦片蔓延全国，败坏世风，危害民智。这都是由于海关官员收取贿赂、放行巨额走私所致。皇帝责成两广总督阮元、粤海关监督达三严加查察，严惩不贷。1831 年，皇帝签署的禁烟法令更加严格，不仅禁止走私、吸食鸦片，还在全国范围禁止种植罂粟。

山西巡抚在奏折中称，禁烟已经绝非一日，但趋之若鹜者却不见减少，只见增多，并非因为律法不严，而是因为执法不力。因为运输鸦片的外国轮船主要停靠在广东的黄埔和老万山，内地不法商人在那里有自己的组织，以便沿海路将鸦片运往福建、浙江、江苏、山东、天津、辽东半岛；在每一个港口他们都有自己的商行，经营鸦片的买卖、存放和转卖；然后从这些商行的仓库经漕运和陆运运往内地各省。这类商人数量多得惊人。走私犯都会留下蛛丝马迹，查办、捉拿他们并非难事。要知道，这类机构都设在大城市，骗不过密切监视这一切的人们。如果每个省的高官都恪尽职守，难道这种贸易会发展到今天而不被斩断！

另一方也持这种观点。1836 年，德国基督教传教士卡尔·胡茨拉夫在一次私人会谈中表明："清廷整个儿脏透了，又很保守，没有任何的进步思想。"他和由英国政府派驻广东的代表、英军上校义律操控的东印度公司所经营的鸦片贸易有密切关系。"清廷只会对眼皮底下发生的

71

事情睁一只眼闭一只眼，所有那些显赫的高官都是些两面三刀的谗佞之徒，他们最大的、至高无上的兴趣就是索取利益。朝廷很多官员都染上了烟瘾，这就是为什么我们每次借助贿赂开辟贸易通道都能毫无悬念地达到目的的原因。"

1829 年的圣谕指出，鸦片已经在内地蔓延，从洋人的港口扩散到各省的商埠，然后到处售卖。两年后，1831 年的圣谕再次确认：城市、乡镇，各处都有鸦片走私。海路中转站转移到了天津，那里有很多大仓储被当作海关使用。山西、陕西形形色色的商人在天津推销自己的商品，然后装上走私货回家。

19 世纪杰出的社会活动家黄爵滋在 1838 年的奏折中开诚布公地说，从政府机关官员到匠人商贩、戏子走卒甚至妇女、僧道之人，都在光天化日之下抽大烟，手持烟枪，所有的希望就是为了抽一口。蒋湘南、黄爵滋在 1848 年的专著《论鸦片书》中确认，如今在京官中，十个里面就有一两个抽大烟，税吏和刑部官员中则有四成，至于小官员，就更是数不清了。在全国，包括北京都满是瘾君子，其中包括旗人名流、军官、太监、官员、地主、绅士、学者、官员的幕僚、戏子、仆役、和尚、尼姑、道士、妓女，等等。据统计，到 1835 年，吸食鸦片者超过了两百万。值得提出的是，这种危害极大的毒瘾首先俘获的是中国社会的上层——官员阶层以及八旗子弟。

尽管中国政府颁发了事无巨细的禁烟法令，从 18 世纪后期开始，尤其是 1800 年至 1850 年，中国的瘾君子不但没有被消灭，反而在中国社会扎下了更深的根。1858 年，清朝颁发了新的旨在调整鸦片市场的法令。从这时起，从印度运来的鸦片只占到中国鸦片市场的七分之一，其余的都产自中国本土的种植园了。

在 1906 年，清政府又一次颁布禁烟令，并于 1911 年和英国签订了禁止鸦片贸易的合同。其中写道："鸦片的进口必须按中国减少生产的比例削减"（合同一），"必须限制上海港和广州港的鸦片进口"（合同三）。也就是说，合同的实际目的是削减同英国人的鸦片贸易，在中国本土只能从上海和广州运送鸦片。由此可见，尽管禁烟令五花八门，每年还是在持续进口大量的鸦片。

1912 年 12 月 27 日，中华民国大总统重新下令，从 1913 年 1 月 1 日开始，将重点惩治抽大烟的行为。然而，这还是没有解决问题。

从刺激的功能来看，这种毒品实际上对意识的影响要大于对身体的影响，它能引发吸食者的幻觉。与此同时，吸食过量的话，会影响相应的身体功能。当时，大多数妓院都有抽大烟的设备，每个房间都有烟枪，由妓女给她所伺候的恩客服务。在性交之前，客人要抽好几次烟，以便有力气勃起。很多人抽到了临界状态，就像喝醉了似的。

众所周知，庞贝城的卖淫活动不是在脏乱的小酒馆，而是在鸦片吸食场所附近。因为鸦片比酒精更能唤起性欲。关于鸦片的催情作用，亦即激发性欲的手段，众所周知。J·杜里特尔在 1867 年公布了他对瘾君子的调查："首先导致的是鼻炎。吸食者会流鼻涕，淌眼泪。他的状态会变得不安和可怜，抽着，抽着，他就会睡着，只要不被梦惊醒。一旦清醒了，只要有可能，他要做的第一件事就是再吸上一管。假如没有可能，他就会得重病，会出现非常可怕的症状。那是抽大烟的人都会有的，浑身无力，一动都不想动。最后，痛苦会无法承受，就只有借助更大威力的毒品。没有几个人能受得住这种痛苦，能挺得过去。"

由于抽大烟的以男性居多，而烟榻旁服务的则是另一些男性，这在无形中导致了同性恋关系的确立。

随着"满洲国"傀儡政权的建立，毒品泛滥东北，特别是奉天、哈尔滨、吉林这些大城市。在每一条大街、每一个拐角，都能找到毒品交易的场所，贩售吗啡、海洛因、可卡因。附带贩售的还有姑娘们。在东北，每百人中就有五个抽大烟的。

溥仪在东京审判中，作为日本在伪满洲国罪行的见证人，详细举证了日本人在东北的毒品侵略体系。

这些烟馆或小卖部的所有者大多是高丽人，也有很多是日本人。烟馆上面挂着"大日本帝国特许经营"。下面贴的告示上写着："高级烟馆开张志喜。鸦片味道美妙，所费无几，欢迎品尝。"有的则写着："上等波斯鸦片，行家炮制。价格每泡一角，由美丽女郎特别服务。"这里也接待穷顾客。那些支付不起到店以及"美丽女郎"服务的，只要按约定敲敲门，就会有一个小孔打开。客人紧攥两角钱，把手伸进去，就会换到一小包吗啡、可卡因或海洛因的粉末。

伪满洲国内务部的一份报告指出，三千万居民中有九百万是烟民，其中的百分之六十九，即超过六百万人在三十岁以下。仅此一项，溥仪的金柜和日本国库每年就可入账五亿元。这完全是一项有意识、有目的的政策：1933年初战事还未开始，就已经在热河制定了用鸦片来保证战争费用的政策；1933年4月11日，日本内阁通过法令，取消了从高丽到"满洲国"的自由鸦片贸易，因为"大满洲国"不幸原料不足。日本人还没有完全控制东北的鸦片生产，伪满洲国的存量显然是不够的。然而，这并不妨碍走私犯每年售卖国外二百万两鸦片。[1]

日本人下令，伪满洲国的农场主不得种植传统粮食作物——大豆，而要种植罂粟。除了制造鸦片，还提炼吗啡和海洛因。在热河省，用飞机大面积种植罂粟。经过这样年复一年强行推广的种植，罂粟产量显著提高了。1936年，在伪满洲国七个省中，罂粟的种植面积都在显著上升，产量也大增。然后，通过立法，确定了鸦片的专卖。

这在1937年国际联盟的报告中也有记录："1936年以来，中国北方三省的罂粟种植面积增加了百分之十七。1937年，政府靠贩卖罂粟换取

---

[1] 我的前半生：中国末代皇帝溥仪回忆录。圣彼得堡，1999年，第467页。

的外汇比 1936 年增长了百分之二十八。"乘坐"满铁",你透过车窗是看不到罂粟田的。稍微偏离一点儿主干线,就会看到一望无际的田野上开满了鲜艳的花朵。

中国农民致力于提高罂粟产量的动能不仅由于日本人的指令,还来自经济杠杆和激励因素的作用。1937 年 4 月 8 日美国驻沪领事馆在报告中写道:"不久前,日本在察哈尔北部的六个县向农民颁布了扩大罂粟种植的政策:一、罂粟产量达标的,免除土地税;二、罂粟种植面积超过五亩的,除此之外还免除兵役。三、罂粟种植面积超过五十亩的,除了上述两项优惠政策,会作为最努力的县、乡免除社会杂役。

每亩罂粟,农民必须向代理机构缴纳用于制毒的原材料——罂粟籽一百担。再说了,国际联盟那微弱的抗议对于日本国库来说,不过是耳边风而已。

1934 年 2 月 24 日,《星期六晚邮报》刊登了著名美国记者、《红星照耀中国》的作者埃德加·斯诺的一篇文章。"不久前,斯图阿特·弗莱尔在国际联盟委员会发表的声明中按照罗斯福总统的委托,表达了对'满洲国'垄断式鸦片种植的抗议,只不过是对中国东北毒品危险的苍白描述。仅哈尔滨一地,就充斥着毒品交易——鸦片、吗啡、海洛因。特许主要由高丽人和日本人经营,但他们能搞到任何特许。也就是说,根本不需要什么特许……一个当事者告诉我,在'满洲国',至少百分之二十的高丽人与日本人都和毒品生意有关。"

日本人无视这些抗议,于 1930 年代初,专门设立了采购鸦片的机构。日本公司对中国出口鸦片的公司坐落于哈尔滨主要地段的大街上,经理和雇员都是日本军人。每天,日本轮船以运输"战略物资"之名向中国各地运送鸦片,轮船停泊在天津、上海、汉口以及其他中国港口。那里并没有日本指挥官,毒品会送到日本领事馆。就这样,日本军舰在全中国的港口运输鸦片,在中国的大河中畅通无阻。在大连、奉天、哈尔滨、吉林、天津，日本人都开设了工厂，生产吗啡、可卡因和其他毒品，每年都可获得上百万美元的收入。1939 年 3 月 20 日，美国驻奉天总领事给美国政府呈送了一份关于"满洲国"财政预算的报告："鸦片买卖是'满洲国'除海关收入之外最重要的经济来源。去年垄断的鸦片销售金额达到三千三百万元，今年则超过四千三百万元。无论男女老幼，都要从本不富裕的钱袋子里掏出三元来支付鸦片费用。"

在国际联盟关于毒品的报告中，对日本入侵东北前后的状况进行了比较。有证据表明，在日本政策的作用下，这片广袤的土地变成了一个威胁人类的毒品源头。日本正是在侵占东北以后，编织了一个世界范围的贩毒网络。日本不仅在中国全国和东北贩毒，还有大量毒品流入北美洲、南美洲、菲律宾、爪哇、苏门答腊、马来西亚、澳大利亚和新西兰。

1942 年，日本"亚洲复兴委员会"召开了"在华生产和使用鸦片会议"，通过了一项决议，限定伪满洲国和蒙古区域要为"大东亚共荣圈"提供鸦片。根据这项决议，伪满洲国种植鸦片的面积扩大到三千公顷。可以比较一下两组数字：1938 年，鸦片利润占"满洲国"财政收入的六分之一；1944 年已经上升到三亿元，比伪满初期增长了一百倍。鸦片收入成为日本侵略战争军费的主要来源。

值得玩味的是，在向其他民族推广毒品的同时，日本政府却严格限制"太阳之子"使用毒品。在日本本土，你见不到抽大烟的人；在"满洲国"，抽大烟的日本人会被判处不少于五年的监禁。

在日本司令部给伪满服役士兵派发的手册中特别提到："第十五段：使用毒品，是最高等民族不可原谅的行为。吸毒者不配做日本人、穿我们的军装、做我们天皇的子民。只有低等人种，诸如支那人、犹太人、东印度人，才会吸毒。这就是为什么他们命中注定要做我们的奴隶、最后要从地球上灭绝的原因。"

然而，即便对世界上"最高种族"如此严格的军令，也并不总会奏效，偷尝禁果的人很多。日本军官也不例外。而且，情况如此糟糕，以致时任关东军总司令、日本驻伪满洲国首席特使武藤信义将军于1933年5月3日呈送司令部的述职报告中写道："要报告最高司令官的是，有很多日本军官光顾涉毒场所。更糟糕的是，他们去的是大烟馆，染上了毒瘾。敬请最高司令官阁下注意这些事实并提醒：情报工作的责任之一就是控制每一个军官，特别是年轻军官的生活以及任何有损皇军行为的即时情报。"

辛亥革命与中华民国的建立

清朝统治期间，中国沦为半封建、半殖民地社会。20 世纪初短命的维新并不能挽救清王朝，反而加速了它的灭亡。

"反满"起义的中心策源地之一是湖北武昌。当地有两个革命组织：文学社与共进会。革命组织成员和湖北新军的下级军官组成了几千人的队伍。起义时间定在 1911 年 10 月，起初是 6 日，后来改在 16 日。然而在预定日期前一周，也就是 9 号，革命者位于汉口俄租界的秘密据点发生爆炸，引来了巡捕的注意。他们在房间里搜到了造反者的花名册，立刻开始了逮捕和杀戮。等待革命者的是一场风暴。

10 月 10 日，湖广总督瑞澂往宫中、军部发紧急电报，号称武昌和汉口的革命党准备造反，但巡捕房和军队已给了他们致命打击，打掉了造反者的老巢，抓捕了三十二个匪徒，即将处死其中三个。总督向清廷保证，武昌和汉口秩序井然，居民情绪稳定。

次日，清廷颁布诏令，宣称瑞澂将一场灾难扼制在萌芽状态，武昌的军政官员表现勇敢、尽职。诏令要求湖北政府捉拿漏网匪徒，进行审判。[①]

去军中搜捕同案犯一事，在士兵中引发了更大的波动。10 月 10 日晚，兵营发生了两派官兵的冲突。这是起义的信号。

1911 年 10 月 10 日，辛亥革命爆发，打响了第一枪。

---

① E. A. 别洛夫：1911—1913 辛亥革命简史。莫斯科，2001 年，第 62—63 页。

10 月 11 日，清廷收到瑞澂内容相反、报告坏消息的电报。总督声称，革命党占领了武昌，他逃命出来，躲在长江的一艘炮舰上。他请求清廷派兵湖北，进行平叛。

1911 年 10 月 12 日的诏令，显示出清政权已经乱了阵脚：吾等大为惊愕，兵丁与革命党早已暗渡陈仓，蓄谋造反。瑞澂预先没有采取任何措施，遂令革命党攻克该省重镇。①

在推翻清政权的战斗中，10 月 10 日至 12 日在武汉有两三千兵士和下层军官参与。

溥仪和妹妹们在天津

武昌的革命党和孙逸仙其他追随者一样，坚信反清革命必须团结所有中国人，无论他的政治观点是什么。

清官员逃跑了，革命党人被从监狱放了出来。有民主思想倾向的军官试图领导革命，却力不从心。他们没有合法的政治斗争经验，缺乏相应的政治机构。因此，他们需要寻求自由立宪党的帮助。后者拥有合法组织：以汤化龙为首的咨议局。他受过良好的传统教育（中过进士），又在日本研究过法律。他在天朝的官僚机构如鱼得水，政治经验丰富。他和支持者对改革专制制度的可能性感到失望，这令他们倒向革命党一方。

---

① E. A. 列洛夫：1911—1913 辛亥革命简史。莫斯科，2001 年，第 63 页。

10 月 11 日，武昌的解放者通过决议，要成立共和国，实现汉、满、蒙、回、藏五族共和。把清朝的年号——宣统三年改为黄帝四六〇九年。他们号召北伐，推翻清王朝，所有省份都响应起义。湖北省成立了军政府。驻汉口的外国代表得到通知，外国列强的利益和特权会得到尊重。

作为从清朝桎梏中获得解放的标志，革命者剪掉了辫子。在清统治期间，这是汉人被压迫、践踏的最邪恶的象征。

全中国响应湖北省推翻清朝专制统治的号召，随后两个月内，十五个省推翻了清朝政权。到了 12 月，清朝政权实际上只剩下了北方三省：直隶、河南、甘肃；少数民族边疆地区，如西藏、新疆、内蒙古，也不安宁。

薄仪和婉容在天津

在起义胜利、推翻了清朝政府的最初几天里，驻武汉的外国领事们静观其变。直到 1911 年 10 月 18 日，驻汉口领事馆才接到本国政府指令，按国际关系准则，不插手中国内战，保持"严格的中立"。

革命是从南方、外省开始的。这就给它打上了特殊的印记。它首先表现为内战，表现为两个地域分明的敌对阵营的残酷争斗。战争一会儿这一方占上风，一会儿另一方占上风。这在第一时间把革命变成了 1911 年至 1913 年的政治斗争。

我们已经看到，清廷被武昌起义和革命运动弄得措手不及，已经无

80

法控制全国局面，转而寻求已经失宠的汉人、大臣袁世凯的帮助。他在 19 世纪末 20 世纪初发挥着重要的政治作用，非常熟悉西方制度。1911 年 10 月 27 日，他被任命为征讨总指挥；11 月 2 日又被任命为内阁总理大臣。

袁世凯能居高位，是美国推动的结果。武昌起义一胜利，美国驻华公使嘉乐恒就去拜访溥仪的父亲——摄政王醇亲王，建议他起用袁世凯，让他担任皇权的执行者。美国的建议很快得到了英国支持。英国经济利益是与被革命运动占领的华南、华中捆绑在一起

著名京剧演员梅兰芳先生

的。英国驻华公使朱尔典在 1911 年 10 月末给英国外交部长格雷的信中写道："没有人比袁世凯更适合扮演这个中立角色。对于中国人来说，他是可靠的代表；对于满清王朝来说，他和他的家人又为之服务了好几代。"① 格雷在回信中说，英国政府对袁世凯"非常友好，尊敬"。

然而，袁世凯并不急于赶赴首都，不急于去履行自己新的义务，而是静观战时政局的发展，等待政府军进攻的结果。忠于清廷的军队在冯国璋的指挥下开始进攻武汉，经过两场激战，11 月 2 日打下汉口，11

---

① 中国新史。第 503 页

溥仪在天津避难期间

月 27 日攻克汉阳，却遭到武昌守军的英勇抵抗。那是政府军最后的胜利了。与此同时，革命军在华东地区连连告捷，并于 12 月 2 日打下南京。

11 月 3 日，袁世凯抵京，开始履行他的内阁总理大臣职责。由于溥仪年幼，清朝各亲王政治上都软弱无力，袁世凯实际上是北京的一把手，大权独揽。与此同时，清朝贵族担心性命不保，纷纷从北京逃回满洲。到 11 月初，已经逃跑了二十五万人。袁世凯第一件事就是稳定北京秩序，在重要位置布防，在街上布置巡逻。新总理很快就去拜访了很多人：醇亲王、隆裕太后、列强公使。他对沙俄公使郭索维茨宣称，准备对清廷施以援手，却很困难，因为革命党已经打下了全国四分之三的疆土，"武力平叛得往后拖了，需以满足他们的合理需求来获得他们的妥协与退让"。总理大臣又补充说，在中国搞共和只是个乌托邦，中国更适合君主立宪制，他会仰仗"温和的人士"①。

列强的支持对袁世凯政治地位的巩固具有重大意义，列强也在袁世凯那儿得到了各自利益的保证。作为一个成熟的政治家，袁世凯预见到满清王朝注定要灭亡。这又为他的政治野心加了一把火，想要走得更

---

① E. A. 别洛夫：1911—1913 辛亥革命简史。莫斯科，2001 年，第 80 页。

袁世凯称帝

远。早在 11 月中旬，他就通过英国公使试探列强对自己称帝的反应；同时，又在与革命党的谈判中商讨了自己当临时大总统的可能性。

美、英、法、德财团代表也建议清廷把权力交给"强力人物"。日本和沙俄的立场有些不同。日本政府起初支持反清运动旨在削弱中国，引发内讧，排挤英国及其他竞争对手在华东、华南的利益，巩固自己的影响。然而让其始料未及的是，革命规模如此庞大，令君主制本身岌岌可危。因此，日本向英、俄宣称，应当马上武装干涉中国，保住清廷的龙椅。然而，无论沙俄还是英国，都不支持日本。于是，日本政府就把赌注押在袁世凯身上。1911 年 12 月 23 日，日本公使对袁世凯表示，日本无论如何都不会承认南方的共和国政权。

沙俄对巩固北京的袁世凯政权不感兴趣，甚至试图和南方的共和国

溥仪在天津的阅兵式上

政权确定友好关系。原因是，局部内战对沙俄影响不大，适当对革命党施以援手可以分散清廷对满、蒙地区的注意力，以便沙俄在那些地方获得新的利益。然而，沙俄又不想跟协约国把关系搞僵，也参加了列强镇压革命、支持袁世凯的所有集体行动。沙俄驻北京公使郭索维茨写道，"对我们来说，不能公然与友好的英、法两国针锋相对，我们有很多首要的问题都和他们联系在一起"①。

列强把袁世凯推上总理位置后，共同致力于巩固他在全国的地位。众所周知，清廷顾忌袁世凯，一开始想限制他的权力。列强帮助袁世凯摆脱了清廷的控制，首先是溥仪的父亲摄政王。1911年11月23日，在北京的内阁议会上，通过了美国公使关于保证袁世凯地位、给他充分权力的提议。12月，有列强撑腰的袁世凯强迫醇亲王与代表隆裕太后利益的政权脱离关系。

孙逸仙是在10月12日美国的报纸上得知武昌起义消息的，随即决定回国，但他没有选择最近的路，而是绕道欧洲，意图寻求对革命的政

---

① 中国新史。第504页。

治与物资支持。绕道伦敦、巴黎后，他于 12 月 21 日抵达香港。12 月 15
日，他在上海受到过热烈欢迎，次日被提名为临时大总统。12 月 29 日，
十七省代表在南京选举孙逸仙为中华民国临时大总统（只有浙江省代表
投了反对票）。然而，议会要求孙逸仙选举后致电袁世凯，表示只要南
北实现和谈，孙逸仙就退出。

1912 年 1 月 1 日，孙逸仙从上海到南京履职。1 月 3 日，南京议会
选举黎元洪为副总统。同一天，孙逸仙公布了中华民国临时政府名单。
政府为联盟制，包括革命党以及在革命初期加入的清朝系旧官员。在短
短的执政时间内，孙逸仙公布了一系列进步法令——禁烟、禁止妇女缠
足、废除酷刑、禁止往海外掳掠华工等，还确定五色旗为新的国旗。
1912 年 3 月 10 日通过决议，次日由总统颁布了《中华民国临时约法》。
它宣布人权、言论、结社、集会的自由；无论民族、阶级、信仰，人民
一律平等；还宣布将权力机构划分为立法院、行政院、司法院；规定在
十个月内选出国会议员；临时大总统有对军队的最高指挥权。

在 1 月 17 日至 18 日的会议中，清朝亲王们反对放弃清王朝。1 月
19 日，会议继续进行，却有袁世凯政府的大臣参加了，内务部大臣提议
同时取消北京和南京的政府，改在天津成立临时联合政府。对此，清朝
王公们无法接受。

1912 年 1 月 26 日，由最顽固的清朝分子组成的"宗社党"党魁良
弼在北京被同盟会革命者刺杀。这吓坏了清朝的王公大臣，纷纷跑出北
京，逃到青岛、天津等有外国租界的城市。1 月 27 日，在袁世凯的压力
下，北方军队原来发誓效忠清廷的四十二名将军转入共和国阵营。

2 月 5 日，南京议会通过了袁世凯的"清室退位条件"提案：每年
皇帝可得四百万元①；民国法律保护皇帝和王公的财产；皇帝称号与王

---

① 中国新史。第 502 页。

公爵位保持不变，民国予以承认；皇室成员享有民国公民同等待遇。袁世凯将提案亲手交给清廷，他们除了接受，别无选择。

1912年2月12日，清帝溥仪退位。他最后的诏令是袁世凯在民国临时政府拟定的。其中提到："即由袁世凯全权组织临时共和政府，与民军协商统一办法，总期人民安堵，海内艾安。"2月14日，参议院成员一致同意孙逸仙辞去职务；2月15日，全票选举袁世凯为中华民国临时大总统。孙致电袁世凯道："查世界历史，选举大总统，满场一致者，只华盛顿一人。公为再现。同人深幸公为世界第二之华盛顿。我中华民国之第一伟业——共和之幸福，实基此日。"当天为纪念中华民族历史性的胜利，在明孝陵前组织了盛大的游行，孙逸仙领导着游行队伍。

3月底，唐绍仪来宁，作为袁世凯任命的总理，组建新政府。新政府的组成有一种联盟的特色，真实反映了各种势力的关系。袁世凯任命自己的亲信段祺瑞和熊希龄分别出任国防部和财政部这两个要害部门的部长。新政府组阁后，孙逸仙认为自己的历史使命已经完成，4月1日在人民大会上发表了离职演说，4月3日前往上海。革命完成了关键的一步：推翻清朝专制统治，建立共和政体。完成这个历史使命的人首推袁世凯和孙逸仙。革命作出的妥协，实质上是为了避免更多流血以及列强的直接插手，以免造成国家解体。中国政治生活新的一步开始了！这与议会制度的尝试以及袁世凯对自治的追求是分不开的。

多年以后，孙逸仙写道：我拒绝了总统的位子，成就了袁世凯。因为我最信任的朋友对国内的状况更为了解，他们说服我，说袁世凯有能力联合全国、保证共和国的稳固及赢得列强的信任。我的朋友们如今承认，我的引退是一个重大的政治错误，后果好比苏联用高尔察克、邓尼金或弗兰格尔换下了列宁。

资产阶级革命者，以较之华北地区工业更为发达的华东、华南、华中地区为代表，成功地在未来政府中，在根据南京临时宪法进行的选举中，保证了自己大多数席位，限制了袁世凯及其身后封建地主、官僚阶级的权力。然而，这种国会制道路的尝试并没有吸引人民群众的参与，对反动力量的制裁毫无作用，帝国留下的巨额债务又成为革命的巨大负担。袁世凯转而发起反攻，在联盟解体后迫害 1912 年 8 月 25 日成立的国民党人士，血腥镇压 1913 年 6 月至 11 月小资产阶级、士兵和农民群众的革命起义。这在中国历史上被称为"二次革命"，孙逸仙等中国资产阶级的革命之翼被迫流亡海外。

溥仪回忆道："我第一次看见外国人，是隆裕太后最后一次招待外国公使夫人们。我看见那些外国妇女的奇装异服，特别是五颜六色的眼睛和毛发，觉得他们又寒碜，又可怕。那时我还没见过外国的男人。对于外国男人，我是从石印的画报得到最初了解的。他们嘴上都有个八字胡，裤腿上都有一条直线，手里都有一根棍子。据太监们说，外国人的胡子很硬，胡梢上可以挂一只灯笼。还说外国人的腿根直。庚子年有大臣给西太后出主意说，和外国兵打仗，只要用竹竿把他们捅倒，他们就爬不起来了。至于外国人手里的棍子，据太监说，叫"文明棍"，是打人用的。[1]

---

① 我的前半生：中国末代皇帝溥仪回忆录。莫斯科，1968 年，第 147—148 页。

离开紫禁城

到了 1924 年，北方军阀之间的混战更加激烈。

10 月 6 日，张作霖的军队开始进攻吴佩孚的主力军。在数日战斗中，直系部队在山海关遭到惨重失败。重要原因之一是冯玉祥的倒戈，退出热河，让张作霖得以在山海关集中火力。

冯玉祥 1920 年加盟吴佩孚的队伍，获得飞速升迁。他先是出任师长，后来又做陕西督军，第一次直奉大战后又当河南督军。很快，他和吴佩孚之间产生了矛盾，带着自己的三万人马被派往北京，担任没什么油水的陆军检阅使职务。1923 年，他在赶走黎元洪、帮助曹锟当上总统上发挥了重要作用，成为直系军阀一员。第一次直奉大战中吴佩孚的胜利没有给他带来什么好处，使他暗中与奉系往来。政治立场上，冯玉祥属于保守团体中为数不多的军阀改革派，提出的口号是"救国救民"——争取国家技术现代化、恢复民族独立的同时，保存古老而传统的社会结构。冯玉祥的传统儒家伦理准则通常会在很大范围内混杂着基督教道德，旨在加强军纪、改善社会风俗。冯玉祥部队大多数战士和几乎所有军官都皈依了基督教，因此得到一个绰号——"基督将军"。1924 年，冯玉祥和美国传教士的女学生、有自由思想的李德全结婚。她积极参与了丈夫的政治事务，后来成为中华人民共和国中央人民政府一员。如下一件事可以看出冯玉祥的保守爱国主义：他的兵营里挂着一张19 世纪初期的中国地图，上面用红笔标着中国领土，一些苏联疆土也包括在内。冯玉祥不时会发表一些反帝演讲。然而，这只是（也是其他中国军阀的特点）独具特色的"有选择的"反帝，因为无论出处，军阀都要依靠外国人支持的。在 1920 年代初期，冯玉祥参加的直系军阀是由英美财团支持的，便有了反日的宣传；等到他与吴佩孚决裂转而与张作霖结盟后，就开始反英了。他还保持着和孙逸仙在北京的代表——徐谦的联系。

在冯玉祥反吴佩孚和曹锟的政变中，有直系第二军军长胡景翼和京畿警备副司令孙岳的参与。这次政变经由安福系的活动家黄郛以及日本少校松村，获得了日本的财政支持。政变胜利后，松村成为冯玉祥的私人顾问。日本人支持冯玉祥的条件之一，是北京政变后将权力交给段祺瑞为代表的安福系政客。同时，冯玉祥还

1924 年，溥仪被驱逐出宫

和张作霖协议合作行动。得知吴佩孚在山海关一败涂地，冯玉祥于 1924 年 10 月 24 日将主力从古北口调到北京，一个旅去长辛店切断从北京到汉口的铁路，胡景翼切断从北京到奉天的铁路，堵截吴佩孚。在孙岳的命令下，京城北城门大开，放冯玉祥的军队进来。到 23 日早晨，他们已经占领了全城，总统府被包围，往使馆的路被堵死。那里通常是逃亡者的避难所。

当政变的消息传到宫里，溥仪和他周围的人开始着急了。溥仪对冯玉祥当年参加"讨逆军"记忆犹新。如果不是段祺瑞及时把他调出北京

城，他是要一直打进北京城的。段祺瑞上台之后，冯玉祥和一些将领通电要求将小朝廷赶出紫禁城。冯玉祥的军队占领京城之后，紫禁城的内城守卫队就被他们缴了械，调出了北京城。国民军接替了他们的营地，神武门换上了国民军的岗哨。凭着对过去经验的回忆，溥仪他们（对这次政变和卫队改编）有了不祥的预感。他在御花园用望远镜观察皇宫旁边的景山，看见那边上上下下都是和守卫队服装不同的士兵。虽然他们并无异样态度，但紫禁城里谁也放心不下。

1924 年 11 月 5 日，溥仪起了个大早。在等待婉容的时候，他走到钢琴旁，坐在琴凳上，弹奏一首欢快的旋律。他停下演奏，喝一杯芳香的茉莉花茶。妻子婉容到来后，和他一起喝茶。喝完茶，他们又吃苹果，还吃了点儿别的。突然有报告说，有人要会见内务府的几个高层官员——绍英、宝熙和他的老丈人荣源。皇帝想，看来必须发生的事还是发生了，只是想不到这么早。他下令让不速之客进来。大臣们跟跟跄跄跑了进来，绍英的手里还拿着一纸公文。"皇上，皇上……冯玉祥派军队来了，说限定三个小时内全部搬出去；李鸿藻的后人李石曾说民国要废止优待条件，拿来这个叫签字……

溥仪一下子跳了起来，咬了一口的苹果滚到地上去了。他夺过公文，看见上面写着：

大总统指令

派鹿钟麟、张璧交涉清室优待条件修正事宜。
此令。

中华民国十三年十一月五日

国务院代行国务总理黄郭

同时，还附有《修正清室优待条件》。

今因大清皇帝欲贯彻五族共和之精神，不愿违反民国之各种制度，特将清室优待条件修正如下：

第一条　大清宣统帝即日起永远废除皇帝尊号，与中华民国国民在法律上享有同等一切之权利。

第二条　自本条件修正后，民国政府每年补助清室家用五十万元，并特支出二百万元开办北京贫民工厂，尽先收容旗籍贫民。

第三条　清室应按照原优待条件第三条，即日移出宫禁，以后得自由选择住所，但民国政府仍负保护责任。

第四条　清室之宗庙、陵寝永远奉祀，由民国酌设卫兵妥为保护。

第五条　清室私产归清室完全享有，民国政府当为特别保护；其一切公产应归民国政府所有。①

向皇帝呈报完毕后，大臣们都退出去了。

"那怎么办？我的财产呢，太妃呢？"溥仪急得直转。

"给庄师傅打电话！"

"电话线被切断了！"有人答道。

"去叫王爷来！我早说要出事的！偏不叫我出去！找王爷！找王爷！"

"出不去了。"宝熙说，"外面把上了人，不放人出去了。"

"这个冯玉祥，早就想把我从紫禁城赶出去了！"溥仪一边告诉婉容自己在报上看到的、听到的一切，一边喊道。他已经完全失态了。

---

① 我的前半生：中国末代皇帝溥仪回忆录。莫斯科，1968 年，第 190—191 页。

"皇上不必为此激动。"婉容安慰丈夫说，表面上保持着平时安静的风度。

"如果我们拒绝出宫，他们就要从景山开炮了……这些反贼！"溥仪命令太监马上去长春宫告诉文绣，让她立即收拾好细软过来。

绍英去和鹿钟麟商量，结果只允许拖延到下午3点。午后，经过交涉，溥仪父亲进了宫，两位师傅被放了进来，只有庄士敦被挡在外面。听说父亲来了，皇帝马上去宫门口迎问道："这怎么办呢?"

父亲站在那里，像挨了定身法似的，嘴唇哆嗦了半天，才费劲地说出了一句："听，听旨意，听旨意……"

很快，皇宫传来消息，皇帝同意离开紫禁城。现在要做的就是赶紧收拾东西，不然时间一到，兵士就要打进来了。宫里流传说，皇上已经跟鹿钟麟签了字。宫里惊慌一片。当太监报告皇后婉容最后的消息时，她突然落下泪来，身后的宫女都在哭，所有人都不知如何是好。

"皇上有令，都从顺贞门出去。"大太监说道。这是溥仪下的最后一道诏令了。所有人都只能带最必需的东西。

这时，大喇叭响了："所有人马上离开!"声音在紫禁城的城墙间苦涩地回荡着，恐惧和无助的气氛变得更加浓烈了。

伺候婉容的太监眨眨眼睛说："主子，该走啦……"

婉容领着女眷走在前面，所有人都带着包袱、箱子。溥仪在御花园东边等着。他和几个贴身侍从快步走来，淑妃文绣、婉容的父亲也在其中。溥仪的父亲——醇亲王载沣看起来最打眼。他穿着朝服，戴着三眼花翎红顶戴。① 人流缓缓走过顺贞门，载沣停下来说："大清完了! 完了! 连这个也不要了!"他摘下顶戴，使劲儿摔在假山上。溥仪、皇后和淑妃都看到了，谁都没说话，就像什么都没发生似的走着。前面就是

---

① 清代官阶的标志之一。

顺贞门了。鲜艳的花翎在御花园的湖山石上，在风中静静颤抖着。这顶无用的帽子，也成为了摄政王乃至皇帝本人退出历史舞台的象征。

门外已有几辆汽车在等着了。卫戍部队长官鹿钟麟向溥仪走来，脸上一副捉摸不透的神情。"我们送您去北府。"声音里没有任何感情色彩。

张璧坐在第一辆汽车里，溥仪坐在第二辆里。他生命中第一次感觉到没有发号施令的权力了，也没被安排在第一的位置了。第三辆车里坐着婉容，由太监孙耀庭和一个宫女陪着；淑妃文绣坐在第四辆车里；鹿钟麟坐在第五辆车里；车队最后是绍英等其他官员。皇帝的车队离开紫禁城时，大门两旁都是荷枪实弹的士兵。

车队很快就来到位于什刹海北岸的北府。这是醇亲王的第二处宅邸。他在北京的府邸搬迁过三回。咸丰十年，十九岁的亲王奕譞奉旨迎娶叶赫那拉氏——皇贵妃的胞妹。根据祖制，他得到了皇宫附近的一所宅邸。它位于北京大明湖东岸，离宣武门不远，现在是中央音乐学院所在地。这是醇亲王的第一所宅邸。第二处宅邸是慈禧太后赏赐的，装修花费了十六万两白银。[1]

车到北府门口，溥仪下车。鹿钟麟走了过来，握了一下手，问道："溥仪先生，你今后是打算做皇帝还是要当个平民？"

"我愿意从今天起就当个平民。"溥仪回答。

"好！"鹿钟麟笑了，说，"那么，我就保护你。"他补充说，现在既然是中华民国了，再保留皇帝称号是不合理的；今后应该以公民身份好好为国效力。"既是公民，有了选举权和被选举权，将来也可能被选作大总统呢！"

一听"大总统"三个字，溥仪感到特别不自在。"我本来早就不想要那个优待条件，这回把它废止了，正合我的意思。所以，我完全赞成

---

① 我的前半生：中国末代皇帝溥仪回忆录。莫斯科，1968 年，第 16 页。

你们的话。当皇帝并不自由，现在我可得到自由了。"

这段话一说完，周围的国民军士兵都鼓起掌来。

很快，溥仪一行住进了北府。它被重重围住，谁也不得入内。皇帝的父亲被吓坏了。庄士敦在他的著作里曾描写过那天晚上的情形：

> 皇帝在一间大客厅接见了我。那间屋子挤满了满洲贵族和内务府官员。……我的第一个任务是说明三位公使拜访外交部的结果。他们已经从载涛那里知道了那天早晨我们在荷兰使馆进行的磋商，自然急于知道和王博士（临时政府外交部部长）会见时的情形。他们全神贯注地听我说话，只有醇亲王不安地在屋里转来转去，显然漫无目的。有好几次他忽然加快脚步跑到我跟前，说了几句前言不搭后语的话，口吃似乎比平时更厉害了。他每次说的都是那几句，意思是，请皇上不要害怕——这句话从他嘴里说出完全是多余的，他显然要比皇帝惊慌。当他说到四五次时，我有点儿不耐烦了，说皇帝陛下就在这里，站在我旁边，你为什么不直接和他说呢。可是，他太心慌意乱了，以致没有注意到我说话的粗鲁。接着，他又漫无目的地转起圈来。……

那天晚上，庄士敦带来了好消息。在他的斡旋下，荷兰公使乌登达克、英国公使麦克雷、日本公使芳泽联合起来向外交部施加压力，抗议临时政府的行为。后者向他们保证了皇帝的生命财产安全。

日本外交部掌控的财经类日报《顺天日报》那些日子经常刊登关于北京的报道，大多数是子虚乌有的事。例如："某太妃流血殉清"，"淑妃断指血书，愿以身守宫门"；另一个妃子——"淑妃散发攀轮，阻止登车"之类。日本人密切关注着这一切。在溥仪为日本大地震慷慨解囊后，日本使馆就与忠于逊帝的拥戴者搭上了线，和日本的兵营也建立了

联系。溥仪的官员郑孝胥和日本公使馆的竹本密谋了一个北府逃跑的计划，计划由竹本的副官中平常松大尉穿上便衣，带一名医生进入北府，以给溥仪看病为名，把他带到日本兵营。然而，这个计划遭到了王公大臣和师傅们，包括溥仪父亲的反对。他们认为很难混过大门口的士兵；即便混过了他们，也混不过国民军的步哨。

到了次日，北府的门禁突然加严，只准进不准出。后来放松了一点，只许师傅和内务府大臣进，外国人不许进。这样一来，北府的人紧张了。既然国民军不把洋人放在眼里，他们就没有可保险的了。

正在这时，溥仪派往天津向日本人求援的亲信之一回来了。他偷偷去了天津日本驻屯军司令部，请求日本公开表达对皇上的支持。日本司令部告诉他，北京的竹木大佐会保护皇上的。他又与这个大佐谈妥，日本骑兵将在北府附近巡逻，皇帝遇到危险的话，日本兵会立刻采取断然措施。日本人甚至想利用军用信鸽来报警。溥仪通过日本人看到了段祺瑞的密电："皇室事余全力维持，并保全财产。"还得知，段祺瑞对冯玉

95

祥逼宫一事进行了指责。溥仪闪过一个念头，那就是尚未全盘皆输，又产生了新的希望。当北府得知冯玉祥与张作霖不和，又得知张作霖决意让段祺瑞出山，更是受到了鼓舞。过了几天，张作霖和段祺瑞就到北京了。庄士敦应邀两次拜访了张作霖，后者的目的是试探外国使团对他的态度。溥仪通过庄士敦送给张作霖一张照片和一枚钻石戒指。张作霖收下照片，拒绝了戒指，表示了同情的态度。段祺瑞又表示可以考虑恢复清室优待条件。这些表态又让北府的人们产生了希望，认为还有余地，却对下一步行动并无一致想法。后来，金梁在《遇变日记》中写道：

> 盖自段、张到京后，皆空言示好，实无办法。众为所欺，以为恢复即在目前。于是事实未见，而意见已生。有主张原定条件一字不能动者，有主改号逊帝者，有主岁费可减、必有外人保证者，有主移住颐和园者，有主在东城购屋者。实则主权在人，无异梦想，皆不知何所见而云然也。

避难日本使馆

有一次庄士敦来找溥仪（此时门口的国民军已经撤哨），告诉他自己在外国报纸上读到冯玉祥要对北京第三次采取行动。这个消息令皇帝大为惊恐，寻求外国使馆保护的问题又摆在面前。

有人建议躲进东交民巷的德国医院，那位德国大夫认识溥仪。计划马上被采纳，不但要避免民国当局知道，也要避着皇帝的父亲。因为他坚决反对儿子离开北府。"我先和陈师傅同出，去探望比我晚几天出宫的住在麒麟碑胡同的敬懿、荣惠两太妃。"溥仪在回忆录中写道，"探望完了，依旧回北府，给北府上下一个守信用的印象。这一步我们做到了。"

第二天打算进行第二步。这天天气不好，刮大风，空气中都是沙土，两步之外什么都看不到。这对逃跑者有利。他们坐上汽车，汽车两边踏板上各站着一个警察，就像仪式里迎接要人似的。"借口去裱褙胡同看一所准备租用的民房，然后从那里绕一下东交民巷，先住进德国医院，然后住进外国使馆。"溥仪写道，"只要到了东交民巷，下一步再把婉容她们接来，就全都好办了。"① 最后，皇帝到了东交民巷的德国医生棣柏那里，被安置到一间空病房里休息。庄士敦去与英国使馆交涉了，但对方不太愿意见皇帝，以使馆小、怕皇帝住不舒服推辞了。溥仪面临着北府的人把他捉回去的危险。

前清驻日领事、内务府大臣郑孝胥在日记中这样写道："余定议奉

---

① 我的前半生：中国末代皇帝溥仪回忆录。莫斯科，1968年，第206页。

上幸日本使馆，上命余先告日人。即访竹本，告以皇帝已来。竹本白其公使芳泽。乃语余：请皇帝速来。……余至医院，虑汽车或不听命，议以上乘马车；又虑院门前人甚众，乃引马车至后门，一德医持钥从，一看护引上下楼，开后门，登马车，余及一僮骖乘。德医院至日使馆有二道，约里许：一自东交民巷转北，一自长安街转南。御者利北道稍近，驱车过长安街，上惊叫曰：街有华警，何为出此？然车已迅驰，余曰：咫尺即至！马车中安有皇帝，请上勿恐。即转南至河岸，复奏上曰：此为使馆界矣！送入日使馆。竹本、中平迎上入兵营。弢庵亦至。"①

很快，《顺天时报》就刊登了日本使馆容留中国皇帝的消息：日本芳泽公使昨日对往访记者所谈逊帝溥仪迁入日本使馆之经过，并公使所持之态度如下：上星期六午后3时，忽有某氏（公使不欲宣布其姓名）来访余，告以逊帝现已入德国医院，并谓此不过暂时办法，万难期其久居，且于某某方面亦曾恳谈逊帝迁居事，咸以迁居日本使馆为宜，故逊帝遣某来为之先容，万希俯允所请等语。余当时在大体上因无可推辞，然以事出突然，故答以容暂考虑，再为答复等语。某氏辞去约二十分钟，余即接得报告，谓逊帝已至日本兵营，要求与余面会。余当即亲赴兵营迎迓，一面为之准备房屋。午后5点迎入本馆后，即派池部书记官赴外交部谒沈次长，说明逊帝突然来馆之始末，并请转达段执政，以免有所误会。②

皇帝在日本使馆受到了友好和热情的接待。日本人给他提供了三个房间。溥仪请求日本人施加压力，从北府把皇后婉容和淑妃文绣接过来。日本使馆派专人去交涉，但北府不放人。芳泽公使专门去找了段祺瑞、婉容、文绣以及太监、宫女才得以离开北府。1931年，文绣突然宣

---

① 我的前半生：中国末代皇帝溥仪回忆录。莫斯科，1968年，第208页。
② 我的前半生：中国末代皇帝溥仪回忆录。莫斯科，1968年，第209—210页。

1924年，溥仪女眷在日本使馆

布和溥仪离婚①。皇帝下旨褫夺她的妃子封号，降为平民。她直到1950年去世也未再嫁。随着皇帝的人马越来越多，三间房子住不开，使馆特意腾出一栋楼房供皇帝专用。于是，皇帝的人马——南书房行走、内务府大臣以及几十名随侍、太监、宫女、妇差、衙役等又各得其所。

日本公使芳泽帮助皇帝取得了执政府的谅解。执政府除了向芳泽公使做了表示之外，还派了个将军亲自去找竹本大佐，声明执政府愿意尊重逊帝的自由意志，并在可能的范围内保护他的生命与财产安全。以皇帝父亲为首的王公大臣也来到使馆，劝说皇帝回府，却遭到溥仪的坚决反对。尽管他们说张作霖和段祺瑞会保证北府安全，他们自己却向使馆区找住处，有的进了德国兵营，有的去了六国饭店，皇帝父亲本人也在某教堂租库房，存放珍贵财物。后来，溥仪的弟妹们也都去教堂住了。

① 她的哥哥反对她离婚，在天津的《商报》上发表了一封公开信给她："我家受清帝厚恩二百余载，我祖我宗四代官至一品。且漫云逊帝对汝并无虐待一事，即果然虐待，在汝亦应耐死忍受……"

旧历元旦那天，是溥仪二十周岁生日。皇帝本不打算在别人家里做寿，但日本使馆的主人硬是要隆重举办。使馆把礼堂让出来作为接受朝贺的地方，地板上铺上了豪华地毯，用作宝座的太师椅上铺上黄缎子坐垫，背后贴上黄纸，仆役们戴着清朝的红缨帽。到了生日这天，从天津、上海、广东、福建等地来的遗老竟达一百人以上；加上王公大臣、外国客人，共有五六百人之多。溥仪那天穿着蓝花丝葛长袍、黑缎子马褂。王公大臣们也是这种装束。仪式完毕之后，皇帝发表了即兴演讲，在当时的上海报纸上刊载过：

余今年二十岁，年纪甚轻，不足言寿。况现在被难之时，寄人篱下，更有何心做寿。但你们远道而来，余深愿乘此机会，与尔等一见；更愿乘此机会，与尔等一谈。照世界大势，皇帝之不能存在，余亦深知，决不愿冒此危险。平日深居大内，无异囚犯，诸多不能自由，尤非余所乐为。

余早有出洋求学之心，所以平日专心研究英文，原为出洋之预备。只以其中牵掣太多，是以急切不能实行。至优待条件存在与否，在余视之，无关轻重。不过，此事在余自动取消则可，在他人强迫则不可。优待条件系双方所缔结，无异国际之条约，断不能一方面下令可以更改。

此次冯玉祥派兵入宫，过于强迫，未免不近人情。此事如好好商量，并不难办到。余之不愿拥此虚名，出于至诚，蓄之久矣。若胁之兵威，余心中实感不快。即为民国计，此等野蛮举动，亦大失国家之体面，失国家之信用。况逐余出宫，另有作用。余虽不必明言，大约尔等亦必知之。

余此时系一极无势力之人，冯玉祥以如此手段施之于余，胜之不武。况出宫时所受威胁情形，无异凌辱，一言难尽。逐

100

余出宫，犹可说也，何以历代祖宗所遗之衣物、器具、文字一概扣留，甚至日用所需饭碗、茶盅及厨房器具，亦不许拿出，此亦为保存古物乎？此亦可值金钱乎？此等举动，恐施之盗贼罪国，未必如此苛刻。

在彼一方面，言丁巳复辟为破坏优待条件。须知丁巳年余方十二岁，有无自动复辟之能力，姑不具论，但自优待条件成立以来，所谓岁费，曾使时付过一次否？王公世爵俸银，曾照条件支给否？八旗生计，曾照条件办理否？破坏之责，首先民国。今舍此不言，专借口于丁巳之复辟，未免太不公允！

余今日并非发牢骚，不过心中抑郁，不能不借此机会宣泄。好在将有国民会议发现，如人心尚有一线光明，想必有公平之处置，余惟有静以俟之。余尚有一言郑重声明，有人建议劝余运动外交，出为干涉，余至死不从。余决不能假借外人势力干涉中国内政。①

在溥仪过生日的这些天里，很多报纸出现了抨击溥仪这伙人的舆论，充满了义愤。这主要与溥仪投靠日本人有关。这时，"清室善后委员会"在清查清宫财务时，发现了诸如袁世凯做皇帝时写在优待条件上的亲笔跋语以及内务府抵押、变卖、外运古董的字据等，一时国内舆论大哗。最令人愤怒的还是小朝廷和日本人的关系，以及遗老们发起的要求恢复优待条件的运动。在溥仪过生日的时候，报上刊登的已有十五个省、三百余人、十三起联名呈请。报纸上出现了很多文章，表达了社会的义愤。其中有讽刺小品，有正面的谴责，有善意的忠告，也有对日本使馆和民国当局的警告。《京报》上刊登的一篇文章，与后来发生的事

---

① 我的前半生：中国末代皇帝溥仪回忆录。莫斯科，1968 年，第 214—215 页。

日本人赠送溥仪的骏马

件惊人地吻合："其极大黑幕，为专养之以俟某省之有何变故，某国即以强力护送之到彼处，恢复其祖宗往昔之地位名号，与民国脱离，受某国之保护，第二步再实施与某被合并国家同样之办法。此次溥仪之出亡，皆有人故意恫吓，入其圈套，即早订有甚远之计划。其目前之优待、供应一切、情愿破钞、侍从人员，某国个个皆买其欢心，不知皆已受其牢笼，为将来之机械也。"①

当时，这些社会意见显然没有站在溥仪这一边。在日本人这里，溥仪每天都在报纸上读到批他的文字，再加上父亲和周围的人们对他不满，也加强了他的恨意。为了自己的将来他需要采取行动，他决定到日本去。当他表达了想去日本的意愿时，日本公使没有做官方表态，而池部书记官则表现出了极大的热情。

溥仪生日过了没几天，部下罗振玉说已经和池部谈妥了。出国要在天

① 我的前半生：中国末代皇帝溥仪回忆录。莫斯科，1968 年，第 216 页。

津做准备，皇帝留在北京不妥。很快就派了人去天津，在日本租界买了房子，可以动身了。溥仪回忆道："现在国民军正在换防，铁路线上只有少数的一些奉军，正是个好机会，可以立即动身。我跟芳泽公使谈了，他表示同意我去天津。为了我这次转移，他派人通知了段祺瑞。段表示同意，还要派军队护送。芳泽没有接受他的好意，决定由天津日本总领事馆的警察署长和便衣警察来京，由他们先护送我去，然后婉容再去。"[1]

1925 年 2 月 28 日早 7 点，溥仪向日本公使夫妇辞行。他由池部和便衣日警们陪着，出了日本公使馆的后门，步行到了北京前门车站。在北京到天津的火车上，每逢到站停车，就上来几个穿黑色便衣的日本宪兵。等火车到了天津，差不多有一半人都是这个打扮了。日本驻天津总领事吉田茂和驻屯军的军官士兵们大约几十人，把他接下了车。

于是，溥仪开始了在天津的生活。他在这里度过了七年。在这些年里，溥仪花了大量金钱和珠宝收买不同层面的武装势力，意图帮他复辟。据他自己说，这七年中，他和哥萨克头目 Г. М. 谢苗诺夫[2]就没有

---

[1] 我的前半生：中国末代皇帝溥仪回忆录．莫斯科，1968 年，第 218 页。

[2] Г. М. 谢苗诺夫于 1890 年 11 月 13 日出生在赤塔州，1917 年至 1920 年充当外贝加尔的反革命武装头目。他 1911 年毕业于奥伦堡军事学校，参加了第一次世界大战，军衔是大尉。1917 年担任临时政府外贝加尔地区反革命志愿武装的委员。1917 年 11 月至 12 月，发动了对苏维埃政权的反扑，败北后逃往满洲。苏联与日本战事刚开始时，日本人就要给谢苗诺夫提供特别的汽艇，让他逃往南朝鲜，但他坚决拒绝了。据同时代人回忆，他胆识过人，当苏军开往大连时，他穿上将军制服，戴上勋章、军帽，和家人道别，独自坐马车去火车站。他不许任何人送别，随行的只有亲戚叶利扎维塔·米哈伊洛夫娜。他到车站的时候，苏军小分队刚好赶到。在月台上，谢苗诺夫走到一个军官面前，笑着自我介绍："我就是谢苗诺夫！"军官出于意外没反应过来，眨眨眼睛，突然狂呼："拿起武器！"谢苗诺夫立即就被包围了，摘下帽子，搜了身，五花大绑，被冲锋枪指着后背押走了。这就是 1945 年 9 月谢苗诺夫在满洲被苏军逮捕的经过。苏联最高军事法庭经过审判，将他处以绞刑。

103

断过联系。

　　沙皇军官谢苗诺夫在远东被红军击溃后，率残部流窜到中国内蒙古境内，在那里杀人放火，残害百姓。在试图潜入蒙古国失败后，谢苗诺夫部基本沿着中蒙边境活动，但也被中国部队赶跑了。谢苗诺夫僭称自己是远东反革命武装的首领。他原来跟日本人来往频繁，俄侨都以为他是日本人罩着的，都不怎么搭理他。后来他移民到日本长崎，去和中东铁路的运营人 Д. Л. 霍尔瓦特将军联系。该将军自视为俄侨首领，据他自己说与中国内务部有密切联系，认为自己不可能与哥萨克头目谢苗诺夫"有任何合作"。这个哥萨克头领之前去过北京、天津、上海、旅顺、香港，后来又去了日本，企图通过中国军阀、外国政客（包括日本人）获得金钱和军事支持。有名的是，谢苗诺夫在长崎，为争夺沙俄战争遗孀留在日本银行巨款的处置权，打了一场官司。欧洲俄侨首领密切注视着中国发生的一切。他们认为，大英帝国与苏联外交商贸关系的破裂反映了"在远东推翻苏联的工作开展得非常成功"。[1] 尼古拉·尼古拉耶维奇大公在远东事务的代言人——А. С. 鲁克姆斯基将军在他的随笔中提到，在这之前的几年，1924 年到 1925 年冬天，鲁克姆斯基秘密去了一趟中国。这个白军军官过去是国防部部长助理（在第一次世界大战期间），邓尼金政府国防部、科尔尼洛夫将军司令部的指挥官，被认为是杰出的军事专家。他必须伺机而动，如果需要，就要在远东组织反革命武装。大公当时提前给鲁克姆斯基拍了电报，他应当在必须的时间收到。"兹任命你作为我在远东的代表，统领远东一切武装，并授予你总

---

[1] 苏联中央国家十月革命档案馆馆藏：远东：鲁克姆斯基将军札记。巴黎，1927 年 1 月。

督的头衔。愿上帝保佑你，祝你顺利完成使命，并影响所有人。此致敬礼。"① 为了潜入中国，鲁克姆斯基由海路途经日本，在长崎会见了谢苗诺夫。鲁克姆斯基描述道，哥萨克头目见他的时候，穿着外贝加尔哥萨克制服，佩有中将军衔。除此之外，他还有蒙古王公以及满清一品大员的头衔。他给大公的印象是，日本人认为他是个可靠的奸细。在汇报中，鲁克姆斯基修正道："他（指谢苗诺夫）与他们来往如此密切，好像全部目标就是要投靠他们似的。"② 鲁克姆斯基和谢苗诺夫后来又在上海见了一面，并透露他在和中国将军谈判。谢苗诺夫和中国将军张作霖以及日本司令部谈判，为的是在满洲领土上组建白军的武装。谢苗诺夫本人在 1930 年代末出版的回忆录中说，1927 年他向张作霖建议，"在中国建立反共统一战线"。③

据溥仪确认，正是谢苗诺夫从他手里拿走了大量金钱。④ 溥仪第一次和谢苗诺夫见面，是在 1925 年 10 月。哥萨克头目向逊帝表达了"不怕困难，建立功勋，铲除共产，恢复满清⑤"的意向，溥仪毫不犹豫就给了他五万元。谢苗诺夫许诺，利用自己在东北和内蒙古的武装力量，要在那里成立一个反共基地，让溥仪去做执政者。为保证活动资金，溥仪专门在银行为谢苗诺夫开了一个账户，他可以在任何时间提取现金。注入的第一笔资金为一万元。哥萨克头领向溥仪保证，他本人其实不需要他的钱，因为他能够从俄罗斯侨民那里获得一亿八千万卢布的捐款（后来又说是三亿卢布）。此外，他还有英国、美国、日本的财政支持。

① 苏联中央国家十月革命档案馆馆藏：远东：尼古拉致鲁克姆斯基将军手札。1924 年 7 月 31 日。

② Л. К. 什卡连科夫：白卫军的垂死挣扎。莫斯科，1987 年，第 143 页。

③ Г. М. 谢苗诺夫：自传、回忆、思索。哈尔滨，1938 年，第 191 页。

④ 我的前半生：中国末代皇帝溥仪回忆录。莫斯科，1968 年，第 245 页。

⑤ 我的前半生：中国末代皇帝溥仪回忆录。莫斯科，1968 年，第 246 页。

但由于这些资金还没有到账，所以他得从溥仪这里支取一些小数目。

溥仪和谢苗诺夫之间有不少中间人，既有中国人，也有俄国人。有个姓王的号称不仅谢苗诺夫对他极度信任，就连日本要员和中国军阀都和他往来密切。还有 B. C. 斯鲁茨基。他是谢苗诺夫的军官，在赤塔的犹太军团迅速解体之后留在了哥萨克头目身边。他改做后勤保障工作，一路做到了中校。白卫军运动结束之后，斯鲁茨基继续为哥萨克头目谢苗诺夫工作，不过这时他已经是个纯粹的生意人了。众所周知，头目经常会遇到财政困难。每到这时候，他就把斯鲁茨基召来，交给他一包东西。谢苗诺夫有不少值钱的礼物，是日本、蒙古、中国朋友圈所赠。斯鲁茨基也时不时地将这些礼物出手。他也执行溥仪的各种委托。谢苗诺夫介绍他们认识，并从中获得中介费。①

与谢苗诺夫的合作又让斯鲁茨基结识了古特曼。他是前沙皇军官，后来为日本人服务，在哈尔滨警察局的刑事法庭工作。很快，他就以施虐狂著称了。除此之外，古特曼非常善于敲诈、勒索。他参与了谢苗·卡斯比绑架案的勒索。在没有从对方家里得到索要的钱财后，他通报当局说对方准备在朋友的帮助下越狱。调查证明，这个通报是毫无根据的。当局根据这个通报以及其他敲诈、勒索的劣行将古特曼解职，逐往天津。古特曼主要的事业在天津。在那里，他和日本少校泷井勾结在一起。同时，古特曼在日本铁路警察局的特高课任职。古特曼手下有八十名俄侨（不少人有过黑社会历史），都是他亲自挑选的。特高课在火车上搜查证件，以各种名义抓人、拘禁和审讯。众所周知，特高课对嫌疑人进行拷打、兽行、勒索，还强奸妇女。曾经有一个俄罗斯军官因为在年轻的张学良将军麾下供过职，饱受折磨；他的妻子一同被捕，并被强

---

① П. 巴拉克申：在中国的末日（第一卷）。旧金山，巴黎，纽约。1958 年，第 246—247 页。

106

奸多次。有一次，古特曼的一个部下似乎想暗算他，得到日本人的位子，就详细描述了特高课里发明的所有拷打、勒索和兽行。他把这份文件递交给北京的日本宪兵队。他们将古特曼的行为看作擅自行动与越权——只有日本宪兵队有权这么做。调查结果真如这个部下汇报的那样。尽管调查是秘密进行的，古特曼却知道了，就和老婆逃往青岛。结果，一到那儿就被日本宪兵逮捕了。接着，北京也逮捕了铁路局特高课跟古特曼走得很近的女打字员。经过两个多月的审讯、关押，古特曼与老婆、女打字员被释放了。然而，一个月后，这对夫妇又被逮捕了。关押了几个月后，他们被遣送日本。

后来，古特曼又跟泷井搭上了线。当时泷井已经是上校了，在海拉尔领导日本军部的俄罗斯部门。他又召来古特曼，把他安排在谍报部门。古特曼又故态复萌。然而，很快，第二次世界大战就接近了尾声。在与斯鲁茨基会面时，古特曼想勒索他一笔钱财，却没有成功。他便到处宣传，说斯鲁茨基非常可疑，损害了谢苗诺夫的名誉。古特曼用一些莫须有的罪名让日本人相信斯鲁茨基是个可疑人物，对谢苗诺夫有很大影响。斯鲁茨基被捕了，谢苗诺夫知道了这个消息。很多人以为他会利用自己的影响给日本人施加压力，洗刷斯鲁茨基莫须有的罪名。然而，谢苗诺夫有自己的理由不这么做。大概他不想在日本当局面前暴露自己的地下金钱交易和伎俩吧。

逊帝依然指望会有复辟的那一天。到1927年日本田中内阁上台后，他这种希望被助长了。

田中义一男爵（1863—1929），日本大将，1918年11月至1921年6月，以及1923年11月至1924年1月两度出任陆军大臣。1927年至1929年，他出任日本首相。苏联高层非常熟悉田中，把他看作插手远东事务的主要领导人之一。他也是搞乱中国东北的首倡者，以便于稳定格局为名加强自己在该地区的势力。1920年6月14日，在当选日本陆军大臣之后，田中指示海参崴的日军指挥部往哈尔滨、海拉尔和满洲里派送谍报人员和破坏分子，旨在夺取电台。6 月 19 日，占领地段的日本指挥部接到命令，要密切监视中国部队沿中东铁路的动态以及每天军部收到的情报。①

早在 1920 年代初，日本指挥部就已经与东北的红胡子（土匪）（据统计，这片土地上在不同时期有三十万"林中兄弟②"）建立了密切联系，给他们提供武器、装备和金钱，暗地里指挥他们的行动。红胡子的任务有炸铁路桥，破坏路面、车站设施，攻击和平居民等。③ 日本人这些行动的意图是要证明中国政府没有能力摆平中东铁路沿线的秩序，保卫任务只能落到他们手里。俄罗斯远东通讯社 1920 年 6 月 22 日报道：中东铁路中方经理上报政府，六个匪首和日本人签了秘密协议；土匪要破坏铁路交通。然后，日本人就会以保卫车站为借口，说中国军警没有护路能力。由此预测，为了更有效地保护中东铁路的机构，日本代表要加入铁路管委会。

1927 年 7 月，秘密呈给日本天皇的《田中奏折》（全称为《帝国对满蒙之积极根本政策》）第一次展示了日本称霸世界的真实计划，首当其冲的就是中国。"吾人欲征服中国，要先征服满蒙。吾人如能征服中

---

① 前进报。1920 年 8 月 11 日。

② 红胡子神出鬼没，成群结队，打家劫舍，做买卖，可以在大街上、集市中、茶馆里见到他们。谁也想不到眼前这个本分的居民是无数黄脸皮的红胡子中的一员。红胡子在欧洲人家里当差、当马夫、当洗衣工、看大门，在警察局工作，负责押运、看守银行、点亮路灯、当马车夫、做买办。在某个时辰，他们相聚在某个地点，相约最近要开展的"行动"。你恭顺的仆人或园丁突然消失了一段时间，不久传来抢劫银行、商铺、中国地主、俄国雇员的消息。过了一两个星期，他又好像没事人似的出现在你家的院子里，在厨房里收拾鸭子或者给你煮上一壶香喷喷的花茶。"你去哪儿了？""回家转了转……"

③ 上海生活。1920 年 6 月 20 日。

国，则其余所有亚洲国家及南洋诸国均将畏惧于我，投降于我。……当吾人得以支配中国全部资源之后，吾人将更能进而征服印度、南洋群岛、小亚细亚以至欧洲。"① 又说，"第一步征服台湾，第二步征服朝鲜，现皆实现；惟第三步的灭亡满蒙以及征服中国全土，则尚未完成。"②

苏联知晓《田中奏折》，是在苏联间谍"十字架③"搞到手以后的事。拿到这份文件，是哈尔滨谍报机构的胜利。1929 年，在中国反苏联盟最起劲的时刻，《中国批评家》杂志在俄国特别工作者的帮助下刊登了《田中奏折》。它的披露，在外交领域引起了最大共鸣，且在那个时代以及很多年内，无论对亚洲还是世界其他地区的国际关系来说，都推进了一大步。

那个年代，日本间谍网在中国的活动非常活跃。最有名的组织叫"黑龙会"，成立于 1901 年。这个组织的名字暗指黑龙江。在 1904 年至 1905 年的俄日战争中，它发挥了极大的作用。据悉，当时成员多达几十万，并有巨额资产。最重要的领导人叫头山满，是个喜欢玫瑰花、留着长长银色胡须的佛教徒。在他的领导下，日本特务潜入了中国社会的各个阶层。他们到处行动，在清朝王公大臣中，在中国皇帝所到之处，在随从与来客中。其宗旨是："使日本成为亚洲民族兴隆的领导者。"

在黑龙会的协助下，日本人策划了骇人听闻的阴谋，组织了恶毒血腥的杀戮。土肥原贤二是"黑龙会"最活跃的成员之一。正是他挑选、

---

① 俄国涉外情报史（第三卷）（1933—1941）。莫斯科，1997 年，第 224 页。

② 我的前半生：中国末代皇帝溥仪回忆录。莫斯科，1968 年，第 236 页。

③ 苏联间谍机关最得力的干将之一是伊万·季莫非耶维奇·伊万诺夫－别列克列斯特（"十字架"）。他与日本军界、宪兵和在日本机关供职的中国人交往广泛。特工扎鲁宾说："'十字架'是小组长，负责发展间谍工作。他获取了日本在满洲军事计划的重要情报。"

训练了年轻的日本姑娘——川岛芳子（本名爱新觉罗·显玗，汉名金璧辉）从事间谍工作。她是土肥原朋友（肃亲王爱新觉罗·善耆）的女儿，很苗条，留着短发，外表很像男孩子。她进了黑龙会办的学校，刻苦学习蒙文、中文和布里亚特语。中学毕业后，她被派到外蒙古首都——乌兰巴托，伪装成朝圣者，不过险些被抓住；她费了好大劲儿才伪装好，来到满洲。后来，土肥原将她嫁给蒙古王公。她在获取了自己需要的情报之后，很快就离开了对方。土肥原又把她作为"满清肃清王的第九个格格"，嫁给了溥仪身边的一个满清王爷。这样，她就能在第一时间听到皇帝身边发生的一切。过了一些日子，又有人在华南看到了川岛芳子，她和几个对最高统帅蒋介石不满的将军们在一起。在那里，她又一次嫁人了。这对于好奇心很重的土肥原来说，又多了一个信息渠道。川岛芳子的名气越来越大，以至于要佯装她已经死亡。在上海闸北战役中，有人发现一具女性的尸体，日本侦察兵报告说就是川岛芳子。实际上，川岛芳子已经到了香港，在那里建立了一个由日本人、高丽人和安南人组成的国际情报机构。

在"九一八"事变前的两个月，日本人以目前的奸细行为为借口（煽动破坏日本人对南满铁路的监护），开始武装侵入东北。① 当时，溥仪的弟弟溥杰在日本读书，准备回国度假，突然接到日军某联队大队长吉冈安直（曾是天津日军司令部参谋）的一封来信。他邀请溥杰回国之前去做客。吉冈在会面中说："你到了天津，可以告诉令兄：现在张学良闹得很不像话，满洲在最近也许就要发生点儿什么事情。请宣统帝多多保重，他不是没有希望的！"②

从1929年末开始，全世界发生了非常严重的经济危机，也波及了

---

① 中国新史（1928—1949）。第516页。
② 我的前半生：中国末代皇帝溥仪回忆录。莫斯科，1968年，第280页。

日本。他们认为，这是侵略中国的最好时机。日本的军人金融寡头政治希望通过清除资产阶级民主自由分子以及实行对亚洲大陆的掠夺政治，来找到摆脱危机的出路。日本注意到，中国当时缺少民族团结，军阀混战，国际形势不利——在 1929 年的事件之后，中苏关系完全破裂。

在策划未来的侵略中，一些日本当权派想偷偷利用逊帝溥仪。显然，溥仪不知道日本人的全部想法。和远东国际军事法庭文件呼应的是，板垣早在 1930 年就声称，他有解决满洲问题的"清晰明确的想法"，中日问题只能通过战争解决。早在"九一八"事变前一年，他就叫嚣要把张学良赶出去，在东北建立一个新政府。远东国际军事法庭的判词写道："自1931 年任关东军司令部少将开始，他直接参与了密谋，把武装占领满洲作为他的直接任务。为了实现这个目标，他展开了挑衅。板垣以所谓满洲事变为借口，实施各种武装干涉和镇压，煽动这些军事行动并亲自领导。最后，板垣在所谓满洲独立、成立伪满洲国的过程中发挥着重要的作用。"①

日本为侵略寻找借口。关于"九一八"事变，在川本中尉的声明中是这样描述的："1931 年 9 月 18 日夜，大约 10 点 30 分，余适率六名士兵沿铁路线巡逻。余等突闻近处发生爆炸，即发现铁路已被炸毁。当余等检查此事件时，有伏于附近之华军约百名，即向余等开枪。余等即与离此约一千五百码处第三支队官长取得联络。此时，闻沈阳开出之长春特别快车来此。为避免发生危险，余令士兵开枪数响。此乃与开车者以信号也。然车仍继续前进，经过爆炸处时并未出轨，至为奇妙。列车固得准时到达沈阳矣。"② 川岛的这份呈交给以李顿为首的国际联盟的陈述，在关于满洲事变所有细节方面，都和著名的文学形象——闵希豪生

① 我的前半生：中国末代皇帝溥仪回忆录。莫斯科，1968 年，第 323—324 页。
② C. 别洛乌索夫：两次颠倒。远东问题，1991 年第 4 期，第 139 页。

男爵的吹嘘有得一比："车经路轨被毁处即自行升至空中；越过危险处后，复安落于彼端，继续前进矣。"① 毋庸置疑，这应该被编入轨道世界纪录中。② 李顿调查团后来证实，爆炸是火车经过之后才发生的。

1931 年 9 月 18 日发生了什么？1931 年 9 月 19 日晨 8 点 20 分，两队日本兵迅速而信心满满地（这说明经过精心准备）——仿佛进行战略演习似的——行至南满铁路路段，遭遇了中国警备团的射击。不过才过半个小时，对方就在日本人的强攻之下溃逃了。9 时，日本重型武器开始向铁路北的中国驻军兵营——北大营开火。中国驻军近万人如梦初醒，手无寸铁，被消灭了一部分，逃跑了一部分。日本兵只有五百人左右，都属于岛本中校的营，没费什么损失就拿下了北大营，投掷了很多手榴弹。兵营很快就连同死伤的官兵一块儿被烧掉了。炮兵继续向飞机场开火，焚烧了飞机库和几架战机。北川上校和在旅顺的驻军通了电话，并向本庄繁大将汇报进度。大将很满意："没错，进攻就是最好的防守。迟早都要发生的事情，终于发生了。"当天晚上，日军以极小的代价（两人被击毙）占领了奉天及以北所有大城市到松花江南岸的领土。长谷部上校的营开往长春。中国人溃不成军，丢失了松花江以北的土地。到 1931 年 9 月 19 日夜间，关东军几乎没遇到抵抗，就占领了南满所有要地。到这一年底，整个满洲都处于日本的统治之下了。在 1932 年 2 月初的几天里，奉天事变过去四个月后，日本军队占领了齐齐哈尔以及北方的几个城市，开始向北满的核心——哈尔滨进攻。这是重要的交通枢纽，通往俄国、高丽、中国、满洲的铁路在此交会。1930 年代初，这里生活着二十万中国人、十万俄国人以及十万从日占区来的难民。

---

① 我的前半生：中国末代皇帝溥仪回忆录。莫斯科，1968 年，第 139 页。
② 当年在日本官兵的宣传中流传着满洲事件的文艺版本，说是奇迹拯救了火车，"证实了日本民族的神圣起源"。

同时代人是这样回忆的。2 月 4 日，长谷部少将的先遣部队做了军需方面的侦察。2 月 5 日早上 10 点，所有人都听得到炮声和机枪扫射的声音。日本空军在板棚上空盘旋，并超低空飞行，向手无寸铁、企图藏在破旧房子里躲子弹的中国伤残军人射击。城市的大楼和医院都被日本人占领了。到了中午，射击停了下来。下午 3 点 30 分，日本架着机枪的军用摩托车队从两个方向进城，到了教堂广场之后开始分散到新城的各条街道、各个码头。紧随其后的是骑兵、装甲部队、步兵、坦克。随着摩托车在街道的推进，没有撤离的中国警察被缴了械，岗位换上了日本兵。日本人到来后仅仅几个星期，就有数千俄侨不得不离开满洲，几千名俄侨被关进监狱，几百人被打死。掠夺俄侨的财产常常伴随着逮捕、关押、处死，司空见惯……俄罗斯女性的境遇最糟糕，几乎随时随地面临着被日本兵强奸的威胁。在满洲，每一个有点儿地位的日本人都会有一个甚至两个俄罗斯小妾。年轻的俄罗斯姑娘被强迫在日本妓院工作，报酬不过是每月五元；还有的被当作"礼物"送到日本去。俄侨开始集体从满洲撤退。根据当时的统计数字，1934 年，满洲约有四万三千白俄侨民、三万苏联公民，① 1935 年中东铁路卖给日本后，大多数被迫回到了苏联。

1931 年日本占领满洲之后，关东军第二司令部上校石本招来了谢苗诺夫。他宣称，日本司令部在策划进攻苏联的计划，而白俄侨民将在这个计划中发挥重要作用，建议谢苗诺夫在白俄当中筹备武装力量。② 谢苗诺夫那帮人到底还是对日本天皇及其奴才表示了忠心。1932 年 3 月10 日，在溥仪就任伪满洲国执政的第二天，谢苗诺夫的同党克莱热将军出版的俄侨报纸《奉天》就以口号——"新的幸福的大同元年万岁"，

① 苏联大百科全书（第三十八卷）。莫斯科，1938 年，第 71 页。
② 真理报。1946 年 8 月 28 日。

"衷心、竭诚、恭敬"地迎接新的执政府。在霍尔瓦特将军与季捷里赫斯将军去世后，谢苗诺夫篡取了远东反革命武装唯一领导者的职务。那些年，远东时常会有爆发苏日战争的危险，他的名字在俄侨圈子里时常被提及。"谢苗诺夫与日本侵略计划的鼓动者田中等人有私交。根据他们的指示，谢苗诺夫参与了武装进攻苏联的计划，并被日本人任命为过渡政府的首脑，如果他们进攻苏联的远东领土成功的话。"[①] 我们引证的是 1945 年至 1946 年苏联最高法庭军事委员会的宣判——根据其罪行，法庭判处谢苗诺夫绞刑——流亡俄侨阵营也支持这个宣判。

1932 年 1 月 18 日，日本人在闸北发起挑衅，制造与中国的冲突。尽管国民党的上海市长同意满足日本人要求，日军指挥部依然向上海调入大量海军。1932 年 1 月底，日军占领闸北。

日本要攫取在华外国资本的堡垒——上海的野心，遭到了英、美、德的反对。伦敦政府要求日本政府作出解释。然而英、美政府分开行动，分别向日本政府提交了自己的抗议照会。美国国务卿斯蒂姆逊关于与英国政府达成一致、共同声讨日本破坏《华盛顿条约》的倡议没有取得成功。斯蒂姆逊甚至需要呼吁社会舆论，指望在媒体帮助下美国能和英国共同采取外交行动以反对日本。然而，斯蒂姆逊的声明遭到了英国尖锐的批评。1932 年 2 月 24 日美国报刊上登出了署名波尔参议员的公开信，表明英国政府没有改变立场。

日本强盗没有受到任何惩罚，继续进攻上海。只有闸北的中国工人和中国第十九军七十八师一起进行了自卫战，迫使他们放弃了占领整个上海的企图。

---

① 真理报。1946 年 8 月 28 日。

"满洲国"最高"执政"

在上海遭遇失败后，日本加强了对所侵占的中国东三省领土的军事及政治统治。早在 1931 年 11 月，国际联盟的调查团就知晓日本"劫持"了中国逊帝——溥仪。

1932 年 3 月 9 日，溥仪前往参加"满洲国"最高"执政"就职典礼

溥仪在回忆录中写道，在 1931 年 9 月 18 日前夜他还只是在想，可以很快复辟。1931 年 9 月 30 日，溥仪在天津被请进日本司令部。在那里，有人给他一个大信封，署名是他的远亲熙洽——东北保安副司令兼

115

吉林省①主席张作相的参谋长。熙洽趁上级不在家，将吉林不费一枪一弹拱手让给日本人。在信中，熙洽请求溥仪"勿失良机"，回到"祖宗发祥地"，在日本人帮助下"先据有满洲，再图关内"。② 熙洽说，只要溥仪一回沈阳，吉林首先宣布复辟。

在收到熙洽来信当天，日本人建议溥仪去东北。11 月 2 日夜，溥仪会见了沈阳谍报机关负责人土肥原大将③。他建议溥仪去沈阳，在满洲领导建立一个"新的"国家。溥仪问道："这个新国家是个什么样的国家？"

---

① 熙洽于 1931 年 11 月 26 日策动吉林省独立于南京政府，担任长官。后来他担任"满洲国"国防大臣。以丁超为首的吉林军队余部忠于南京政府，在哈尔滨另行组建吉林省政府（被称作"老吉林"）。

② 我的前半生：中国末代皇帝溥仪回忆录。莫斯科，1968 年，第 283 页。

③ 土肥原贤二出生于 1894 年。早在 1913 年就来了中国，在关东军供职。他先后毕业于日本陆军士官学校的射击部以及陆军大学。他当过日本中将坂西利八郎十年以上的副官。他的特殊任务是开展反华和反苏工作，和张作霖有密切往来。1924 年直奉大战期间，他指使关东军帮助张作霖。到了 1928 年关东军决定收拾张作霖时，土肥原也参与了策划。土肥原还为张作霖最后的奉天之行祝福。阴谋发生两天后，日本人还隐瞒着张作霖的死讯，正是土肥原接受采访，说他 6 月 6 日下午 4 点亲眼见到张大帅奄奄一息。这场阴谋之后，他被任命为驻沈阳的特务头子。在土肥原狡诈、顽固、无情的军人生涯中，他的妹妹是日本皇太子情妇一事绝非可有可无。到"满洲事变"发生时，他在中国生活了十八年，被看作中国通，是整个远东最神秘的人物之一。土肥原会说好几种中国方言；除了中文和蒙文，还能流利地说十一种外语，包括几乎所有欧洲语言。然而他用助手做翻译，来掩盖他懂很多外语的事实。他领导着在"满洲国"星罗棋布的间谍网。据说土肥原喜欢穿中装，以便隐蔽在人群里；需要时他就马上换上西装。土肥原是 1937 年 7 月 7 日卢沟桥事变的主要策划人之一。美国记者马克·凯恩称之为"我们这个时代最杰出的政治家、秘密特工之一"。1948 年 12 月 22 日午夜，土肥原和其他六名战犯在东京监狱被绞死。

土肥原答道："我已经说过，是独立自主的，是完全由宣统帝做主的。"

"我问的不是这个，我要知道这个国家是共和还是帝制，是不是帝国。"

"这些问题，到了沈阳都能解决。"

"不！如果是复辟，我就去。不然的话，我就不去。"

"当然是帝国。这是没有问题的。"

"如果是帝国，我可以去！"

"那么，就请宣统帝早日动身！无论如何，要在 16 日以前到达满洲。详细办法到了沈阳再谈。动身的办法由吉田来安排吧。"①

作为"满洲国"皇帝的溥仪

1931 年 11 月 10 日，溥仪藏在一辆跑车的后备厢里，从天津逃走。司机是个二把刀，一开出静园就撞在了电线杆上，溥仪的脑袋被厢盖狠狠撞了一下。车继续一路磕磕碰碰地行驶着，后面还跟着一辆车，吉田坐在里面。到了预定地点——一家料理店之后，吉田过来打开后备厢，溥仪从里面爬了出来。他们一起进了料理店，一个叫真方勋的大尉早就等在里面。他给溥仪穿上日本军服，戴上军帽——逃亡者必须迅速换装。然后，他们乘坐两辆汽车：跑车和一辆日本军车，沿着白河直奔港口。一艘小小的汽艇——"比治山丸号"在等着他们，是日本司令部运

---

① 我的前半生：中国末代皇帝溥仪回忆录。莫斯科，1968 年，第 299 页。

输部的。为了这次特殊的运输任务，船上堆满了沙袋和钢板；甲板上还有十个日本兵，担任护送之责；船上还藏着一大桶汽油——溥仪不知道，离他不到三米远——预计的是万一逃脱不成、被中国军队发现，日本兵就要放火烧船。半夜时到了大沽口外，等待在那里的日本商船"淡路丸号"将皇帝迎上船去。11 月 13 日早上，"淡路丸号"载着溥仪，抵达辽宁省营口市的港口。这就是日本人"劫持"溥仪的全过程。

有几个日本人到营口迎接溥仪，其中就有名气很大的甘粕正彦。1923 年日本大地震之后，日本军部趁着震灾造成的混乱迫害进步人士。军部的行径很快就被披露了。在社会舆论的压力下，日本军部把宪兵大尉甘粕正彦作为替罪羊，送上了法庭。军事法庭判他无期徒刑。没过多久，他就获得假释，被送到法国去"念书"。他在法国学的是美术和音乐。过了几年，这个"艺术家"回到日本，在关东军参谋部任职。就是这个彬彬有礼、戴细腿眼镜的"艺术家"在码头迎接的溥仪。他让溥仪坐进马车，载他到了火车站。坐了一个小时火车后又改乘马车，最后到了汤岗子温泉疗养区。溥仪被带进了对翠阁旅馆二楼非常讲究的客房。这是一座日本风格的欧式洋楼，隶属"满铁"，只有日本军官、满铁高级人员、中国官僚可以居住。他不仅被禁止出去，连下楼都不让。溥仪回忆道："这时我还不知道，日本人正在忙乱中，日本在国际上处势孤立。内部对于采取什么形式统治这块殖民地，意见还不统一，关东军自然还不便于立刻让我出场。我只感觉到日本人对我不像在天津那么尊敬了，这个上角也不是在天津驻屯军司令部的那个上角了。我在不安的预感中等待了一个星期，突然接到了板垣的电话，请我搬到旅顺去。"[1]

这天晚上，溥仪搭火车，第二天一早就到了旅顺。他被安排在城里著名的大和旅馆二楼。当时溥仪的妻子婉容已经决定从天津来旅顺，但

---

[1] 我的前半生：中国末代皇帝溥仪回忆录。莫斯科，1968 年，第 312 页。

当日本人命令不许她动身时，她以为溥仪出了什么岔子，大哭大闹，这才允许她来见丈夫。然而，她没被允许住在大和旅馆，直到关东军为溥仪找到了新住处，她和溥仪的两个妹妹才搬过去跟他住在一起。溥仪在旅顺过了三个月与世隔绝的生活。他焦虑的是，迄今日本人还没决定"新国家"的制度：君主制还是共和制。这段时间他很迷信，经常翻阅从天津带来的占卜书——《推背图》。

溥仪在伪满皇宫

1932年2月9日，溥仪生日第二天，忽然来了一个消息："东北行政委员会"通过了一项决议，要在满洲成立一个"共和国"。2月18日，委员会的成员之一按照板垣的指示，宣布通过了建立一个"共和国"的决定。随即，颁布了《满蒙"新国家"独立宣言》。

东北事变瞬已数月，人民望治饥渴日深。当兹更始之交、弥切来苏之颐，（……）于是东北四省一特别区及蒙古王公组织一机关，名曰东北行政委员会。本会成立通电中外，从此与党国政府脱离关系，东北省区完全独立；更以独立之精神，力图行政之改善。往者军阀苛政，肆意诛求，火热水深，民不堪命，闾阎之痛泪未干，爪牙之余毒尚在，所当彻底铲除，勿令再生枝蔓。抚民者谓之后，保民者谓之王。四民苏息，郅治乃成，此本会第一使命也。……①

伪满皇宫置有龙椅的房间

最后，宣言呼吁："邦人君子，兴起助我。"

当这个消息传到溥仪那里，他坐不住了。他回忆道："我心中把土肥原、板垣恨得要死。那天，我独自在前肃亲王的客厅里像发了疯似的转来转去，纸烟被我捏断了一根又一根。我一下子想起了我的静园，想到假如我做不成皇帝，还不如去过舒适的寓公生活。因为那样我可以卖掉一部分珍玩字画，到国外去享福。"② 然后，溥仪把他所想到的必须沿袭帝制的理由以书面形式通知关东军。如果

① "大满洲帝国"十周年纪念。哈尔滨，1942 年，第 11 页。
② 我的前半生：中国末代皇帝溥仪回忆录。莫斯科，1968 年，第 319 页。

日本司令部不支持，他马上就回天津。以下是十二条内容（后四条是溥仪身边的人续上的）：一、尊重东亚五千年道德，不得不正统系。二、实行王道，首重伦常纲纪，不得不正统系。三、统驭国家，必使人民信仰钦敬，不得不正统系。四、中日两国为兄弟之邦，欲图共存共荣，必须尊崇固有之道德，使两国人民有同等之精神，此不得不正统系。五、中国遭民主制度之害已二十余年，除少数自私自利者，其多数人民厌恶共和，思念本朝，故不得不正统系。六、满蒙人民素来保存旧习惯，欲使

伪满皇宫龙椅

之信服，不得不正统系。七、共和制度日炽，加以失业人民日众，与日本帝国实有莫大之隐忧；若中国得以恢复帝制，于两国人民思想上、精神上保存至大，此不得不正统系。八、大清在中华有二百余年之历史，（入关前）在满洲有一百余年之历史，从人民之习惯，安人民之心理，治地方之安靖，存东方之精神，行王政之复古，巩固贵国我国之皇统，不得不正统系。九、贵国之兴隆，在明治大帝之王政。观其训谕群工，莫不推扬道德，教以忠义。科学兼采欧美，道德必本诸孔孟，保存东方固有之精神，挽回濡染欧风之弊习，故能万众人心亲上师长，保护国家，如手足之捍头目。此予之所敬佩者。为起步明治大帝，不能不正统系。十、蒙古诸王公仍袭旧号，若行共和制度，欲取消其以前爵号，则因失望而人心涣散，更无由统制之，故不能不正统系。十一、贵国扶助

121

东三省，为三千万人民谋幸福，至可感佩。惟子之志愿，不仅在东三省之三千万人民，实欲以东三省为张本，而振兴全国之人心，以救民于水火，推至于东亚共存共荣，即贵国之九千万人民皆有息息相关之理，两国政体不得歧异。为振兴两国国势起见，不得不正统系。十二、予自辛亥逊政，退处民间，今已二十年矣，毫无为一己尊崇之心，专以救民为宗旨。只要有人出而任天下之重，以正道挽回劫运，子虽为一平民，亦所欣愿。若必欲予承之，本个人之意见，非正名定分，实有用人行政之权，成一独立国家，不能挽回二十年来之弊政。否则有名无实，诸多牵制，毫无补救于民，如水益深，如火益热，徒负初心，更滋罪戾，此万万不敢承认者也。倘专为一己尊荣起见，则二十年来杜门削迹，一旦加之以土地人民，无论为总统，为王位，其所得已多，尚有何不足之念。实以所主张者纯为人民，纯为国家，纯为中日两国，纯为东亚大局起见，无一毫私利存乎其间，故不能不正统系。①

这份文件连同几件珍宝，作为礼物让郑孝胥一起交给了板垣。郑孝胥和板垣在沈阳进行了会谈。后来才清楚，郑孝胥根本没有把"正统系"给板垣拿出来，而且还向板垣保证："皇上的事，我可以全包下来！""皇上如同一张白纸，你们军部怎么画都行。"

1932 年 2 月 23 日下午，溥仪和板垣会面。板垣先对皇上送他礼物表示感谢，然后表明他奉关东军本庄司令官之命，向皇上报告关于建立满洲"新国家"的问题。

他慢条斯理地从"张氏虐政不得人心，日本在满权益丝毫没有保障"谈起，到"日本帮助满洲人民建立王道乐土的诚意"（……）"这个'新国家'名号是'满洲国'，'国都'设在长春。因此，长春改名

---

① 我的前半生：中国末代皇帝溥仪回忆录。莫斯科，1968 年，第 320—322 页。

为新京。这个'国家'由五个主要民族组成，即满族、汉族、蒙古族、日本族和朝鲜族。日本人在满洲花了几十年的心血，法律地位和政治地位自然和别的民族相同，比如：同样可以充当'新国家'的官吏"。①

板垣从皮包里拿出《满蒙人民宣言书》以及五色的"'满洲国'国旗"，摆在溥仪面前。但溥仪更感兴趣的是未来政府是帝制，还是共和。他坚持帝制，但板垣说，行政委员会通过决议，一致推戴溥仪为"新国家"的元首，即"执政"。溥仪抗议道："我很感谢贵国的热诚帮助。是别的都可说，唯有这个执政却不能接受。皇帝的称谓是我的祖宗留下的，我若是把它取消了，即是不忠不孝。"板垣答道："所谓执政，不过是过渡而已。将来议会成立之后，我相信，必定会通过恢复帝制的宪法。"② 溥仪再三重复那十二条不得不正统系的道理，表示不能放弃这个皇帝身份。最后，板垣收拾起皮包，表示不愿再谈下去了，让溥仪考虑考虑，明天再谈。当天晚上，溥仪在大和旅馆宴请板垣。他一直在观察板垣的表情，但一直到晚上 10 点结束，对方都是面无表情，大口喝酒，对任何人的敬酒都十分豪爽，绝口不提几个小时之前的争论。第二天一早，他叫来溥仪身边的人，告诉他们：军部的要求再不能有所更改；如果不接受，只能视作态度敌对。

这些话吓坏了溥仪，他的腿软了，跌坐在沙发上，半晌说不出话来。一个亲信用中国俗话安慰他说：不入虎穴，焉得虎子！识时务者为俊杰。现在我们在日本人的掌心里，不能吃眼前亏。与其与他们决裂，不如将计就计，以谋来日之宏举。溥仪身边的其他人也认为不能跟日本人撕破脸，他们说得出，做得出。暂定一年期限！如果逾期仍不实行帝制，即行退位。以此为条件，和板垣做最后谈判。很快，结果出来了。

---

① 我的前半生：中国末代皇帝溥仪回忆录。莫斯科，1968 年，第 324—325 页。
② 我的前半生：中国末代皇帝溥仪回忆录。莫斯科，1968 年，第 326 页。

板垣同意了，并要在当天晚上为未来的"执政者"举行一个小宴会。宴会上，板垣招来一大批日本妓女，豪饮作乐。他喝了很多酒，并向溥仪敬酒，祝他"前途顺利，达成夙愿"。

溥仪后来写道：我就是这样，一方面浑身没有一根骨头是硬的，一方面还幻想着未来的"复位登极"，公开走上了这条卑鄙无耻的道路，确定了头号汉奸的身份，给血腥的统治者充当了遮羞布。在这块布底下，从1932年2月23日这天起，祖国的东北完全变成了殖民地，三千万同胞开始了染满血泪的苦难生活。①

1932年2月29日，在关东军第四课的指示下，所谓的"全满洲会议"在沈阳通过了《"新满蒙国家"宣言》。

> 想我满蒙各地属，在边陲开国绵远徵诸，腴民风朴茂，造经开放，生聚日繁，物产丰饶，实为奥府。乃自辛亥革命共和民国成立，军阀乘中原变乱之机，攫取政权，据三省为己有，貔貅相继，竟将二十年。狠戾贪婪，骄奢淫逸，罔顾民生之休戚，一惟私利之是图。内则暴敛横征，恣意挥霍，以致币制紊乱，百业凋零。且复时逞野心，进兵关内地方，伤残民命，一再败衄，犹不后悔。外则蔑弃信誉，开寡邻邦，凤昧亲仁之规，专取排外为事，加以盗匪横行，遍于四境，掳掠焚杀，村里一空，老弱沟壑，饿殍载途。以我三千万民众托命于此残暴，待死而已，何能自脱。今者，何幸假手邻师驱兹丑类，举积年军阀盘踞秕政，萃聚之地一旦廓而清之。此天予我满蒙之民众苏息之良机，吾人所当奋然兴起，迈往无前，以图更始者耳惟。内顾中原，自革命以还，初则群雄角逐，争乱频年，

---

① 我的前半生：中国末代皇帝溥仪回忆录。莫斯科，1968年，第328页。

近则一党专横，把持国政。何曰民生，惟利是专！何曰民族，但知有党即曰天下为公，又曰以党治国，矛盾乖谬，自欺欺人。种种诈为，不胜究诘，比来内哄迭起，疆土分崩，党却不能自有国，何能顾于是。赤匪横行，灾褉荐告，毒痛海内，民怨沸腾，无不痛心疾首，于政体之不良而追思曩昔政治清明之唐虞三代之远不可几及，此我各友邦共所目睹，而同深感叹者也。夫以二十年实验所得，其结果一致，如亦可然返矣，乃犹讳疾忌，医怙其旧，恶籍祠民意从违未可遏，抑然则从其所之非浸。至于共产以自陷亡国灭种之地而不已，今我满蒙民众以天赋之机缘，而不力求振拔，以自脱于政治万恶国家范围之外，另必载庸及弱，同归于尽而已。数月来，几经集合奉天、吉林、黑龙江及河东省特别区，蒙古各盟旗官绅士民详加究讨，意志已趋一致，以为为政不取多言，只视实行如何；政体不分何等，只以安集为主。满蒙旧时，本另为一国，今以时局之必要，不能不自谋树立，听即以三千万民众之意向，即日宣告与中华民国脱离关系，创立"满洲国"。兹特将建设纲要昭布中外，咸使闻知。窃维政本于道，道本于天，"新国家"建设之旨，一以顺天安民，为主施政必徇真正之民意，不容私见之或存。凡在"新国家"领土之内居住者，皆无种族之歧视，尊卑之分别。除原有之汉族、蒙族、满族及日本、朝鲜各族外，即其他国人愿长久居留者，亦得享平等之待遇，保障其应得之权利，不使有丝毫之侵损。并竭力铲除往日黑暗之政治，求法律之改良，厉行地方自治，广收人才，登用贤俊，奖励实业，统一金融，开辟富源，维持生计，调练警兵，肃清匪祸，更进而言教育之普及，则当惟礼教之是崇，实行王道主义，必使境内一切民族熙熙皞皞，如登春台，保东亚永久之光荣，为

125

世界政治之模型。其对外政策则尊重信义，力求亲睦，凡国际间旧有之通例，无不谨遵，守其中华民国以前与各国所定条约、债务属于满蒙"新国"领土以内者，皆照国际惯例继续承认，其有自愿投资于我"新国"境内创兴商业，开拓利源，无论何国，一律欢迎，以达门户开放、机会均等之实际。以上宣布各节为"新国家"立国主要之大纲。自"新国家"成立之日起，即当由新组之"政府"负其责任，以极诚恳之表示，向三千万民众之前宣誓，实行天地昭鉴，无渝此言。

大同元年三月一日"满洲国"政府①

溥仪被任命为"新国家执政"。接下来，按照日本人拟就的剧本，还有两个步骤：会议代表们要来向溥仪请愿，他需要准备答词。第一个要表示拒绝；等代表们二次恳请，再拿出第二个来表示接受。1932 年 3 月 1 日，十一位代表到旅顺谒见溥仪，开始了一场二十分钟的戏。代表们按照写好的台词"恳请"溥仪，溥仪一再表示拒绝。戏的第二场在 3 月 5 日上演。二十九名代表按照写好的台词，再次发出"恳请"。这回他们成功了！溥仪答词如下："承以大义相责，岂敢以遐逸自宽，审度再三，重违群望。……勉竭愚昧，暂任执政一年；一年之后，如多损越，敬避贤路。倘一年之内，宪法成立，国体决定，若与素志相合，再当审慎，度德量力，以定去就。"② 1932 年 3 月 1 日，日本内阁一致通过，决定在侵略的满洲土地上建立一个"新国家"——"满洲国"。这个以溥仪为首的傀儡政权定都新京。行政区划也发生了变化，原先的黑

---

① "大满洲帝国"十周年纪念。哈尔滨，1942 年，第 12—13 页。
② 我的前半生：中国末代皇帝溥仪回忆录。莫斯科，1968 年，第 332 页。

龙江、吉林、奉天三个大省改为十二个省。

　　过了一个星期，1932 年 3 月 8 日，溥仪和婉容乘坐火车抵达长春。车还没停，就听见站台上响起军乐声。他在甘粕、上角等日本人的簇拥下，走上站台。溥仪回忆道：到处是日本宪兵队和各色服装的队列。在队列里，有袍子马褂，有西服和日本和服，人人手中都有一面小旗。我不禁激动起来，心想我在营口码头没盼到的场面今日终于盼来了。我在队列前走着，熙洽忽然指着一队夹在太阳旗之间的黄龙旗给我看，并且说："这些都是旗人，他们盼皇上盼了二十年了。听了这话，我不禁热泪盈眶，越发觉得我是大有希望的。"长春车站的龙旗和军乐、就职典礼的仪节以及外宾晋见的颂词，给溥仪留下了深刻的印象。他想：如果对日本人应付得好，或许会支持我恢复皇帝尊号的。我现在既然是一国的元首，今后有了资本，就更好同日本人商量了。① 溥仪把"执政"的位置看成了通往皇帝宝座的阶梯，想着要好好利用这个阶梯，顺利登上宝座。过了几天，他把所想告诉身边参谋，说他有三个誓愿，如果实现，死亦瞑目。第一，他要改掉一切毛病，特别是懒惰和轻佻；第二，他将忍耐一切困苦，兢兢业业，发誓恢复祖业，百折不挠；第三，求上天降一皇子，以继承大清基业。②

　　3 月 9 日，在仓促准备的礼堂举行了溥仪的就职典礼。日本方面，"满铁"总裁内田康哉，关东军司令本庄繁、参谋长三宅光治、参谋板垣等人都来了；中国方面，除了溥仪身边的人，还有前朝旧臣、几个蒙古王公、奉系军阀、给溥仪在天津办离婚案的律师。"满洲国"执政穿的是西式礼服。在日本要员注视下，"开国元勋"给溥仪三鞠躬，溥仪回鞠一躬。然后，"元勋"们代表"满洲民众"向溥仪献上了黄绫包裹

---

① 我的前半生：中国末代皇帝溥仪回忆录。莫斯科，1968 年，第 335 页。
② 我的前半生：中国末代皇帝溥仪回忆录。莫斯科，1968 年，第 335 页。

的执政印章。随后，宣读《执政宣言》。

> 人类必重道德。然有种族之见，则抑人扬己，而道德薄矣。人类必重仁爱。然有国际之争，则损人利己，而仁爱薄矣。今吾主国，以道德、仁爱为主，除去种族之见、国际之争，王道乐土，当可见诸事实，凡我"国人"共勉之。①

典礼完毕，接见外宾。"满铁"总裁致了祝词，"执政"的参谋之一代读答词，然后到院子里升旗，照相。最后，举行了庆祝宴会。过了一个月，"执政府"搬到了新修缮的场所——前吉黑権运局的所在。溥仪给其中一些建筑命名，把自己的办公楼命名为"勤民楼"。就这样，在满洲成立了一个以溥仪为首、完全被日本人掌控的"新国家"："满洲国"。

1932 年 4 月 28 日，新京出版的日文报纸写道："从北到南一千七百公里，由西向东一千四百公里，这一千三百一十二平方公里，为三千万满洲人民的'解放'事业提供了广阔的天地。在一轮旭日——裕仁天皇的照耀下，这项事业在自己的自由发展史上翻开了新的一页。从此，它不再害怕西方的殖民扩张，苏联的进攻或北京、南京的国民党。"1932 年 3 月 13 日，"满洲国"外交部给 M. 李特维诺夫拍了一封电报，声明"满洲国"的成立并要求建立"正式外交关系"。不过，莫斯科没有给予正面回复。1932 年 3 月 23 日，苏联驻哈尔滨领事馆官员拜访该城外事部门领导，只不过通知他们克里姆林宫已经收到电报。②

---

① 我的前半生：中国末代皇帝溥仪回忆录。莫斯科，1968 年，第 333 页。
② H. E. 阿布洛娃：中东铁路与中国俄侨史（20 世纪上半叶）。明斯克，1990 年，第 160 页。

伪满皇帝溥仪与关东军总司令及其幕僚

　　从国际法的观点来看，历史学家米洛维茨基认为，这根本不意味着在外交上承认任何一个国家的"独立"。1933 年，日本政府和"满洲国"政权又一次向苏联提出"两国建交"问题。苏联又一次拒绝了。①然而，这并不阻碍苏联和"满洲国"有实质性的外交关系。苏联允许"满洲国"开五个领事馆，一个在莫斯科；"满洲国"也有同样数量的苏联领事馆。外交人民委员部完全合乎逻辑地解释了与该政权建立实质性的关系。这是必需的一步。因为这里实实在在地有我们的铁路，生活着我们的上万公民，还有五个我们的领事馆。在这里，除了"满洲国"，别无他国可以对话，办事。②

　　众所周知，中国自古以来就流传着各种祭祀。在民间，祭祖有着特别的意义，意味着父系的宗族或家族有同一个祖先。换句话说，祭祖应

---

① P. A. 米洛维茨卡娅：国民党战略中的苏联（1920—1930 年代）。莫斯科，1990 年，第 132 页。
② 苏联外交档案（第十六卷）。莫斯科，1970 年，第 192—194 页。

当被特别尊重，因为这意味着相信死者是有灵魂的。死者的后代认为，如果他的灵魂经常和他们保持联系，就会影响到他们的生活。既然如此，就应该定期为他提供各种必需品：吃的、穿的、必需的日用品，等等。后人以供品的形式，将它们传送给灵魂。

祭祖有一套严格而复杂的仪式。后人祈祷先人保佑他们的所有俗事：保佑家人长寿，大吉大利。同时，还要向先人汇报过去的事情，报告未来的计划。1932年6月26日，溥仪就举行了一次这样的祭祖仪式。祭文如下：

> 二十年来，视民水火，莫由拯救，不胜付托，丛疚滋深。今以东三省人民之拥戴，邻邦之援助，情势交迫，不得不出任维持之责。事属创举，成败利钝，非所逆睹。惟念自昔创业之君，若晋文之于秦穆，汉光武之于更始，蜀先主之于刘表、袁绍，明太祖之于韩林儿，当其经纶未展，不能不有所凭借，以图大举。兹本忍辱负重之心，为屈蠖求伸之计，降心迁就，志切救民；兢兢业业，若履虎尾。敢诉愚诚，昭告于我列祖列宗之灵，伏祈默佑。①

1932年6月，日本下议院全票通过立即承认"满洲国"的决议；同时，决定在那里建立所有相应的日本机关，包括关东军司令部。②

在正式承认"满洲国"之前，1932年9月15日，在日本政府的会议上，关东军驻新京司令部特别准备了一份《"满洲国"》手册。政府每个人都能从中得知，满洲有丰富的自然资源：铁矿五十亿吨，煤炭两

---

① 我的前半生：中国末代皇帝溥仪回忆录。莫斯科，1968年，第330—331页。
② A. E. 茹科夫主编：日本史（第二卷）。莫斯科，1998年，第343页。

百至三百亿吨，森林资源一千亿立方米，天然气储备七十亿吨；还有储量巨大的有色金属矿藏，每年可收获十八至二十亿吨粮食。① 手册后面，对南满铁路作了补充，对已有的工业中心——鞍山、抚顺、奉天作了简短介绍。日本领导人希望尽快把满洲的资源利用起来。1930 年代初，日本对满洲的进出口分别占到总额的百分之三十九和百分之四十一；在最后十年，则达到百分之六十五和百分之八十五。② 正是因为认识到这些数据显示的巨大资源，1932 年 9 月 15 日，日本政府正式承认"满洲国"。

日本关东军总司令部

　　早在正式承认"满洲国"之前，东京就已经打着独立的幌子，制定了其"国家"结构的最初建制。形式上，"国家"的全部权力都集中在最高执政手里，也就是皇帝溥仪。他号称是"民族武装""国务院"的最高

---

① "满洲国"备览。新京，1932 年，第 17—18 页。
② 日本史（第二卷）。第 365 页。

统帅，也就是说，"内阁各部长"候选人是溥仪经过日本人同意后任命的。"国务总理大臣"任命了张景惠，他在张作霖身边为日本帝国主义的利益服务了多年。照此而行，任命了其他各部门的领导人。实际上，所有权力都绝对属于"满洲国"的日本使馆。它与日本关东军总司令部是一体的。所有"满洲国"的日本军官、参谋都服从于它。而作为使馆，所有政府和各省机关的日本人都隶属于它。使馆有一个部门叫"共同事务部"，掌控着所有部门领导的事务。该部门领导是日本人，负责召集所谓的副总理会议，制定各种法律和指令，"国务院"只是形式上的通过而已。到1932年底，"满洲国"的"国家机关"已经有来自东京的三千名助理、参谋，他们实质上执掌着"满洲国"所有的"国家事务"。①

早在正式承认"满洲国"之前，日本人已经在秘密准备未来的条约方案。在1946年至1947年东京审判的法庭上，有一份1932年日本帝国秘密会议的速记记录被作为呈堂证供。速记包括《日满密约》的秘密部分——密约必须确定的关于议会成员的意见。这份文件简直厚颜无耻。根据日本和"满洲国"的协定，这份条约将"严格保密"。

1. 敝国（"满洲国"）关于日后之国防及治安维持委诸贵国（日本），而其所需经费均由敝国负担。

2. 敝国承认贵国军队凡为国防所必要，将已修铁路、港湾、水路、航空等之管理权及新路之修筑，均委诸贵国或贵国所指定之机关。

3. 敝国对于贵国军队认为必要之各种设施，竭力援助。

4. 敝国参议府挑选贵国知名卓识的国民任为参议，其他中央及地方各官署之官吏亦可任用贵国人；而其人选之选定，

① J. 福尔曼："满洲国"——傀儡国家。波士顿，1938年，第83页。

由贵军司令官保荐，其解职亦应商得贵军司令官之同意。前项参议之人数及参议总数有更改时，若贵国有所建议，则依两国协议增减之。

5. 将来由两国缔结正式条约时，即从上开各项之宗旨及规定为立约之根本。

从以上条款来看，这份密约甚至在日本天皇的某些大臣那里也引起了不同反响和争议。

参议员冈田是赞同密约的，但同时也说："满洲的事情，不是我们承认'满洲国'就能简单解决的，因为密约破坏了国际《九国公约》。根据《九国公约》，日本有义务尊重中国的领土完整、民族独立。"冈田不对同侪掩饰他的疑虑："将《密约》

《日满协定》签署后。居中二位是溥仪与日本关东军总司令

与《九国公约》作比较，不乏争议之处。除此之外，有可能严格保密吗？对于日本来说，或许可能，但对于'满洲国'来说就很难讲了。我

133

认为，必须承认，守住这个秘密是不可能的。如果秘密被揭露，中国是不会沉默的，会根据《九国公约》要求列强召开会议……那样，日本会陷于被动局面。"

外交大臣内田急忙安抚参议员。他声称，《九国公约》尊重中国的领土完整不受侵犯，但并没有预设中国的一部分领土独立的情况。他援引"远东慕尼黑"为证："不久前，德布蒂大使问美国的负责人，假如日本承认'满洲国'独立，美国会不会抗议。他们回答说，他们压根儿不会宣布任何抗议，也不会召开九国会议。因为这样的会议注定不会签订任何协议的。"内田接着又总结道，"我看不出来'满洲国'委托日本完成他们自己做不了的事情，会有什么不妥。假如日满密约被声张出去了，我觉得不会是我们泄露的。应当特别注意'满洲国'，不要让他们声张出去。"

参谋石井起劲地回应大臣："如今，当日本正式承认了'满洲国'，与其缔结了联盟，日本就有底气宣布，满洲的'独立'是中国一盘散沙的结果。中华民国领土完整遭到损害，除了'满洲国'外，和别国完全没有关系。这也让所谓日本破坏《九国公约》的论据站不住脚。如今，日本与满洲为联合国防缔结联盟，我想，日本军队进入满洲是不会遭到反对的。这样一来，国际联盟的最后决议就变为一纸空文了。"

就连以攻击性著称的军部大臣荒木都觉得第一个条款有点儿过分了。他说："'满洲国'的国防也就是日本的国防，所以我认为，让'满洲国'单方承担所有国防开支是不体面和不理智的。"

尽管存在怀疑和争议，当《密约》开始投票的时候，还是全票通过了。然后，就像记录指出的，"皇帝陛下可以入主中宫了"。①

---

① Л. Н. 斯米尔诺夫，К. Б. 扎伊采夫：东京审判。莫斯科，1984 年，第 84—85 页。

而关于这份密约，溥仪是这样描述的——说明了他只不过是日本人的一个傀儡。

1932年8月18日，郑孝胥来到勤民楼，拿出一堆文件来对我说："这是臣跟本庄司令官办的一项协定，请上头认可。"

我一看这个协定，就火了。"这是谁叫你签订的？"

"这都是板垣在旅顺谈好的条件。"他冷冷地回答，"板垣跟上头也早就说过。"

"板垣跟谁说过？我就没听他说过。就算他说过，你签字之先也要告诉我呀！"

"这也是板垣嘱咐的，说恐怕胡嗣瑗他们不识大局，早拿来反而添麻烦。"

"究竟是谁当家？是你，是我？"

"臣岂敢。这些协定实在是权宜之计，皇上欲求凭借，岂能不许以条件？这原本是既成事实，将来还可以另订条约，规定几年将权益收回。"

他说的其实不错，日本在协定中所要的权利本来是它已到了手的东西。这个协定共有十二条款，另有附则、附表、附属协定。协定最后规定，它将为日后两国间正式条约的基础。郑孝胥说的道理也不错，既然要"凭借"，岂可不付代价。但尽管事情是如此明白，我却不能不感到气恼。我恼的是郑孝胥过于擅自专断，竟敢任意拿"我的"江山去跟日本人做交易；我也恼日本人的过分讹诈，"皇帝宝座"没给我，反而要去了这么多的东西。①

---

① 我的前半生：中国末代皇帝溥仪回忆录. 莫斯科，1968年，第341—342页。

1932 年 9 月中旬，日本新任关东军司令官兼第一任"驻满大使"武藤信义来到了长春。很快，他就被称作"守护神"。他过去是陆军大将，做过参谋本部次长、教育总监、军事参议官，第一次世界大战时曾率日军占领过苏联的西伯利亚，死于 1933 年。1932 年 9 月 15 日，他代表日本政府在"日满"协议书上签字。这份协议书正是以日满密约为蓝本的。按规定，溥仪每个月都要和关东军司令兼大使三次会见，就一些问题进行商议。

　　日本人选溥仪做"满洲国"执政的原因在于他的帝王血统，以其作为占领全中国领土的武器。还没等以李顿为首的国际联盟报告出来，日本政府就迫不及待地"承认"了"满洲国"的独立，并于 1932 年 9 月 15 日与"满洲国"政府签订了"日满"协议书。

　　协议书第一点强调，"满日两国"间未行另订约款之前，在"满洲国"领土内，日本国或日本国臣民依据既存之日中两国条约协定，其他约款及公私契约所有之一切权利和利益即应确认、尊重之。① 第二点②确认，"满洲国"及日本国确认对于缔约国一方之领土及治安之一切之威胁，同时亦为对于缔约国他方之安宁及存立之威胁，相约"两国"协同防卫"国家"之任，为此所要之日本国军驻扎于"满洲国"内。③

　　日本政权稍微暗示了一下中国官员，他们可能在不久的将来遇到点儿麻烦。他们建议，以前为满洲服务的人不要辞职，而是继续履行义务。这是整体计划的一部分。全世界，首先是国际联盟应当信服："满洲国"的建立是"满洲人民革命"的结果，日本与此只有间接的关系。

---

① 大"满洲帝国"。第 14 页。
② 我的前半生：中国末代皇帝溥仪回忆录。莫斯科，1968 年，第 346 页。
③ 全文刊载于《日满年鉴》。伦敦，1934 年，第 593—594 页。

但计划还有另外一个部分。早在 9 月，本庄中将就得到了"中立的"东京的命令：迁走两万五千个中国家庭，从日本移民过来相应的数量。这个计划很快就得到了执行，甚至超额完成了。在占领中国之前，满洲有二十五万日本人（其中十一万五千人在关东地区），到 1932 年底，该地区日本人口增加到三十九万（此地之外还有二十二万）。

在"满洲国"领土上还有十五万关东军的官兵。从 1932 年 3 月起，按照东京指示开始建立的"满洲国"的"国防力量"到年底已经有七万五千名军人，主要装备是由日本淘汰下来的武器。低等军衔士兵装备的是 1888 年造的毛瑟枪这种该进博物馆的货色；步兵、炮兵、骑兵配备的是日本造小口径五发步枪和卡宾枪；所有使馆都装备了防尘眼镜，每两个骑兵有一副望远镜。每个军官都有眼镜和望远镜。"总司令"是溥仪，形式上全部政权也归他。然而，实际上真正的权力在日本驻"满洲国"使馆以及关东军手中。"满洲国"的所有兵力从排到师，参谋和指导员都是日本人，由他们制订战略、战术和负责士兵的思想道德工作。在每个参谋部还有日本的宪兵分队，总共有一万八千人左右，执行着反间谍的功能；还有四千人秘密从事谍报工作。他们都必须"保护满洲人民免遭中国布尔什维克、国民党以及其他匪徒毒手"。实际上，所有的财政杠杆都控制在日本人手里。①

"满洲国"有各种刑侦机构，说明它是一个警察"国家"。除了警察局，还有如下日本人的刑侦机构：日本侦察队，它的负责人直接向东京汇报；"满洲国"宪兵队，隶属"满洲国"军部；"满洲国"内务部警务司；各市警察局；日本领事馆警察局；刑事调查部，这是独立部门，不归警察局管；"满洲国"军部国家刑侦机关；铁道部铁路警察局。

---

① Г. 沃依津斯基编写："满洲国"的侵略与中国人民的斗争。莫斯科，1937年，第 82—86 页。

除此之外，到 1932 年底，共有三千名左右日本参谋和顾问在"满洲国"各政府部门任职（到 1935 年有五千名，1945 年有十万名）。不仅在要害部门，就连日常机构都会有一到两名"参谋"。他们掌控着一切，要求绝对执行命令。

据当时在"满洲国"为日本人工作的意大利侦察兵阿姆莱托·维斯帕透露，"满洲国"政府的第一批日本参谋都是因为各种原因偶然来的：他们是碰巧会说中文或俄文，能够胜任这个工作的日本人。更有甚者，在 1932 年，在满洲百分之九十五的日本人多少都是法外之徒——开妓院或烟馆，贩卖毒品，走私以及从事其他各种冒险勾当。简言之，他们是各种地下生意的代表。侵华之前，这些人都有着可疑的过去以及更可疑的现在；他们在太阳旗的保护下，享受着治外法权，不受中国法律制裁。如今，他们当中的大多数——甚至出乎自己意料——坐上了政府机关领导的宝座，握有几乎不受约束的权力，"根据心情"施以恩威。不给他们塞钱，简直寸步难行。如果有可能的话，日本人恨不得要对所有非日本人征收满洲空气呼吸税。① 总之，这是日本侵略政策的趋势。要知道早在 1904 年至 1905 年日俄战争之后，在日本人从俄国人手里抢来的关东，中国人几乎把自己的狗都吃光了。除了中国人和高丽人都用狗肉作为食材之外，还因为养狗需要交很高的税。

东京的日本当局在扶植"满洲国"傀儡政权时，授勋制度占有重要位置。它既是奖赏的手段，也是对"新独立国家"上流社会的政治控制。然而，他们创造的这一套只用于"特殊需求"。"满洲国"的勋章慷慨地授予日本皇室成员，上层华族代表，无数为"皇帝"政权服务的日本官员、参谋，关东军的官兵，以及某些与"满洲国"合作密切的中华民国地方官员，而给其他外国公民授勋是极为罕见的。

---

① C. 别洛乌索夫：二次策反。远东问题，1991 年第 4 期，第 144 页。

"满洲国"政府授勋的官方体系肇始自日本官员拟定并于1934年通过的有关授勋和奖章的法规。新"帝国"的授勋体系移植自日本，就是它的一个摹本，其中包括大部分的日本勋章（勋章等级、授勋规则也移植自日本）。"满洲国"勋章是由东京高等技术学院的昇吉教授设计的，由大阪的一家钱币工坊加工制作。通常，这家工坊制作的纪念章都会烙印上拉丁字母"M"。① 正如O. 罗扎诺夫指出的，这些奖章具有典型的日本技艺与技术的特征，背面有与日本勋章一样的字符。

　　关东军官兵同时佩戴"满洲国"与日本国勋章，按照勋章获得的先后顺序佩戴。

　　"满洲国"柱国勋章是由溥仪在1936年9月14日颁发的，共分八等。这和日本瑞宝勋章是一一对应的。"柱国"这个名字取自于中国古代典籍。1938年10月1日，又颁发了"满洲国"红十字勋章和奖章。除此之外，"满洲国"还引进过八种勋章。

　　占领满洲后，日本开始加强对这个区域的战备，为进攻苏联做准备。它开始沿着苏联边境的战略要塞进行铁路网和公路网的现代化建设，尤其在沿海方向建立了稳固的区域和地带。与此同时，极大地发展了关东军的力量。十年之内，从1931年的两个师增加到十五个师；出现了为战略服务的机场、兵营、工事；在松花江两岸与黑龙江右岸修建了码头、港口；在后方修建了大型兵工厂；建好的满洲铁路、公路能从中心城市一直通到苏联边境；沿着苏联边境的纵深地带，移民了很多日本殖民一开拓者，随时准备补充关东军。

　　在1936年一年之内，日本人就在这里制造了四十起边境事件，并发酵为严重的军事冲突；在"满洲国"的西部边境，和蒙古人民共和国

<hr />

① O. H. 罗扎诺夫：19—21世纪日本的勋章文化（俄罗斯科学院远东研究所历
　　史学副博士论文）。莫斯科，2002年，第138—139页。

也制造了军事摩擦。这些边境冲突有时候有公开军事挑衅的色彩。日本侦察兵经常能深入到蒙古领土，为从"满洲国"入侵进行勘探作业。这些盛气凌人的行动通常伴随着日本，特别是"满洲国"的电台、纸媒积极的反苏、反蒙宣传。

1935年3月23日，苏联与"满洲国"在东京签署了《苏满关于中东铁路转让基本协定》。协定共有十四条，详细规定了转让铁路的程序、转让金额以及抵偿货品。协定中关于苏联对于中东铁路的权利只字未提，形式上"所有权利"以一亿四千万元的价格让渡给"满洲帝国"（1934年3月1日溥仪称帝后改的国名）。值得一提的是，与日本人买卖铁路的谈判是从1933年6月开始的，用了将近两年时间。最初苏联的报价是两亿五千万金卢布（折合六亿两千五百万元），最后中东铁路的成交价缩水了近八成。

1937年8月，在签订了《中苏互不侵犯条约》之后，苏联和日本的关系更加紧张了。这段时期的一个标志性事件是东京的一次重大军事冒险。1939年5月至9月，日本经"满洲国"向哈拉哈河一带不宣而战。然而，日本兵遭遇的反击保住了蒙古人民共和国的领土完整，并迫使日本高层推迟了"北进"的反苏计划。

1936年，日本、意大利、德国签订《反共产国际协定》之后，日本军部方面试图把"满洲国"也拖进来。于是，1937年11月13日，关东军司令发给日本军部参谋长一封绝密电报："我认为，目前情形下应该迫使'满洲国'加入到协定中来……当我们不便特别表达异议的时候，可以让'满洲国'朝这个方向努力。"① 这个提议的理由是，加入该协定可以使"满洲国"得到国际承认。但是，如果说日本军方想加快这个进程，日本外交部门在这个方向上的行动就要慢得多，也合乎逻辑

---

① Л. Н. 斯米尔诺夫；К. Б. 扎伊采夫：东京审判．莫斯科，1984年，第92页。

得多。

1938 年 5 月 15 日，关东军司令发给日本军部的第二封电报可以生动地证明这一点："如今，'满洲国'与德国友好条约已经签署，两国外交关系已经建立……让'满洲国'加入反共产国际协定已经刻不容缓。"①

最后，1938 年 5 月 24 日，日本军部给予满洲实际上的主人——日本侵略军总司令迟到的回复："我们认为，由'满洲国'自愿和正式提出申请加入协定为好。日本只是协助。"②

在如此秘密的准备之后，"满洲国"最终加入了《反共产国际协定》。1939 年 2 月，"满洲国"签署了关于结盟反对共产国际的合约，期限为五年。

> 日本、德国、意大利、匈牙利、"满洲国"、西班牙政府缔结协定，旨在联合防止共产国际活动的破坏，保护缔约国的一致利益，要求各国一起反对共同的敌人。现决定延长条约的期限，并因此拟定：
> 第一条　根据 1936 年 11 月 25 日缔结的反共产国际协定及附属议定书，以及 1937 年 11 月 6 日之议定书，增补：匈牙利——根据协议自 1939 年 2 月 24 日始；"满洲国"——根据协议自 1939 年 2 月 24 日始；西班牙——根据协议自 1939 年 3 月 27 日始。将协议期限延长五年。③

---

① Л. Н. 斯米尔诺夫；К. Б. 扎伊采夫：东京审判。莫斯科，1984 年，第 93 页。
② Л. Н. 斯米尔诺夫；К. Б. 扎伊采夫：东京审判。莫斯科，1984 年，第 93 页。
③ 大"满洲帝国"，第 15 页。

"执政"的私生活

分析一下溥仪在"满洲国"期间的行为，可以说，他是一个心理极度失衡、残酷、懦弱而多疑的人。如果我们看一下1950年代和他一起在中国监狱坐牢的家眷揭发他的证词（虽说这里可能有往溥仪身上推卸责任、添油加醋、抹黑逊帝之嫌），就可以发现溥仪的这些性格特征。小瑞说，溥仪用孤儿作仆人，经常责罚他们。大李透露，"溥仪又残忍，又胆小，还特别多疑"，"他口蜜腹剑，非常虚伪，不把底下人当人看，心情不好的时候就会打人，即便他们没有什么错。如果他身体有点儿不舒服或者比较郁闷，吃苦头的首先是仆人，会被拳打脚踢。这还都是算好的呢。有人在场的时候，他表现得就像天下最善良的人似的"。

在天津的时候，他通常用木棍和鞭子责罚人；到了"满洲国"，又增加了新的法子……"①

溥仪在回忆录中写道："我的残暴多疑，早在紫禁城时代就种下了根子；到了天津，向前发展了一步。在天津，我给佣人们立下了这样的'家规'：一、不准彼此随便说话，以防结党营私。二、不准互相包庇、袒护。三、不准舞弊、赚钱。四、当同事犯有过错时须立即报告。五、上级对下级犯过错的人须在发现之后立即加以责打。如果放松看管，罪加一等。到东北后，又附加了一项誓词：'如有违背，甘心承受天罚，遭受天打雷轰。'

---

① 我的前半生：中国末代皇帝溥仪回忆录。圣彼得堡，1999年，第475—476页。

"在我的大门内，我的残忍暴虐行为后来发展到经常打人，甚至于使用刑具。打人的花样很多，都是叫别人替我执行。受到这种委派的人往往不是一个两个，而是全体在场的人。他们动手必须打得很重，否则便可能引起我的疑心，认为他们朋比为奸，因此临时转移目标，改打不肯使劲打人的人。我的打骂对象除了我的妻子、弟弟和妹夫之外，几乎包括家里的一切人。"①

这千真万确。境遇最惨的是一批童仆。他们是从长春的一个所谓慈善团体要来的孤儿，大约有十几个，大多是父母被日本人杀害了。日本人怕这些后代记仇，便叫汉奸政权用慈善团体名义收养起来，并给他们改了姓名，进行奴化教育，用奴役劳动摧残他们。当听说被送去伺候皇上时，有的还抱过很大希望，认为生活一定比在慈善会里好些。事实上不但没有什么改善，反而更糟。他们在这里，吃的是最坏的高粱米，穿的是破烂不堪的衣服，每天要干十五六小时的活儿，晚上还要坐更守夜。冬天，因为又冷又饿，又累又困，有的在打扫工作中不知不觉地伏在暖气上睡着了，以致被烤得皮焦肉烂。他们挨打更是经常的。干活儿睡觉要挨打，扫地不干净要挨打，说话大声要挨打，心里不高兴的随侍还常拿他们出气。为了处罚他们，负责管理他们的随侍特地设了禁闭室。这些孤儿在种种折磨下，长到十七八岁，还矮小得像十来岁的孩子。

有一个童仆，就是被生生折磨死的。这孩子实在受不了伪宫里"狗一样"的生活，幻想着外面世界也许好些，屡次想找机会逃走。第一次逃走被发觉抓回来，挨了一顿毒打；第二次又逃走，他以为通暖气管的地道能通到外面，便钻了进去，可在里面转来转去，两天两夜也没找到出口。他又渴又饿，不得不出来找水喝，因此被人发现，又被抓住了。溥仪听到了随侍的报告，便命令："让他先吃点儿东西，然后再管教

① 我的前半生：中国末代皇帝溥仪回忆录. 圣彼得堡，1999 年，第 397 页。

他。"可这时他早被随侍们管教得奄奄一息了。溥仪听说他快死了，吓得要命，怕他死了变成冤鬼前来索命，便命令把医生叫来抢救，可是已经来不及了，孩子死了。①

溥仪的多疑，还表现在对待厨子的态度上。他经常觉得厨子算计他，就派人秘密跟踪，看他是怎么买东西的。如果菜做得不合口味，或者发现了脏东西，立刻罚钱。

溥仪一天的作息是非常简单的。他习惯于迟眠晏起，晚上总要后半夜甚至过 3 点才睡，早晨要 11 点起来，每日两餐，早餐在中午 11 点至下午 1 点多，下午 4 点到 8 点睡个中觉，② 9 至 11 点吃晚饭，有时 12 点吃晚饭。皇帝的日常生活除了吃和睡，大概就是打骂、算卦、祈祷、吃药、阅读、写日记，等等。

到长春之后，溥仪看了大量的迷信的鬼神书，看得入了迷。他在书上看了什么六道轮回，说一切生物都有佛性，就生怕吃的肉是死去的亲人变的。所以，除了每天早晚念两次经，每顿饭又加念一遍"往生咒"，给吃的肉主超生。溥仪还给"客人"准备了房间和吃的。在溥仪的影响下，家中所有仆人都信佛了，终日佛声四起，木鱼铜磬响声不绝，像置身于庙里一样。

溥仪不许人们打苍蝇，只许往外轰。他知道苍蝇会带病菌有传染，苍蝇落过的饭菜他一律不吃；如果在他的嘴唇上落一下，他就拿酒精棉花擦一下（他身上总带着一个盛酒精药棉的小铁盒）；如果发现菜里有苍蝇腿，就要罚厨师的钱。尽管如此，他却不准任何人打死一只苍蝇。有一次，溥仪看见一只猫抓住了一只老鼠，为了救这只老鼠，就下令全体家人一齐出动去追猫。

① 我的前半生：中国末代皇帝溥仪回忆录。圣彼得堡，1999 年，第 398 页。
② 我的前半生：中国末代皇帝溥仪回忆录。圣彼得堡，1999 年，第 396 页。

溥仪还每天"打坐"。"打坐"时，不准有一点儿声音。这时所有的人连大气都不敢出。侄子们在叔叔的影响下，有的人每天"入定"。

他的妻子婉容也变得神神道道的，以前她就爱占卜扶乩。以下是她所求的一段乩辞，是和她的情敌文绣有关的："吾仙师叫金荣氏听我劝，万岁与荣氏真心之好并无二意，荣氏不可多疑。仙师保护万岁，荣氏后有子孙，万岁后有大望。荣氏听我仙师话，吾保护尔的身体。万岁与端氏并无真心真意，荣氏你只管放心好了。"① 他们住在天津的时候，专门有间屋子是用来扶乩的。后来婉容也入了迷。她给自己规定，对于认为不吉的，就眨巴眨巴眼或吐吐唾沫。后来弄成了习惯，时常无缘无故地眨巴一阵眼，或者嘴里"啐啐啐"连着出声，就像患了精神病。

早在紫禁城的时候，溥仪就非常多疑，总觉得有人要毒死他，或他会得某种病死去。所以，他吃很多药。他对中医的兴趣看来也与此有关。不吃肉，想成佛，又让他的健康更加虚弱了。有一次他例行"巡幸"，到安东去看日本人新建的水力发电站。到了那里，由于穿着军服，还要在鬼子面前撑着架子，走了不多远就喘得透不过气来。回来的时候，眼看就要昏过去了，随行的侄子们和医生赶快抢着给他打强心剂和葡萄糖，这才把他抢救过来。

身体虚弱加上神经衰弱，让他经常想到死。

---

① 我的前半生：中国末代皇帝溥仪回忆录。圣彼得堡，1999年，第278页。

145

俄侨在满洲

日本的侵略政策，包括利用生活在中国东北的俄罗斯公民。那时的满洲有多少俄侨，他们都属于什么阶层，代表什么阶级呢？

远东，包括满洲的俄侨，从来源上看有一种鲜明的"双重性"。第一个阵营是散居俄侨，主要是革命前中东铁路地带上的居民；第二个阵营是俄罗斯帝国的臣民，在国内战争期间移民至此的。

第一个阵营里，1917年前夜来到中东铁路的俄罗斯侨民主要由以下人群组成：铁路员工及其家属；从事经商、教育、医疗的公民；从第一次世界大战前线回到外阿穆尔地区的成员，从外贝加尔地区来过夏天的哥萨克家庭，等等。

后来发生的十月革命以及国内战争的结果之一，就是满洲出现了各种阶层的俄罗斯人：从小市民到小商贩，从官员到教师、医生、工程师、技工，再到边疆区农民、工人、政客以及不同时期的政府成员，大学教师、教授以及记者和文人。

第二个中国俄侨阵营包括在苏联国内革命战争期间被驱逐的人。其中包括（虽说并不多）政治人物、社会活动家（霍尔瓦特、康塔蒂、乌斯特里亚诺夫等人）、军事领袖——白卫军代表（谢苗诺夫、季捷里赫斯、安年科夫等人）和苏联国内革命战争后在华最大的俄侨团体之一。它成为为数众多的白卫军武装的基础，成为谢苗诺夫、卡尔梅科夫、文格尔、卡佩尔等武装的成员。这一阵营从国内革命战争开始到二战结束，与苏维埃政权进行了三十年之久的对抗。最后是第三个俄侨阵营，他们是逃离俄罗斯的普通人，原因多样。1931 年，很多农民因为农业集体化运动，从西伯利亚和外贝加尔逃到中国。他们甚至被满洲白俄戏称为"1930 年代人"。A. 库兹涅佐夫就是其中一员。后来他回忆，1931 年，整个济良诺夫斯克的索洛维热沃村（二百五十户）①都跑到了满洲。

就这样，1917 年十月革命和国内革命战争引发了大批俄罗斯人移民满洲。1918 年至 1923 年，整体上是白俄移民中国和远东的时期。在 1920 年代，移民的数量不稳定，有中东铁路事件的影响，更多则是由于 1924 年的中苏合约引发了大量的俄侨迁移。这引发了很多的公民身份问题——到底选择什么国籍，苏联还是中华民国。在当时白俄侨民出版物上可以找到这个数字：二十万人。哈尔滨理工学院毕业生菲阿尔科夫斯基在 1990 年回忆道，1924 年，哈尔滨有二十五万俄侨。②显然，他夸大了这个数字。根据中东铁路土地部门编写的《1923 年哈尔滨大全》，可知哈尔滨的俄罗斯居民为十六万五千八百五十七人。这是哈尔滨人口总数的一半或一半多一点儿，全部人口为三十万至三十五万人。③众所周知，当年中东铁路的人口统计水平非常高。铁路部门沿袭沙皇时代的准则运转，所有部门都恪尽职守。因此，这份手册的数据应该是接近实际情况的。

根据东方省特区（在 1928 年引进边防警察管理制度之后，他们对俄国人口的统计水平高多了）1930 年的数据，满洲共有十一万俄侨，

① H. E. 阿布洛娃：中东铁路与中国俄侨史（20 世纪上半叶）。明斯克，1990 年，第 76 页。
② П. 菲尔可夫斯基：哈尔滨技术学院毕业生的作用。远东问题，1990 年第 1 期。
③ 哈尔滨 1923 年年鉴（C. T. 捷尔纳夫斯基编纂）。哈尔滨，1923 年，第 94 页。

哈尔滨及中东铁路有九万六千人，奉天有两万。① 然而，他们并非全是白俄侨民。因为在 1924 年中苏条约签订后，很多原先效忠沙皇的人，特别是铁路职工，为了保住工作，不得不加入苏联国籍。

在满洲的所有"俄罗斯人"中，大约有五万人为苏联公民，剩下的六万人为流亡侨民。1929 年，哈尔滨有三万六千七百五十二名苏联公民，三万零三百六十二名侨民。我们可以看到，几乎所有的苏联公民都生活在哈尔滨或者中东铁路地段。

1935 年，苏联政府将中东铁路路权卖给"满洲国"后引发了俄侨、如今是苏联公民的集体回国。历史学家楚古耶夫斯基指出，在正式将中东铁路交接给"满洲国"政府后不久，到 1935 年 3 月底，哈尔滨中央车站就没什么值得夸耀的出行车次了。② 据王志成统计，随着 1935 年中东铁路的移交，有两千二百八十五名俄侨与二百零四名苏联公民从哈尔滨去了上海。在这个时期，上海约有一万六千名俄罗斯人。到 1939 年底，在满洲留下的主要是持有中国护照或者特别护照的俄罗斯人了，留在哈尔滨的苏联公民寥寥无几。因此可以说，从 1930 年代后半期开始，在满洲，"俄罗斯人"这个概念几乎就等同于侨民。

1930 年代，在中国的白俄俄侨总共有七万五千人左右（满洲六万，上海一万五）。③ 这不仅包括俄罗斯人，还包括所有忠于帝俄的人。根据 1920 年代的数据，这里生活着前帝俄的二十八个民族，很多人根据民族特性团结在一起。

哈尔滨的犹太人宗教群体是城里最大、最富有的，到 1930 年代末，

① H. E. 阿布洛娃：中东铁路与中国俄侨史（20 世纪上半叶）。明斯克，1990 年，第 72 页。

② Л. 楚古耶夫斯基：百年哈尔滨。远东问题，1998 年第 3 期，第 120 页。

③ H. E. 阿布洛娃：中东铁路与中国俄侨史（20 世纪上半叶）。明斯克，1990 年，第 73 页。

他们共有两千五百人左右。从 1920 年代末到 1942 年，哈尔滨一直出版发行有社会 – 文学杂志——《犹太生活》。在哈尔滨，犹太团体长期以来由著名社会活动家、亚洲及东方犹太领袖 A. 考夫曼领导。

乌克兰人的大型社团组织——"普洛斯维塔"不仅是乌克兰人的民族团体，还是大型的反共中心。在苏联政府的坚持下，1926 年查封了这个组织。但它在日本侵略满洲后又开始活动，到 1944 年有两千零三十七个成员。"普洛斯维塔"的领袖是哈尔滨著名社会活动家 B. 古里亚布柯 – 柯烈茨基教授。从 1933 年开始，"满洲国"还有乌克兰极端民族组织——"巨大"，领袖是 A. 维特科夫斯基。①

还有其他一些民族组织：亚美尼亚、格鲁吉亚、白俄罗斯、鞑靼，等等，然而成员有限。如我们所见，白俄俄侨的民族构成是五花八门的。中国俄侨与中东铁路研究者 H. 阿布洛娃写道："因为霍尔瓦特从一开始就推行明智的政策，为建造民族家园和教堂无偿提供地段，阻止了各种不满，促进了满洲的民族团结。从俄罗斯逃亡的人们后来在东方省特区不仅能找到工作，还能找到故乡文化家园。对于大多数过去的俄罗斯公民而言，在哈尔滨积极投入征用地带的俄罗斯社会的精神生活中，同样也是俄罗斯祖国的感受。"②

值得一提的是，到 1920 年代末，俄侨对满洲的经济贡献居第二位，仅次于日本人，是中等收入中国人人均的十倍。在 1920 年代下半期，白俄的资产达到了一亿五千八百万金卢布：人均两千六百三十三个金卢布。作为比较的话，中国人只有人均二百八十个金卢布。

---

① H. E. 阿布洛娃：中东铁路与中国俄侨史（20 世纪上半叶）。明斯克，1990 年，第 74—75 页。
② H. E. 阿布洛娃：中东铁路与中国俄侨史（20 世纪上半叶）。明斯克，1990 年，第 74—75 页。

但是到了 1930 年代至 1940 年代，首先由于中国，然后由于日本政权的政策，俄侨的商业活动大幅缩水，侨民在 1940 年代初开始变得贫穷，贫穷俄侨的生活非常艰难。

1943 年，在被命令迁往拖根地区的六百五十七户人家中，有钱的有六十六户，略有资产的有九十六户，贫困家庭有五百零五户，占了百分之七十七。①

俄侨与"满洲国"时期的关系更准确的统计是 1932 年至 1945 年。这是因为日本人引入了精确的管理体系。满洲俄侨管理局成立于 1934 年，是日本人专门设立的，对满洲的俄侨进行了精确的研究和统计。据他们统计，到 1944 年 3 月，哈尔滨俄罗斯人有两万五千四百四十一人，铁路沿线有三万零八十六人，总共六万二千五百二十七人。② 满洲的旧俄公民，包括乌克兰人、格鲁吉亚人、犹太人和其他民族，共计六万八千八百七十七人。

日本政权让会使用武器的白俄侨民从事军事教学。到 1930 年底，出现了由俄侨组成的教练队伍以及军事学校。

1932 年，哈尔滨为俄侨开办了专门的培训班，用于培训针对苏联的间谍。在这些未来间谍的培训班中，除了司机、无线电报员、技师等职业培训外，还在日本谍报军官的领导下学习情报工作。

由于愿意去参加间谍培训的人没有那么多，日本情报机关没少用手段让本来不愿意的人走上间谍这条路。他们实施逮捕，长时间关押，并在关押期间轮番恫吓、羞辱以及使用如下手段：用茶杯往鼻子里灌掺了

---

① H. E. 阿布洛娃：中东铁路与中国俄侨史（20 世纪上半叶）。明斯克，1990 年，第 75 页。

② H. E. 阿布洛娃：中东铁路与中国俄侨史（20 世纪上半叶）。明斯克，1990 年，第 77 页。

煤油的水，浇冰水，电击，等等。不光日本人擅长这些手段，高丽人亦如此。据统计，1944年，满洲国约有一百三十个不同的监狱。

要去完成特别重要任务的人，日本人指定在严格保密的学校进行特别训练，其他人则在哈尔滨的特别训练班培训。那里的教员是俄罗斯问题专家兼谍报专家，如日本将军喜三郎；俄国教员是骑兵将军基斯里岑。[①] 他于1938年至1944年担任俄侨事务局领导的职务。

在中国和满洲，有很多这样的日本学校在外国人中培养间谍。通常它们都以日本语言文化学校为伪装。最著名的有上海日本敦文学院以及通州的"日本语研究会"。

除了这些学校，日本首都东京还有一个叫"中藤"的学校。这是为日本的海外战争培养谍报后备人才的。学校有俄文、中文、英文部门。除了语言，还学习相应国家的地理、经济和政治。最基础的课程是学习外国情报机关的工作方法，以苏、美、英、中为主。副科之一是研究博得白俄俄侨与中国人好感的不同方法，以便获取情报。

战前不久，满洲的日本政权就开始到处在学校给青年实行军事培训。在俄侨的学院里，例如铁道学院、俄罗斯技术学院、哈尔滨青年联合学院、俄侨事务局中学、圣尼古拉语言学校，甚至宗教学校，都进行了战备教育。

1940年4月15日，"满洲国"通过了兵役法（之前是志愿兵制度）。早在1938年12月，为了准备这个法案，还组建了特别委员会。特别委员会召开了两百多次会议，讨论了军事改革的问题。一年零三个月后，改革方案确定了。根据新法，所有年满十九周岁的年轻人都必须

---

① H. E. 阿布洛娃：中东铁路与中国俄侨史（20世纪上半叶）。明斯克，1990年，第170页。

服"满洲帝国"的兵役。征兵于每年 4 月 1 日开始，服役期为三年。①

然而，俄罗斯年轻人和日本政权之间的关系一年比一年紧张。俄罗斯年轻人不愿意并尽量避免和自己没什么关系的战争，却被"满洲国"召集参加在松花江二站的俄罗斯"志愿"部队。

根据 A. 卡伊果拉多娃的描述，第一支俄罗斯白卫军是日本人在 1937 年组建的。部队驻扎在松花江二站的旧沙俄兵营，离哈尔滨不远，由日本上校浅野领导。这个队伍被称作"浅野部队"，在里面服役的被称作"浅野部"。从 1944 年起，浅野升职调往哈尔滨，接替他的是俄罗斯上校斯米尔诺夫，他的副手是哥萨克——米哈伊洛夫少校。斯米尔诺夫的司令部里还有一个少校，叫纳果林。不管谁在里面服役，根据习惯都被称作浅野部。每次征兵都会补充四百五十至五百个来自哈尔滨和铁路东线的新兵。早在 1938 年，日本人就用这支部队去攻打朝鲜游击队了。

1939 年，这支队伍的一部分约二百五十人，主要由三河②哥萨克组成，被派往哈尔哈河战区，骑兵队指挥是外贝加尔哥萨克 B. 德尔辛。

日本人在哈尔哈河利用（显然是谨慎地）俄罗斯骑兵，主要是侦察巡逻，真正的战斗只进行过一次。黎明时，在毫无遮挡的草原上，他们当中六十至七十名侦察兵和差不多数量的蒙古人民共和国骑兵遭遇，蒙古兵把他们当成了自己人。接下来，发生了很短却很激烈的遭遇战。哥萨克将蒙古兵几乎消灭得一个不剩。一个军官被日本人活捉，逃跑了两个人。在这场战斗中，哥萨克一死（少尉纳塔罗夫）八伤。很快，队伍出人意料地被调往海拉尔。

第二支俄罗斯队伍于 1939 年至 1940 年在海拉尔组建，领袖是哥萨

---

① 大"满洲帝国"。第 85—86 页。

② 满洲西北三条河流的交汇区域，靠近苏联边境。

克上校别什科夫。他的队伍被称作"别什科夫部队",兵士被称作"别什科夫部"。他们招募了二百五十名新兵,来自三河、海拉尔以及中东铁路西线其他地段。①

这些"强制志愿者"措施迫使很多人离开了"满洲国"。俄罗斯青年开始成批从哈尔滨撤离,一开始主要是去上海的法租界和国际租界——那里有外国军队,可以躲过日本人;还有另外一些中国城市——那里日本人势力要小些。②

侵略者政权对"满洲国"的俄侨有特别的兴趣,以便为下一步占领苏联做准备。在对待俄侨的态度上,日本人有非常具体的目标:一、在对苏联的战争问题上,确保俄侨中有可靠的同盟者;二、在与苏联发生冲突的时候利用俄侨军事武装力量,胜利后派他们去管理侵占的地盘;三、利用部分侨民反共、反苏情绪,与全球共产主义者打一场意识形态战争。

"满洲国"俄侨全部政治和社会生活都被日本政权严酷掌控着,他们建立意识形态和政治机关,为侨民的方方面面制定规则。

1932 年 6 月 25 日,"协合会"在满洲成立。其宗旨为"协助大日本与盎格鲁-撒克逊世界以及共产国际进攻的斗争"。③ 非常明了,"协和会"最主要的工作之一就是进行反共活动。可以说,"协合会"是独特的国家政党,从组织、内容和方法都让人想到意大利和法国的法西斯党。

溥仪后来回忆说:"我就职一个多月以后的一天,郑孝胥向我做例

---

① A. 凯果罗多夫:满洲 1945 年 8 月。远东问题,1991 年第 6 期,第 95—96 页。
② Л. 马尔基佐夫:这件事发生在半个世纪之前。远东问题,1995 年第 5 期,第 117—118 页。
③ 大"满洲帝国"。第 172 页。

行报告，提到关东军决定成立一个政党，定名为'协和党'。这个党的任务是'组织民众协力建国'，培育民众具有'尊重礼教、乐听天命'的精神。"①

溥仪听到"党"，总有谈虎色变的感觉。他反对说，要党有什么好处。辛亥亡国不就是"党"闹的吗？他还援引孔子的话说，"君子矜而不争，群而不党"。② 当有人向他汇报说，新组织改名为"协和会"，他满意了，以为日本人做出了让步。"协和会"很快就收到了最高层的贺词。

兹会之设，谋五族之协和，图百业之振兴，予甚嘉之。所望无党无偏，以诚以情，思想趋于一致，生业相为扶持，国家前途，胥利赖焉。③

1932 年 6 月 25 日，溥仪在"协和会"成立仪式上发表了执政训词。④

最初，"协和会"有一百九十七名官员的编制，七个地方委员会（分布在哈尔滨、齐齐哈尔、奉天、吉林、热河、关东），共计九百六十二个分部、二十七万五千七百零一名成员。⑤ 随着权力的扩张，"协和会"囊括了所有国家和社会机关的公职人员、军官、市政府官员、警察局官员，等等。"协和会"实际上包括了所有男性（二十岁以上）、女性人口（有专门的妇人会），以及十五至二十岁的青年组织（协和青年

---

① 我的前半生：中国末代皇帝溥仪回忆录。圣彼得堡，1999 年，第 240 页。
② 我的前半生：中国末代皇帝溥仪回忆录。圣彼得堡，1999 年，第 278 页。
③ A. 李申：满洲发展之路。东方教育（第二册），第 67—69 页。
④ 我的前半生：中国末代皇帝溥仪回忆录。圣彼得堡，1999 年，第 166 页。
⑤ 大"满洲帝国"。第 173 页。

团），还有十至十五岁的少年组织（协和少年团）。① 东北老百姓称"协和会"为"'满洲国'的耳目"。

在"协和会"成立五周年仪式上，关东军总司令这样评价其意义："协和会"随着"满洲国"建国而建立。它是国家的机关，一心守护着建国精神，教化人民，是实现建国精神和思想的唯一思想、文化、政治机关……"协和会"是政府的精神基石。②

1936 年 12 月，公布了《"协和会"反共产国际宣言》，宣称要采取定期举措：举办反共口号与宣传画比赛和所有人都可参加的反共集会、揭露共产主义周，等等。

哈尔滨的日本军事代表团认为，白俄有特别的任务，必须通过"协和会"来完成。首先，俄侨的政治特征被界定为一个反共的平台；其次，东亚侨民的历史使命是"建立其人民与大东亚共荣圈人民之间精神与行为的联系"。③ 然而，尽管日本军方百般努力，这些思想对满洲的俄罗斯居民来说影响甚微。

为了在俄侨中推进工作，"协和会"与俄罗斯合作者成立了一个特别部门，用于在"广大侨民"中推行"协和会"的思想。④ 特别部门的头子是日本人加藤，他同时也是俄侨事务局的参谋。加藤的副手是 Л. 弗拉西耶夫斯基将军。⑤ 到了 1936 年，才有第一批俄侨加入"协和会"。1939 年，为了推进对日本军部而言很有价值的俄侨青年工作，设立了俄侨青年机关——"协和"。1940 年 7 月，"满洲国"的日本军部

---

① 大"满洲帝国"。第 341 页。

② 大"满洲帝国"。第 167 页。

③ 大"满洲帝国"。第 228 页。

④ 大"满洲帝国"。第 221 页。

⑤ П. 巴拉克申：在中国的末日（第一卷）。旧金山，巴黎，纽约。1958 年，第 184 页。

通过特别决议，为俄罗斯青年开办"协和会"的高级培训班。为了将俄罗斯青年男女纳入日本军部的轨道，1941 年 5 月，"青年宫"在哈尔滨隆重开放，随后又建立了"协和会"的俄罗斯分部。①

皇帝溥仪"御赐"俄罗斯人在特别的军事武装中服役，被称作"满洲帝国"军队白俄部队。

1934 年，建立了全体侨民的中心："满洲帝国"俄侨事务局。这一切都说明侵略者的政权对满洲地盘上的俄罗斯公民有特殊的兴趣。

建立事务局的过程是这样的。在某个特定的时期，日本势力物色俄侨组织，以期通过他们控制满洲的俄侨人口。他们的选择时而是房产者协会，时而是俄罗斯法西斯党，可是他们并不能将所有俄侨尽收囊中——他们有的根据财产组团，有的根据信念结社。谢苗诺夫提议组建一个特殊团体，让所有俄侨组织都无差别地进入。

建立一个全侨民组织的问题，摆在对日本军方审视了半天的俄侨活动家面前。其实，他们早就知道自己的靠山是谁了。

1934 年 12 月，法西斯组织按照指示，召集哈尔滨及周边地区的俄侨组织代表开会。通知书提到，会议目的是商讨建立一个俄罗斯大图书馆的提案。当天，拿着无伤大雅的通知书，几乎所有俄侨组织都派代表来参会了；参会的还有哈尔滨市政府代表、外交部代表、媒体代表以及警察局高层。

在日本军事代表处负责俄罗斯事务的秋草少校会见了与会代表。他用俄语发言："先生们，请你们到这儿来，是为了告诉你们所有忠于祖国、仇恨布尔什维克的俄罗斯侨民紧密团结在一起的紧迫性。我宣布，在哈尔滨成立一个'满洲帝国'俄侨的核心组织——俄侨事务局。所有社会、政治、宗教以及没有政治派别的个人，都必须加入进来。我建议

---

① 我的前半生：中国末代皇帝溥仪回忆录。圣彼得堡，1999 年，第 226 页。

你们安静地、不持对立态度地做这件事情。你们所有组织维持原状，领导不变。俄侨事务局是一个高于党派的组织。里面会有图书馆，还会有门诊部、食堂和学校，但不许存在任何党派。虽说是俄罗斯事务局，但因为你们无法自行组织，所以我们帮助你们，租借办公场所就是你们的事了。第一届领导已经任命，我会宣布的。但是，在这之前，我要对领导人讲几句话。"① 接下来，日本少校转用日语对日本以及中国代表解释了会议目的，以及政权对新组织的要求。B. 雷奇科夫将军②被任命为俄侨事务局第一任负责人。就这样，直到日本军队到达哈尔滨后的第三年、"满洲国"傀儡政权建立的第二年，才成立了这个事务局。官方的消息是，事务局编制隶属政权，它必须全方位与政府合作。

俄侨事务局作为独特的侨民政府，在其他国家没有可以比较的对象。从它成立的第一天起，就自行决断俄国侨民区与生活保障相关的一切事务。事务局同时也是政权控制侨民的武器，对俄侨进行清点和统计，以便保障征兵人选，同时进行亲日宣传。与此同时，俄侨事务局致力于保存俄罗斯侨民的民族文化独特性，保障在满洲大地上的革命爆发前俄罗斯孤岛的生命力。

1941 年 2 月，俄侨代表应邀参加全满洲"协和会"大会，皇帝溥仪在场。他们谈了关于自己的问题。与此相关的是，在官方出版物《公民充分享有权利的伟大国家》上，俄侨与日本人、高丽人、满洲人、蒙

---

① П. 巴拉克申：在中国的末日（第一卷）。旧金山，巴黎，纽约。1958 年，第 180 页。

② B. 雷奇科夫将军曾任铁路警察局西分局局长，但不久就去世了。接替他的是外贝加尔哥萨克武装的中将、1873 年出生在赤塔州的 А. П. 巴克舍耶夫。

古人被并列为五大"基本的"居民。①

远东俄侨的特点之一，是有一个有组织、很活跃的法西斯党。大多数历史学家认为，哈尔滨第一个法西斯组织的产生要追溯到 1920 年代。那些年，在满洲的俄侨怀有反苏情绪，对布尔什维克怀有深仇大恨，积极寻找新的与苏维埃政权斗争的方式。1920 年代末，哈尔滨活跃的法西斯宣传鼓动家有白俄将军 B. 柯西明、B. 雷奇科夫以及前滨海边疆区政府大臣梅尔库洛夫兄弟。法西斯思想尤其在法律系大学生中同党甚众（A. 波克罗夫斯基、E. 克拉布列夫、K. 罗特扎耶夫斯基、Б. 鲁门采夫等人）。他们在法律系建立了俄罗斯法西斯组织，于 1926 年至 1927 年颁发过纲领性文件——《我们的需求》以及《俄罗斯法西斯纲领》。然而，在众多的俄侨组织中它并没有发挥多大作用。

1931 年 5 月，俄罗斯法西斯党在哈尔滨成立，秘书长兼终身领袖是 K. 罗特扎耶夫斯基②。他受过良好教育，有毋庸置疑的组织才能，还是个优秀的演说家，在把法西斯组织变成一个庞大的政党过程中发挥着主要作用。流亡者的法西斯团体和组织遍布欧洲、拉丁美洲、美国和远东。这些组织是在俄侨中产生的，是对俄国白卫军运动失败的反应，也是寻找与苏联意识形态、共产主义思想斗争方法的尝试。其中很多代表人物认为，法西斯是对俄罗斯有利的。俄罗斯侨民的法西斯主义更多带有模仿的特点，并非俄罗斯左倾激进主义思想演化的结果。对满洲俄侨影响最大的法西斯主义意识形态要数意大利法西斯主义及其党魁墨索里

---

① E. E. 阿乌里聂涅：俄罗斯人在"满洲帝国"：侵略者政权（1932—1945）的侨民政治——岁月、人、命运。中国俄侨史（会议资料）。莫斯科，1998 年 5 月 19—21 日。

② K. 罗特扎耶夫斯基于 1907 年出生在布拉格维申斯克一个公证人家庭。1925 年，他去哈尔滨攻读法律专业，不愿再回苏联。作为一个坚定的反共产主义者，他将一生都投入到反苏行动中。

尼了，罗特扎耶夫斯基长期处于他的影响之下。① 1933 年末，罗特扎耶夫斯基提出要将所有侨民法西斯组织联合起来。这得到了俄侨兼美国公民、全俄罗斯法西斯组织的创始人 A. 冯夏茨基②的支持。1934 年 2 月底到 3 月初他们在日本会面，达成协议，要以哈尔滨为中心建立一个联合的法西斯党。冯夏茨基是主席，罗特扎耶夫斯基是执行委员会秘书长。③ 这一年的 4 月末，冯夏茨基参加了俄罗斯法西斯党第二次大会，大会宣布成立全俄罗斯法西斯党。然而，法西斯党头目的团结并不长久，到 1934 年 12 月底他们的关系就完全破裂了。因为美国的俄罗斯法西斯党领袖无法接受罗特扎耶夫斯基及其同伙极端的反犹太主义，他还反对与哥萨克头领谢苗诺夫合作，说他人品很差，在国内战争中背信弃义且公开支持日本人。冯夏茨基将自己的政党更名为全俄罗斯民族革命党，后来甚至站到了远东法西斯党的对立面。1935 年夏，在哈尔滨，在荣誉主席、关东军美波大将以及哈尔滨日本军事代表处主任安藤上校的主持下，举行了第二届全俄罗斯法西斯党大会，通过了将冯夏茨基除名的决议。大会聚集了来自满洲、日本、中国、叙利亚、摩洛哥、保加利亚、波兰、菲律宾和德国的一百零四名代表，罗特扎耶夫斯基被选为党魁。④

---

① IO. 梅利尼科夫：满洲的俄罗斯法西斯（罗特扎耶夫斯基：性格的悲剧）。远东问题，1991 年第 2 期，第 110 页。
② A. 冯夏茨基是一个宪兵中校的儿子，志愿兵军官，流亡中与"俄罗斯真理兄弟会"合作。他娶了一个有钱的美国女人（比他大二十二岁），利用她的资源进行反共活动。1933 年德国纳粹上台后，他在美国建立了全俄罗斯法西斯组织，并将此作为白卫军"优秀传统"的延续。
③ Л. K. 什卡连科夫：白卫军的垂死挣扎。莫斯科，1987 年，第 150 页。
④ H. E. 阿布洛娃：中东铁路与中国俄侨史（20 世纪上半叶）。明斯克，1990 年，第 233 页。

满洲俄罗斯法西斯党的基本思想与活动是反共、反苏、反犹。该党的主要目标包括在俄罗斯进行纳粹暴动，推翻苏维埃政府，建立法西斯独裁。这些在罗特扎耶夫斯基笔下都有详细的计划：《君主还是共和》《我们的武器》《斗争形式》《法西斯的世界观》《面向俄罗斯》《全俄罗斯法西斯党纲领》《俄罗斯民族国家》，等等。① 1933 年，俄罗斯法西斯党的目标定为："为俄侨民族革命工作做准备——向俄罗斯渗透。" 1935 年 7 月的第三次党代会通过了"不惜一切代价将祖国从犹太共产主义中解救出来"的决议。

法西斯主义者给民族问题的解决方案赋予了重要意义。他们不能接受"共产主义者的国际主义"，将其理解为"蔑视俄罗斯人与俄罗斯，否定俄罗斯民族"。罗特扎耶夫斯基对"俄罗斯民族"有特别的定义，其中包括"生活在俄罗斯领土上，被共同历史命运、经济互相依赖联结在一起的所有人民"。俄侨法西斯有自己的期刊：日报《我们的路》（哈尔滨）、月刊《民族》（上海）、周报副刊《亚洲复兴》（天津）、日报《俄罗斯报》（巴西圣保罗）、月报《罗斯》（索非亚）。

满洲的俄罗斯法西斯党领袖在不同层面的侨民身上都花费了大量心思。在罗特扎耶夫斯基的召集下，1932 年，进行了"俄罗斯女性法西斯运动"。② 1934 年，建立了儿童与青少年组织——少年法西斯团"先锋"（十至十六岁男孩）、少女法西斯先锋团（十至十六岁女孩）、法西斯儿童团（五至十岁的孩子），以及俄罗斯青年民族联合会（十六至二

---

① H. E. 阿布洛娃：中东铁路与中国俄侨史（20 世纪上半叶）。明斯克，1990 年，第 233 页。

② C. 拉扎列娃：万字符号下的俄罗斯妇女联合会。远东问题，1994 年第 3 期，第 151—154 页。

十五岁）。① 1934 年，在哈尔滨的高等党校开始发挥功能，培养领导干部、组织者、鼓动家、"未来俄罗斯法西斯大厦的建设者"。虽说没有全俄罗斯法西斯党精确的数字（从两万到四万人不等），但约摸的数字足以说明其规模已相当可观了。

该党的纲领性文件已经指出了反苏的主要方向，包括向苏联输入法西斯文学，施行恐怖活动、破坏活动、策反等。俄罗斯法西斯在"满洲国"的活动是完全掌控在日本军方手里的。1936 年，在日本军官铃木的领导下，建立了"法西斯第一救国军"，头儿是罗特扎耶夫斯基以前的保镖马斯拉科夫。将队伍渗透进苏联的事务由日本人负责。然而，它很快就被苏联内务部消灭于阿玛扎尔地区。② 1937 年，哈尔滨秘密成立了特别的"组织者学校"，以培养在苏联领土上进行破坏活动的领袖。学校的领导人是罗特扎耶夫斯基和他的助手奥霍金。③ 尽管大部分哈尔滨俄侨对法西斯及其组织都很冷淡，他们还是找到了一些同路人。首当其冲的是俄侨青年。有些年轻人认为，"白卫军运动没能够提出可与布尔什维克势均力敌的正面口号"，"深信罗特扎耶夫斯基关于复兴伟大、统一、不可分割的俄罗斯的许诺"。

---

① H. E. 阿布洛娃：中东铁路与中国俄侨史（20 世纪上半叶）。明斯克，1990
 年，第 225 页。
② C. 奥涅金娜：满洲的俄侨事务局。远东问题，1996 年第 5 期，第 92—93 页。
③ H. E. 阿布洛娃：中东铁路与中国俄侨史（20 世纪上半叶）。明斯克，1990
 年，第 226 页。

"满洲帝国"皇帝

日本人通过自己的情报渠道，对溥仪的一举一动都了如指掌。总是有人跟着他，身边总有人把他的一言一行都向上汇报。皇帝自己说，首当其冲的就是他的随侍祁继忠。他是溥仪从北京带到天津的男仆。宫里遣散太监后，他来到宫里。那时他还是个少年，深得皇帝宠信。后来溥仪离开天津去东北，也把他带在身边。无须多说，他对年轻皇帝的一举一动都很了解。"满洲国"成立之后，祁继忠被送到日本士官学校去培养，很快成为华北伪军军官。①

溥仪在东京法庭的证词这样说：吉冈将军（"满洲国"帝室御用官）给了我一个准许见面的亲属名单。当我和这些亲戚会面时，日本宪兵就密切注视着他们的来来回回，并向关东军报告。我和朋友之间的书信往来都是被日本人审查过的。吉冈将军根据梅津将军的授意，不许我祭祖。②

日本陆军司令部第二课与海军司令部第三课负责军事情报工作。在这些部门，有些合法调查的代表，如陆军和海军武官、军代表，以及军方和前线的情报机构。在中国、满洲和内蒙古，情报工作是由军事代表团负责的，头儿照例由训练有素的情报军官担任（就像日本对西伯利亚的武装干涉那样）。

---

① 中华人民共和国成立后他由于反革命活动被镇压。
② Л. Н. 斯米尔诺夫：К. Б. 扎伊采夫：东京审判。莫斯科，1984 年，第 86 页。

162

日本宪兵机关也独立开展情报工作。宪兵机关的部门之一——宪兵队，执行特殊的"控制思想"的工作。宪兵队的头子照例是宪兵出身。担任这个职位的日本军官，都有一段指挥宪兵队伍、从事间谍和反间谍工作的资历。关东军的很多高级军官都有在宪兵队受过"高级培训"的经历。于是，关东军司令部领导、资深情报军官板垣征四郎①中将一手策划了满洲事件。战时的日本总理大臣东条英机②在 1936 年建立了关东军宪兵队，后来成了关东军司令部头子。中将田代皖一郎在出任日本支那驻屯军司令官之前，曾担任关东军宪兵队司令官。地方警察局也搞情报工作，招募奸细，并在周边国家设立谍报机构。

领事馆和外交情报工作是外交部的事儿。日本外交部的情报工作不限于外交领事机构，其巨大的网络还包括科研、文化和其他机关。

日本情报部门在远东所有大城市都有自己的办事处，通常以照相馆、药店、餐厅、旅馆、报刊社、科研工作者、教师、管家作幌子。在奉天，有一个间谍是某大学药房的负责人，实际上却是关东军宪兵队的中校宫本，他的俄语和汉语都很流利。在黑河、海拉尔的边境情报点，通常都以药房为伪装，经理通常是日本司令部或宪兵队的军官。

"满洲国"最高执政期过去了一年，根据和日本人达成的协议，溥仪同意做一年最高执政；如果一年过后关东军方面还不同意恢复帝制，他就要请辞。然而，这件事情没有发生。就像最高执政后来承认的那

---

① 1938 年夏天，板垣征四郎出任日本陆军大臣时，东条英机担任他的陆军次官。
② 东条英机 1884 年出生在岩手县，父亲是陆军中将。陆军大学毕业后，东条英机 1919 年至 1922 年出任日本驻德国使馆武官。回国后，他在陆军大学任教。1929 年开始担任东京步兵第一联队队长；1933 年被任命为陆军少将，并出任军事调查部部长；1936 年 2 月出任关东军宪兵司令。认识他的人都说这是一个喜欢权力的人，精力充沛，对军事消息守口如瓶，却是个狡猾、虚伪的政客。

样，他没有这个胆量请辞。在他刚开始履行新职的时候，每月三次会见武藤信义时还试探自己在不久的将来当皇帝的可能性，后来就不再提这个话题了，见面时只谈谈佛学、儒学、日满亲善等。

然而，就在最高执政就职一周年后的头几天，在一次例行会见中，武藤信义主动提起了让溥仪情绪不安的"皇帝梦"。他表示，日本正在研究"满洲国"国体问题，等时机成熟了，这个问题自然就会解决的。

1933年3月27日，日本没有得到国际联盟对于伪满洲国"既成事实"的承认，宣布退出国联，① 随后加快了染指中国的步伐。早在宣布退出国联的两天前，关东军指挥部就已经在青州和山海关之间的前线调派了五个师，并在日本空军的朝鲜飞行队、第二舰队战舰的增援下强行突破长城防线，然后向西和西南方向推进，试图突破华中，占领热河与察哈尔，② 形成对北平和天津的合围之势。

中国中央政府在这些地区的兵力连一个师都不到。蒋介石动用西方国家现代化装备的三十个精锐师，总共三十五万兵力，在这期间倾巢而出，去剿灭苏区和南方的红军。西部和南方的军阀不准备派军队增援北方，他们把蒋军视为自己的威胁。

日本军方利用了这种局势，快速推进，以图拿下华北，首先是热河与察哈尔。在这里，他们与张学良的军队遭遇。这支军队有很强的抗日情绪，前满洲军队的官兵们斗志昂扬，想一雪先前从东北逃亡之耻。然而，他们装备很差，子弹和炮弹都不足。张学良通过多方向蒋介石求援，蒋介石均未答复。

2月25日凌晨，日军的两个师分为两个梯队，从青州和山海关出

① 太平洋战争史（Б. В. 波斯别洛娃译）。莫斯科，1958年，第365—369页。
② Б. Г. 萨波日尼科夫：战火中的中国（1931—1950）。莫斯科，1977年，第41—42页。

发，攻打热河边界。中国军队奉"不让日本鬼子过长城"之命，在城墙坚守，日本军队没有遇到强烈抵抗。他们排成纵队，迅速向西和东北方向推进，一路攻城略地。一个半月的工夫，这些纵队已经推进了两百至两百八十公里。4 月 8 日，已经兵临热河省省会承德城下。

日军完全占领热河之后，溥仪大摆庆功宴席慰劳日军将领，祝他们"武运长久""再接再厉"。①

4 月中旬，日军继续向察哈尔进发。5 月 2 日，日军占领多伦湖。蒙古王公和卫队带着"面包和盐"前往迎接日本先头部队，更坚定了日本侵略者"身负解放内蒙古的蒙古民众"的信念。日本政府"建议"溥仪去和热河省长谈判，将热河并入"满洲国"，以获得日本庇护。②日军通过热河执政者成立了一个由六名官员、五名喇嘛、十几个以前为日本情报部门效劳的内蒙古军官组成的"代表团"，让他们来到"满洲国"首都新京（即长春）。溥仪接见了"代表团"，会谈非常短暂。"代表团"在《热河并入"满洲国"请愿书》上签了字。

日本关东军从热河及多伦湖分别向南和东南方向进军，突破长城防线，抵达河北省；沿着北平—奉天铁路方向前进，距离北平一百八十俄里，距离天津二百五十俄里。

全中国都展开了抗日运动。苏联政府、资本主义国家的进步力量纷纷声援中国人民，谴责日本帝国主义的侵略行径。美国政府和英国政府发表了《不承认日本在中国占领地》的声明。美国总统罗斯福给日本政府写了一封公开信，建议停止侵华，与南京政府展开谈判。③

1933 年 5 月 31 日，在塘沽举行了中日谈判，被各种内部矛盾弄得

① 我的前半生：中国末代皇帝溥仪回忆录。圣彼得堡，1999 年，第 256—257 页。
② Б. Г. 萨波日尼科夫：战火中的中国（1931—1950）。莫斯科，1977 年，第 43 页。
③ K. S. 诺尔曼：中国的汉奸。纽黑文，1936 年，第 191 页。

四分五裂的南京政府又一次妥协了，签署了《何梅协定》。根据这项协定，国民党军队要向东撤退到滦东，中国政府向日本承诺不采取任何会导致军事冲突及混乱的行动。这份协定提到，日军为执行协定，可以使用飞机及其他手段进行监督，中方应当放行、保卫并为日军提供一切便利。① 这份由国民党政府签署的荒唐的投降协定证明了南京政府官方放弃了满洲，为日本的对华政策奠定了新的基础。日本领导人深信，以蒋介石、汪精卫为首的国民党已经准备放弃华北，愿与日本签署任何协定，以便腾出手来消灭共产党和中国红军。

在这种形势下，热心复辟的人们得到了巨大鼓舞，都以为时机已经成熟了，纷纷活动起来。

熙洽在 3 月间就指使心腹邀请了一批满族"遗民"和前东三省的议员在长春集会，想请溥仪登基，但被日本宪兵队制止了。到 6 月，他们又开始了行动。

一些前直系人物和日本特务、浪人酝酿拥戴吴佩孚出山，这在平津的清朝遗老中引发了某种不安。他们开始新的一轮研究，探讨在东北、华北复辟的可能性。7 月间，"满洲国"总务厅长官、日本人驹井德三下台。他拿了一百万元退职金，又要去了一笔巨额机密费，去活动华北独立。他临走时还向郑孝胥表示，要到上海"为将来在全国复辟之事活动"。②

总之，民间经常可以听到关于复辟或帝制的传说。这无疑对溥仪和他周围的中国人是巨大的鼓舞。最高执政派他的警卫官，也就是随他从

---

① 远东国际关系。莫斯科，1972 年，第 107 页。
② 我的前半生：中国末代皇帝溥仪回忆录。圣彼得堡，1999 年，第 356 页。

天津到长春的忠诚的工藤铁三郎①去日本侧面打听情况，收集一些溥仪感兴趣的消息。工藤很快就回来了，汇报说他见到了南次郎和黑龙会的重要人物，探听出军部当权人物同意在"满洲国"实行帝制。②

1933 年 10 月间，工藤的消息得到了证实。新的关东军司令官菱刈隆正式通知溥仪说，日本政府准备承认他为"满洲国皇帝"。溥仪心花怒放，他的"皇帝梦"就要实现了。

在宣布他为皇帝三个月之前，以土肥原中将为首的日本参谋装模作样地拜谒了奉天的北陵。溥仪对此产生了幻觉：祖宗的灵魂向他暗示，其他列祖列宗都已经知道皇帝要登基的消息了。他们完全赞同此事。③

"满洲国"最高执政开始准备登基了。他考虑的第一件事情，就是准备一套龙袍。"龙袍从北京的太妃那里拿来了。关东军却对我说，日本承认的是'满洲国皇帝'，不是'大清皇帝'，因此我不能穿清朝龙袍，只能穿关东军指定的'满洲国陆海空军大元帅正装'。

"'这怎么行？'我对郑孝胥说，'我是爱新觉罗的后人，怎能不守祖制？再说北京的宗室觉罗都要来，看着我穿洋式服装登基算什么。'

"'皇上说的是。'郑孝胥不住地点头，望着摊在桌上的龙袍。这位一心想做后清丞相的人大概正盘算着正一品珊瑚顶和三眼花翎，最近以来对我顺从得多了。他点头说：'皇上说的是。可是关东军方面怎么说？'

"'给我交涉去。'

---

① 工藤铁三郎在清朝末年追随升允，积极支持他的复辟活动。在旅顺的时候，他不是站在关东军一边，而是成为了溥仪的同盟。有一回，溥仪感觉杯中茶水颜色不对，疑心有人下毒，工藤铁三郎拿过来就喝了一口。溥仪认为这个日本人比清朝遗老还忠于自己，便赐名为工藤忠。

② 我的前半生：中国末代皇帝溥仪回忆录。圣彼得堡，1999 年，第 357 页。

③ 纽约时报。1934 年 12 月 5 日。

"郑孝胥走后，我独自欣赏荣惠太妃保存了二十二年的龙袍，心中充满了感情。这是光绪皇帝穿过的真正的皇帝龙袍。这是我想了二十二年的龙袍。我必须穿它去登基！这是恢复清朝的起点。……我正在幻想中，郑孝胥就回来了。他报告说，关东军坚持登基时要穿元帅正装。"

最后和日本人的谈判，达成了一定妥协。

1934 年 3 月 1 日早晨，在长春郊外杏花村，在用土垒起的"天坛"上，溥仪穿着传统的清朝服饰——龙袍，完成了告天继位的古礼。回城之后，换上大元帅正装。12 点，在离皇宫不远处举行了隆重的登基仪式。"皇帝陛下屈尊走向龙椅并登基。"从这一刻开始，最高执政的执政府更名为皇帝的宫内府。溥仪住的地方因为要避开日本天皇的"皇宫"称呼，称为"帝宫"。

隆重的登基仪式是在勤民楼举行的。那天勤民楼的大厅里铺着大红地毯，在北墙根用丝质帷幕装设成一个神龛似的所在，中间放一特制高背椅，上面刻有作为徽号的兰花，乃所谓的"御纹章"。溥仪立在椅前，两旁站列着宫内府大臣、侍从武官长、日本人石丸志都磨、侍卫处长工藤忠、侍卫官熙仑奂（熙洽之子）和润良（婉容之兄）等人，以"总理大臣"为首的文武百官列队向溥仪三鞠躬，溥仪以半躬答之。接着，日本大使菱刈隆向溥仪呈递国书并祝贺。北京的爱新觉罗宗室差不多全来了，还有前内务府的人，又向他行三跪九叩之礼。当然，溥仪是坐在椅子上受礼的。关内的各地遗老都寄来了祝贺的表章，上海大流氓头子常玉清也寄来奏折称臣。3 月 5 日，皇帝通过国防大臣张景惠颁布了最高国防诏书以及"旌表"为"建国"事业死去的军人的诏书。

1934 年 5 月 10 日，在加冕典礼上，皇帝举行了"满洲帝国"第一次阅兵，地点在首都新京的皇帝御用机场。①

① 大"满洲帝国"。第 56 页。

1934 年 6 月 6 日，日本天皇的兄弟秩父宫雍仁代表天皇前来祝贺，赠溥仪日本大勋位菊花大绶章①，赠婉容宝冠章②。

6 月，溥仪的父亲带着他的兄弟姐妹前往长春看望皇帝。溥仪派出护军到长春车站列队迎接。溥仪身着戎装，挂满徽章，婉容身着宫装，在帝宫中和门外立候。

溥仪父亲的汽车来了，儿子立正等着他下了车，向他行了军礼，婉容行了跪安礼。然后，溥仪陪父亲进了客厅。此时，屋内没有外人，溥仪戎装未脱，给父亲补请了跪安礼。

这天晚上，大摆家宴。吃的是西餐，位次排列完全按洋规矩，溥仪与婉容分坐在男女主人位子上。准备喝香槟时，溥杰按事先布置，起立举杯高呼："皇帝陛下万岁！万岁！万万岁！"溥仪的家族成员一起随声附和，连他父亲也不例外。

第二天，大使馆向溥仪提出抗议，说昨天武装的护军去车站，是违反"满洲帝国"已承担义务的前东北当局与日本签订的协议的。这个协议规定，铁路两侧一定范围内是"满铁"的附属地，除日本外任何武装不准进入。日本大使，更准确地说是关东军司令官，要求保证今后再不发生同类事件。

溥仪马上派人去日本使馆，保证日后不会再发生此类事件并道歉。他满意的是，日本人并没有公开抗议。

宣布了新的年号为"康德"，从这一年开始了新的纪年。

皇帝溥仪于 1934 年 3 月 1 日即位当天，就颁布了授勋的诏令。勋章分为三种：大勋位兰花勋章、龙光大绶章和景云章。大勋位兰花勋章是皇帝的最高奖赏。它分两个等级：大勋位兰花项饰和大勋位兰花大绶

---

① 菊花大绶章颁给日本以及外国皇室地位最高的成员，也包括外国政府要员。
② 宝冠勋章最早由天皇于 1888 年 1 月 4 日颁发。等级与旭日章类似。

章。在所有方面，该勋章都与日本的大勋位菊花大绶章类似。它的底子是皇帝的印章，兰花图案是后来才定下来的。到 1941 年，只有两个人得到过这个徽章：溥仪本人与日本昭和天皇。龙光章等同于日本的桐花章。上面描绘着金色御龙，龙爪下方是金色的太阳。作为整体图案结构的基底，勋章缝在底布上，所用布料是溥仪登基时所穿礼服面料。从 1934 年到 1940 年，该勋章只颁发过三十三回。景云章共分八等，相当于日本的旭日章。一等至六等景云章的核心标志是黄色的珐琅十字，中间是红色的珐琅圆心。从圆心向四周散发出四组光线，组成十字图形。十字拐角处是蓝色珐琅质地的中国传统云纹图样。①

需要注意的是，"满洲国"没有宪章。虽然曾许诺要制定，甚至组建了拟订宪章的委员会，国家依然按照三次颁布的法令及其修正案运转。

1934 年 3 月 1 日（康德元年）公布了"国家"组织法，公布之时即生效。该法修正过两次（分别在 1934 年 11 月和 1938 年 6 月），规定了"满洲国"的运转体系。

第一章由十五条组成，描述了皇帝的职能。

皇帝陛下不容侵犯（第二条）！皇帝作为国家执政，拥有最高权力。他在现行法律基础之上行使权力（第三条）。总理大臣向皇帝提案，并对此负责（第四条）。皇帝在立法院的协助下行使立法权（第六条）。由皇帝确立行政机构，任免官员，并规定薪水，只有在现有和其他法律所规定的特殊情况下除外（第十条）。由皇帝宣布与其他国家的战争或和平，并签署条约

---

① O. H. 罗扎诺夫：19—21 世纪日本的勋章文化（俄罗斯科学院远东研究所历史学副博士论文）。莫斯科，2002 年，第 139—140 页。

（第十一条）。皇帝拥有国家陆海空三军指挥权（第十二条）。由皇帝颁发勋章和其他奖赏（第十三条）。由皇帝实行特赦、减刑、恢复权利（第十四条）。

《国本奠定诏书》的公布改变了"满洲帝国"基本法关于"国家"制度的相应部分。第九节这样说，皇帝敬立"建国"神庙，会亲自在神庙为全体人民祈福。基于皇帝诏令，法令的第十五条规定，"国家"的祭祀活动由负责"国家"庙宇的特别部门完成。① 后面说明了最高议会、"国家"、"立法院"、"行政院"和法庭的职能。②

有特殊的法律规定帝位继承的事情，由十款条文组成。"满洲国"帝位由康德皇帝子孙继承（1）。帝位由帝长子继之（2）。帝长子不在，帝位由帝长孙继之；皇帝长子、长孙均不在，改由次子继之并依此类推（3）。帝合法子孙为继位首选。若无合法子嗣，则由婚外子嗣继承（4）。帝子孙皆不在，传帝兄弟及其子孙（5）。与帝有血缘关系者方可继位（10）。

第三个文件是公民权利保障法。"'满洲帝国'皇帝保障人民的权利和自由，战时和紧急事件除外。规定其责任如下，不得有任何推诿。"该法律的前言中这样写道。③

"'满洲帝国'公民个人权利不受侵犯。"第一条这样写道，"权力机关对个人自由的限制只能依法进行"。关于如何保证"人民的自由和权利"，条文中举了很多例子。基于最高权力，皇帝陛下亲自主持"国家"组织法中确定的节日。"满洲帝国"官方确定了大、中、小三种节

---

① 大"满洲帝国"。第 67 页。
② 大"满洲帝国"。第 68 页。
③ 大"满洲帝国"。第 67 页。

日。大的节日分两种：传统节日和非常节日（此段疑似讹误）。春节——5月31日。秋节——9月19日。"满洲帝国"建国节——3月1日。元神祭（日本大照天神节日）——7月15日。（后两种有时也被看作中等节日①）非常节日一般都是重大历史事件的日子，包括修建神庙。中等节日：新年——元月1日。"满洲帝国"皇帝陛下万寿节——2月6日。将新收成献给皇帝的节日——10月17日。小节日：每月15日为"建国"神庙纪念日。12月31日——除夕。②

最令新帝陶醉的是在新京和满洲各地"御临幸"和"巡狩"。按照关东军的安排，溥仪每年要到外地去一两次，谓之"巡狩"。在"新京"，溥仪每年要去参加四次例行仪式：一次是去"忠灵塔"祭祀死于侵略战争的日军亡魂，一次是到"建国忠灵庙"祭祀伪满军亡魂，一次是到关东军司令部祝日皇寿辰"天长节"，一次是到"协和会"参加年会。

皇帝出巡的排场是这样的。出门前一天，长春的军警、宪兵先借题逮捕"可疑分子"和"有碍观瞻"的"游民"。第二天，沿途预先布满军警，面向外站着，禁止路人通行，禁止两旁店铺和住家者出入，禁止在窗口探头张望。溥仪车驾动身前，广播电台即向全市广播："皇帝陛下启驾出宫。"

所谓的"略式卤簿"是这样的：打先锋的是军警的"净街车"；隔一段距离后是一辆红色的敞篷车，车上插一小旗，车内坐着"警察总监"；再后面是溥仪坐的"正车"，全红色，两边各有两辆摩托伴随；再后面，则是随从人员和警卫人员的车辆。所有这些仪式都效仿了日本天皇的做法。

---

① 大"满洲帝国"。第72页。
② 大"满洲帝国"。第71页。

172

如果皇帝要去"协和会""训民"或者参加某种纪念活动,"协和会"门外的大路要先铺上黄土。"协和会"里的人都要到外面去,自总理以下的官员都要列队在楼外"奉迎"。车驾到达,人们把身子弯成九十度,同时乐队奏《"国歌"》。皇帝进入屋内,先在便殿休息一下,然后接见大臣们。两边侍立着宫内府大臣、侍从武官长、侍卫处长、"帝室御用官"吉冈安直、掌礼处长和侍从武官、侍卫官等。用的桌椅以及桌布都是从宫内府搬来的,上有特定的兰花"御纹章"。自总理以下有资格的官员在皇帝面前逐个行过礼,退出。走完这个过场,溥仪即起身离开便殿。此时乐声大作,一直到他进入会场、走上讲台为止。此间,会场里的人一直在台下弯成九十度。关东军司令官此时应在台上一角,见溥仪上台,鞠躬为礼,溥仪点头答礼。皇帝上台后,转过身来向台下答过礼后,台下的人才能直起身子。此时,宫内府大臣双手捧上"敕语"。皇帝接过打开,向全场宣读。台下全场人士一律低头站着,不得仰视。读完,皇帝退出会场时又是乐声大作,全体九十度鞠躬。皇帝回到便殿稍息,特任官们又到楼外准备"奉送"。溥仪离开后,全市街道上的扩音器则又放出"皇帝陛下启驾还宫"的两国话音。皇帝到了家,扩音器还要说一次:"皇帝陛下平安归宫。"

"满洲国"积极推行偶像崇拜。按规定,在机关、学校、军队和一切公共团体的特定处所,都要悬挂皇帝照片,如机关的会议室、学校的校长室里,设立一个像神龛似的地方,外垂帷幕,里面悬着溥仪的照片和"诏书"。任何人走进这间屋子,都必须先向这个地方行礼。在居民家里,虽无强制悬挂御真影的规定,但"协和会"曾强行派售过溥仪与婉容的照片,并指定要悬在正堂上(起初溥仪的照片被称作"御容",后来改为日本人适应的中日夹杂的"御真影")。

在军队和学校,每天早上都要举行朝会,行两次"遥拜礼":先面向东方的"皇居"(即东京),再面向长春的"帝宫"鞠躬。

173

"满洲国"所有学校都要熟记溥仪的"诏书"。幸好只有六种：1934年3月1日的"即位诏书"；1935年5月2日的"回銮训民诏书"；1940年7月15日的"国本奠定诏书"；1941年12月8日的"时局诏书"；1942年3月1日的"建国十周年诏书"（后来替代了"即位诏书"）；1945年8月15日的"退位诏书"（这个是没有人念的）。① 中学生、大学生、士兵必须背诵如流，背不来或背错了的要受罚。在"诏书"的周年纪念日，所有学校、机关、军队都要举行集会纪念，念诵"诏书"是其中的重要内容。

在学校，仪式进行时，师生们在会场高台前列队肃立，教职员在前，学生在后。戴着白手套的训育主任双手捧着一个黄布包，高举过顶，从房里出来。黄布包一出现，全场立即低下头。训育主任把它捧上台，放在桌上，打开包袱和里面的黄木匣，取出卷着的"诏书"，双手递给戴白手套的校长。校长双手接过，面向全体展开，然后宣读。

---

① 我的前半生：中国末代皇帝溥仪回忆录。圣彼得堡，1999年，第384页。

日本之行

　　1935 年早春，关东军司令官向皇帝溥仪提议，为了答谢日本天皇派御弟来"满洲国"对他"即位"的祝贺，需要回访日本。这也是皇帝对"日满亲善"的躬亲示范。行程由关东军安排。日本政府以枢密顾问官林权助男爵为首组织了十四人的接待委员会，派了战舰"比睿丸"来迎接，还有"白云""丛云""薄云"等舰护航。溥仪从大连港启程时，有球摩、第十二、第十五驱逐舰队接受检阅。到达横滨港时，有百架飞机编队的欢迎。他受到了日本皇室隆重的接待。溥仪在日本逗留了三个星期，行程总计二十六天。

　　在航行的第四日，他观看了七十艘舰艇的演习，在晕船呕吐之中写了一首诗：

　　　　万里雄航破飞涛，碧苍一色天地交。
　　　　此行岂仅览山水，两国申盟日月昭。

　　海军演习、飞机编队、热情接待——这一切都极大地震撼了溥仪。他把这看作日本对他的真心尊敬，真心帮助。溥仪到了东京后，天皇裕仁亲率皇室到车站迎接，并为他设宴。日本皇太后派人送给"满洲帝国"皇帝一束从京都花园采来的樱花作为礼物，并附上亲笔诗句。日本报纸说，皇太后的几枝樱花感动了溥仪。在日本逗留期间，他将樱花摆放在下榻处，并带回了祖国。

1935年，溥仪访日，会晤日本天皇裕仁

在日本期间，溥仪接见了日本元老重臣，接受了祝贺，又同裕仁天皇一起检阅了军队；还参拜了"明治神宫"，慰问了日本陆军医院那些侵略中国时挨了打的伤兵、伤官；又到裕仁母亲那里表达了敬意，日本报纸曾报道过溥仪和她散步的情形，说有一次上土坡，溥仪用手搀扶了日本皇太后，和他在长春宫内府搀父亲上台阶有着同样的心情。其实，他还从来没有搀扶过父亲。离开的时候，天皇的弟弟雍仁送他到火车站。

溥仪访日期间曾参观赤坂的皇宫。他在观赏宫殿陈列的文物时注意到，有来自朝鲜海印寺的古代高丽版的《大藏经》手卷。回国后，他想拥有该手卷，就通过熟人向宫内厅大臣入江表达了意愿。入江通过努力，得以制作了海印寺《大藏经》一部分的复制品。该手卷是当年朝鲜总督发现的，当时复制了三份。其中一份供养在京都的寺庙，为明治天皇祈福。

溥仪不满足于只拥有经卷的部分复制品，还支付一万六千"国币"（"满洲国"货币，和当时日元相等），委托京都大学教授高崎为他按照细节，包括纸张的质地复制全卷。然而，在朝鲜保存的一万六千卷经文遗失了十六卷。为了给溥仪凑齐足本，高崎在朝鲜李朝王室又找到五卷，在朝鲜金刚山和其他地方又找到了剩下的几卷。经过鉴定，十六卷中有十五卷为真迹。经过认真的拍摄与复制，1938年1月，这项工程终于完工，装进四十八个箱子，送进了溥仪的皇宫。①

1934 年 4 月 15 日，溥仪动身回国之前，日本皇太后又派人给他送了一封诗体书信。里面写道，她就像爱自己的儿子一样爱溥仪。②

人们认为，中国那些传奇或半传奇人物都有诗歌天赋。中国古人将诗歌能力看作天赐，最早就是赐给以祭祀身份出现的最高统治者的。诗歌创作是展示统治者非同寻常的能力与宗教仪式功能的最重要手段。因此，国君必须具有诗歌创作的能力。所有中国皇帝（不仅仅是他们，包括中华人民共和国领导，例如毛泽东、陈毅、彭德怀，等等）都会写诗。溥仪当然也不甘落后，有些写得还不错。

> 灯闪着，
>
> 风吹着，
>
> 蟋蟀叫着，
>
> 我坐在床上看书。
>
> 月亮出了，
>
> 风息了，
>
> 我坐在椅上唱歌。

下面的诗歌写于 1923 年婚后不久。

> 月亮出来了，
>
> 她坐在院中微笑的面容，
>
> 忽然她跳出来冲着月鞠躬，

---

① 大"满洲帝国"。第 73—74 页。
② 大"满洲帝国"。第 73 页。

一面说：

好洁净的月儿，

菊呢来哉。

还有一个系列：

秋风一阵阵吹在窗棂上，

你觉不觉得冷啊！

月亮照于西河，

老鸦乐于北树，

我叫于书室，

大讲演于殿堂。

八音盒发出长啸之音，

使人忘倦。①

溥仪访日后，日本皇太后和他经常书信来往。他们经常交换礼物，但都要通过来往于日本的吉冈安直之手。在溥仪收到包含诗句的书信后，吉冈经常会说，皇太后就像溥仪的母亲一样。

溥仪的弟弟溥杰和吉冈也很熟。溥杰在日本学习院毕业后，就转到士官学校学陆军。当时吉冈在士官学校教战争史。几乎每个星期天，吉冈都会邀请溥杰去家里做客，热情招待。在他们成为好朋友之后，溥杰向吉冈透露，关东军想请他去满洲作为与溥仪的联系人。"这对我来说非常荣幸。"吉冈说，"但是如果我没有关东军高级参谋头衔，是不会接受的。因为我的前任中岛、石丸都没有在满洲站住脚，就是因为他们扎

---

① 王庆祥：伪帝宫内幕。长春，1987 年，第 180—181 页。

根不深。"①

吉冈如愿了。关东军任命他为高级参谋，负责与溥仪的联络。在去满洲之前他把溥杰叫去，请他告诉溥仪这个消息，并为他准备了一间办公室。

1935年冬，溥杰从日本回到长春，当了禁卫军中尉。溥仪回忆道：从这时起，关东军里的熟人就经常跟他谈论婚姻问题，什么男人必须有女人服侍啦，什么日本女人是世界上最理想的妻子啦，不断地向我耳朵里灌。起初，我听他提到这些事时不过付之一笑，并不当回事。不料后来关东军派到我身边来的吉冈安直果真向我透露了关东军的意思，说为了促进"日满亲善"，希望溥杰能与日本女人结婚。我当时未置可否，心里却十分不安，赶忙找我的二妹商量对策。我们一致认为，这一定是一项阴谋，日本人想要笼络住溥杰，想要一个日本血统的孩子，必要时取我而代之。为了打消关东军的念头，我们决定赶快动手，抢先给溥杰办亲事。我把溥杰找来，先进行了一番训导，警告他如果家里有了日本老婆，就会完全处于日本人监视之下，后患无穷。然后告诉他，我一定要给他找一个好妻子；他应该听我的话，不要想什么日本女人。溥杰恭恭敬敬地答应了，我便派人到北京去给他说亲。后来经我岳父家的人在北京找到一位对象，溥杰也表示满意，可吉冈突然找到溥杰横加干涉，说关东军希望他跟日本女子结婚，以增进"日满亲善"。

吉冈透露说，这是军方的意思，本庄繁大将在东京将要亲自为他做媒。结果，溥杰只得服从关东军。1937年4月3日，溥杰与嵯峨胜侯爵的女儿嵯峨浩在东京结了婚。②

婚礼之后几个星期，关东军以溥仪没有男嗣为由，修改了帝位继承

① 我的前半生：中国末代皇帝溥仪回忆录。圣彼得堡，1999年，第380页。
② 我的前半生：中国末代皇帝溥仪回忆录。圣彼得堡，1999年，第375—376页。

法，并获国会通过。继承法说："皇帝死后由子继之，如无子则由孙继之，如无子无孙则由弟继之，如无弟则由弟之子继之。"由此可见，日本人安排这门亲事是有目的的。

溥杰这一对小夫妻回国后，溥仪害怕他说的话马上就会被日本人知道，决定不跟他们袒露心迹。同时，他害怕自己有性命之虞，不吃弟媳的任何东西。假如溥杰和他一起吃饭，餐桌上摆着他妻子做的菜，溥仪会等弟弟下箸之后才会吃一点儿。

从1930年代末起，日本人就强调，日满必须有共同信仰。这有助于日满亲善，精神一体。这事最早吉冈说过，后来关东军司令官植田谦吉在离任前又提及了。最后，关东军新司令官兼第五任大使梅津美治郎来了。他通过吉冈向溥仪摊了牌，说日本的宗教就是满洲的宗教，应当把日本皇族的祖先"天照大神"迎过来立为"国教"。又说，现在正值日本神武天皇纪元两千六百年大庆，是迎接"大神"的大好时机，溥仪应该亲自去日本祝贺，同时解决信仰一体的问题。

后来溥仪才听说，在日本军部早就酝酿过此事，由于意见不一，未作出决定。有些比较懂得中国人心理的日本人曾认为这个举动可能在东北人民中间引起强烈反感，导致日本更形孤立，后来由于主谋者断定只要经过一段时间，在下一代的思想中就会扎下根，在中年以上的人中间也会习以为常，便作出了这个最不得人心的决定。这个决定引起了大多数中国人的仇恨，认为这是对祖宗的公然侮辱。溥仪在内心也极为不满，觉得比1928年国民党兵东陵盗墓还难受。但溥仪明白，要想保命，只有先答应下来。然而，溥仪有一套宽解的法子，即私下保留祖先灵位，一面公开承认新祖宗，一面在家里祭祀原先的祖宗。因此，他向祖宗灵位预先告祭了一番，就动身去日本了。

他第二次访问日本是在1940年5月，只在那里停留了八天。

会见裕仁天皇时，溥仪拿出了吉冈写好的台词，照着念了一遍。大意是：为了体现"日满一德一心、不可分割"的关系，希望天皇允许迎接日本"天照大神"到"满洲国"奉祀。日本天皇的答词简单得很，只有一句："既然陛下愿意如此，我只好从命！"[①] 接着，天皇站起来，指着桌子上的三样东西：一把剑、一面铜镜和一块勾玉，所谓代表"天照大神"的三件神器，向溥仪讲解了一遍。溥仪心里想：在北京琉璃厂，这种玩意儿多的是。太监从紫禁城里偷出去的零碎，哪一件都比这个值钱。这能代表神圣不可侵犯的"大神"吗！

众所周知，满洲在日本的殖民计划中占有重要地位。一方面，它对日本来说是最重要的经济区域，有丰富的资源（煤炭、铁、金等矿产以及棉花、羊毛等），另一方面，它是"共荣"的样板。在战争开始之前，关东军已经制订了发展满洲的计划：1937 年初就制订了第一个五年计划，1941 年制订了第二个五年计划。

然而，1937 年至 1941 年的满洲经济发展计划本来已经在 1937 年 8 月获得通过了，却引发了军方的强烈批评，认为缺少进取心。因此，1938 年 5 月，在日本内阁经济会议上，"满工"公司总裁鲇川义助在关东军司令的支持下提出，"为了完成满洲工业基础的发展计划——冶金、汽车、天然气工业——必须加大投资"。他强调，为了更好地对军事战略资源进行加工，需要扩大电气能源基地，提高铁路、公路的运载能力。为了保证生产，需要大量的熟练工人，必须在日本，尤其是在占领的中国领土上，在工人中进行充分动员。这些措施，对于在中国紧张的战事以及西方复杂的形势而言是必需的。

1938 年 5 月的会议之后，通过了第二版更有野心的满洲经济发展五年计划修正案，将在满洲快速建设超大规模的军事工业作为目标。首先，必须加大工业生产能力，提高农业生产量。应当说，这个修正案推

---

① 我的前半生：中国末代皇帝溥仪回忆录。圣彼得堡，1999 年，第 387 页。

动了 1937 年至 1941 年工农业的快速发展。铁路建设预算达七亿两千二百万元，公路预算为六千二百万元，通讯装备预算为五千万元，建设移民村镇预算为两亿七千四百万元。[①] 由此可见，五年计划极大地加快了工业化的步伐。为达到这一目标，日本进行了大量的投资。

虽说计划目标未能完全实现，因为战争进程并不如东京方面所愿，然而计划的执行还是改变了"满洲国"的社会、经济面貌。与此相关，首先是日本的大手笔投资。从 1936 年到 1945 年，日本对这一区域的投资增长了四倍——从二十八亿日元增加到一百一十三亿日元（相当于从十四亿零四百一十万美元增加到五十五亿九千五百九十万美元），而对"满州国"政府的投资甚至达到了二百四十亿两千万日元。[②] 同时，对"满洲国"大规模投资首先表现在实现"满洲国"的工业化计划上，亦即在很大规模上引进了工业和交通的装备。

早在二战前夕，关东军司令部就开始拒绝对经济进行直接的军事控制。为了加快经济建设，它在满洲选择与专业的日本经济机构合作。在相当长的时间里，满洲经济真正的"主人"是日本南满铁路公司（简称"满铁"）。它不仅控制着铁路，还包括全部的工业建设。1937 年，日本人成立了满洲工业发展公司（简称"满工"），其资金主要来源于傀儡政府的款项以及日本的鲇川财团。"满工"是控股公司，掌控着所有之前属于"满铁"的重工业企业（抚顺矿业除外）。"满工"利用建设军工基地的资金，进行了新的工厂企业的基建，扩充了旧的企业：与朝鲜接壤的东边道冶金公司，飞机制造公司，鞍山、本溪的矿山公司，特种钢公司，等等。到 1941 年底，"满工"已经控制了最大的三十二家

① Б. Г. 萨波日尼科夫：战火中的中国（1931—1950）。莫斯科，1977 年，第 153 页。
② А. В. 梅里克谢托娃主编：中国史。莫斯科，1998 年，第 539 页。

工业公司。除此之外，日本政府还组建了几十个特许公司。主要资源来自日本个人和政府，实际上控制了其他经济领域。这些公司致力于吸引包括中国个人资产在内的资本。

这些措施的结果是，战时煤矿和铁矿的开采增长了三倍，生铁冶炼增长了五倍，有色金属业发展迅速。特别是机械制造得到了长足的发展：工业装备和机床生产规模不断扩大，火车头和机车的产量不断提高。显然，日本人特别重视制造各种武器和补给，其中包括像飞机和坦克这样的先进武器。而日用消费品的生产则是另外一种情况——大的日本投资没有到这边来，只有军方感兴趣的纺织和造纸除外。

农业也大为发展，大豆的丰收被赋予了特别的技术、文化意义，它的高产甚至吸引了日本人的注意。同样，在战争期间，棉花产量也提高了，甜菜产量提高了十倍。因为满洲的中国农民，日本侵略军得到了供应，大量的工业、农业物资被运往日本。

满洲的中国资产阶级在战时没有对抗日本政府的经济措施，而是忙着在可观的战争款项中分一杯羹。对合资企业，尤其是中小型企业的投资也增长了。

然而，日本的资本依然对交通和通讯进行垄断，不许满洲公司染指。满洲的外贸也是日本的公司垄断的。这些公司自行制定出口规则，免税进口纺织品、粮食、化肥、机车，并且提高价格。日本人用这些东西低价交换农业和工业原料，给日本带来了巨大利益。"满洲国"日本公司的利润逐年递增，1938 年为五亿三千四百万元，1941 年增长了两倍多，达到了十三亿两千七百万元。①

日本人将"满洲国"变为战争工业基地的尝试，实质上改变了中国东北的经济面貌。

----

① 大公报。1949 年 9 月 23 日。

183

"满洲国"的国债不断增加特别款项，用于"国防"建设。1937年，国债进项为九亿三千九百三十七万元，1938 年为十三亿九千三百一十二点七万元，1939 年为十六亿九千一百六十三点九万元，1940 年为二十五亿零一百六十三万元，1941 年为二十四亿零七百三十九点五万元。① 将近百分之七十的进项流入日本人建立的战争经费库。

---

① "满洲国"年鉴。第 142 页。

七三一部队

根据东京密令，1936年在哈尔滨秘密成立了关东军七三一部队。后来这支部队从人口众多、布满不同国家眼线即间谍、外交使馆代表的哈尔滨搬了出去。1939年，在离哈尔滨二十公里的平房车站附近建起了集中营，沿途周围就是一座军事小城，民间称之为"配种站"，官方名称是关东军防疫给水部。

这里有很多科学研究实验室以及不同的部门，进行细菌武器的培育和研发。这支部队有专门的繁殖鼠疫和伤寒细菌的装备，繁殖炭疽、伤寒、副伤寒、痢疾、霍乱细菌。对细菌武器的实际效果以及治疗的实验，都是用活人来进行的。

"配种站"周围是禁区。部队有自己的航空区；在安达车站有自己的试验靶场，在那里用活人进行野外条件下的各种类型的细菌试验。比如，试验者被绑在相距五米的柱子上，距离他们五十米处利用电波引爆杀伤炸弹。被试验者被炸弹炸伤，同时感染炭疽病毒。炭疽感染试验通过引爆绑在柱子上的试验体十米远处的气罐进行。气体坏疽感染试验也在那儿进行。试验者被感染后，要经过整整一周的痛苦折磨才会死去。

集中营除了实验室，还有监狱。里面关着两百多人，有时会达到四百人以上，包括中国人、俄罗斯人和其他外国人。关着的犯人被形象地称作"原木"人，是用来进行各种试验的。牢房位于大楼内部，窗户被堵死，门朝走廊开着。所有囚徒都戴着脚镣。被关押的俄罗斯人中，主要是从苏联跑出来的苏联公民。他们在满洲"领土"上被日本边防和警察抓获。

另一支秘密队伍是关东军一〇〇部队，位于长春市南十公里的小镇孟家屯。这支部队同样装备特殊，功能叵测。抓进去用于细菌试验的人被称作"特别货物"。

被抓进平房集中营的人主要包括：被指为外国间谍或为外国情报机关服务的人，主要是苏联公民，也有从苏联逃亡的人；土匪，其实主要是不服从日本政权统治的中国人；被指有抗日情绪的外国人；惯犯；思想犯，即和中国民族运动有关的人物以及所有被指参与"共产破坏活动"的人。由此可见，显然，所有对日本不满的人都有可能被抓进来。

令人好奇的是，1938 年夏天，哈桑湖事件中，苏联国家安全局远东部部长柳什科夫叛逃后，[1] 有大量苏联国家安全局远东部工作人员（日本人的数据显然夸大了，说有三百多人[2]）由于害怕被斯大林清洗而逃往满洲。他们由日本政权接待，在经过情报部门的仔细调查、获取了所需信息后，被送进了平房集中营，在那里被消灭。

将囚徒押往集中营，是由日本驻哈尔滨军事团来完成的。通常由日本宪兵队负责押解。

一般没人能从集中营活着出来。对各种致命病菌毒性和使用研究的主要方法，是在活人身上进行试验。他们让囚徒感染细菌，研究发病过程，再进行治疗，尝试各种方法。如果病人被治愈了，就会再让他感染

---

[1] 此后到 1945 年 8 月之间，他一直为日本司令部的俄罗斯事务部门效力。第二次世界大战结束后，日本当局将柳什科夫押解到满洲，准备交给苏联，用他交换被俘的首相近卫文麿之子。但据当时在"满洲国"使馆俄罗斯事务部工作过的日本人松尾回忆，当时把柳什科夫押解到大连办事处时，他试图逃跑，被日本军官给闷死了。

[2] П. 巴拉克申：在中国的末日（第一卷）。旧金山，巴黎，纽约，1958 年，第 227 页。

别的病菌，直到他最终死亡为止。

此外，还有冻伤试验，是在户外或专门实验室进行的。试验者穿上暖和的衣服，戴上镣铐，将赤裸的手足浸在水里。然后，依靠风吹或者用风扇加快冻僵的速度。实验人员不时用棍子敲打被试者冻僵的手脚，以检验冻僵程度。然后，试验者被带进房间，将手脚放进热水里，温度不断提高。难怪集中营的囚徒有很多人被截肢，骨骼裸露，末端坏疽。那些已经没有了试验价值的人会被毒死或枪杀，尸体被焚烧。

为了掩盖罪恶，二战结束前夕，日本取消了细菌战，其成员逃到了朝鲜。为了不留下罪证，1945年8月11日至12日，日本人焚烧了所有办公楼和住宅区、高端实验室、牢房、昂贵的设备、资料、文件等。然而，后来很多奇迹般活下来的囚徒证实了这个细菌集中营和七三一部队的存在。

溥仪于1945年8月被捕。放出来后，他被安排进了战犯管理所。中华人民共和国当局专门带了从前的皇帝去了七三一部队所在地，是为了让他亲眼看到他执政期间，日本人在满洲大地上犯下的兽行。

尽管莫斯科方面对满洲的中日冲突持中立和不干涉的立场，苏联仍不可避免地卷入其中。《真理报》和《消息报》刊登文章，批判了日本的侵略行径。1931年9月25日《真理报》头版刊登文章道："苏联劳动人民对中国人民的斗争极为关注。他们的同情在中国人民这边。"[1]

1932年12月12日，苏联恢复了和中国1929年由于中东铁路的冲突而中断的外交关系。[2] 日苏关系日益尖锐。有一个典型的例子，与苏炳文的部队有关。1932年11月27日，满洲西北部的"救国军"在苏炳文的指挥下，向日本和伪满的军队进攻。日军击退了这次进攻。1932年

---

[1] 真理报。1931年9月25日。

[2] 苏中关系档案，1919—1957。莫斯科，1959年，第155—158页。

12 月 5 日，苏炳文部被逼退到苏联边境。在交给满洲里苏联领事馆的信中，苏炳文这样告知苏联政府：需要退到苏联境内，主动解除武装，并请苏联政府将所有人经由苏联疏散回中国。① 共有两千八百九十名军人和一千二百名百姓（包括妇女和儿童）来到苏联境内。他们被拘禁在托木斯克地区。1933 年 1 月初，从满洲又过来了李杜、王德民领导的五千人的军队。随后，马占山将军也退入苏联。②

　　1932 年，日本人要求苏联政府把苏将军及其部队交给日本军方。Л. 卡拉汉代表苏联官方拒绝并表达了对东京此举的疑惑，还提醒日方说，苏联从未要求交出流亡满洲进行反苏活动的数万名白卫军。③ 以苏炳文为首的指挥官被请到莫斯科，在火车站举行了隆重的欢迎仪式以表彰中国军人的爱国。1933 年 2 月至 3 月，根据苏联难民事务最高委员会（布）政治局的决议，④ 被软禁的中国人全部遣返回国：老百姓坐轮船从海参崴走海路，军人经中亚回新疆，苏将军经由欧洲回国。将中国人从苏联遣返回新疆时，在边境担任翻译与联络人的是著名汉学家、历史学博士、儒学家 Л. 别列洛莫夫的父亲及通晓中、俄、英三国语言的鄂木斯克国际师范大学研究员齐志⑤。

　　日本开始在中东铁路安插奸细，并逮捕苏联公民。1932 年 3 月 31 日，一个叫巴赞诺夫的人在哈尔滨火车站被捕。根据当地政府确认，他随身的箱子里装满了炸药。在审讯中他似乎承认，自己从海参崴来哈尔

---

① Н. Е. 阿布洛娃：中东铁路与中国俄侨史（20 世纪上半叶）。明斯克，1990 年，第 162 页。

② Н. Е. 阿布洛娃：中东铁路与中国俄侨史（20 世纪上半叶）。明斯克，1990 年，第 165 页。

③ 阿穆尔真理报。1932 年 12 月 19 日。

④ 远东问题。2002 年第 1 期，第 138 页。

⑤ В. Н. 乌索夫：共产主义－国际主义者齐志。

滨的目的是"在北满制造混乱"①。随后，日本谍报机关要尝试炸毁松花江铁路桥，采取了一系列的挑拨离间伎俩，以展开对苏联公民的报复，并使中东铁路的商贸活动陷入瘫痪。1932年4月8日，九名中东铁路职工在哈尔滨被捕。苏联驻哈尔滨领事 M. 斯拉乌茨基报告苏联外交人民委员部：警察局"友好地"通知我们，逮捕与巴赞诺夫事件有关联，由日本宪兵队部署。

中国共产党在满洲也有所行动。1932年，在延吉、和龙、汪清、珲春等地组建了游击队。1932年4月在磐石地区，中共党员李洪光（朝鲜人）组建了朝中游击队，有效地打击了侵略者。②

从1932年中期开始，满洲"政权"就控制了中东铁路所有权，损害了苏联的经济利益。1932年7月7日，又控制了中东铁路的转运站。这个行动是由日军和伪满警察完成的。刚刚开始的关于转运站的新谈判，实际上于1932年底被"满洲国"政权废止了。到1933年4月11日，日本军官控制了转运站，挂上了日本旗，派驻了日本岗哨。

日本把满洲看作下一步反苏战争的最佳战略基地（早在1940年，日本军部就制订了和苏联作战的计划），布置了很强的兵力。1941年7月7日，裕仁天皇同意秘密动员五十万国民参军，并通过海路将战争装备运到"满洲国"。1941年7月11日，关东军司令部接到五〇六号指令，要进行"关东军特别演习"，基本目标就是要提高反苏的备战军事行动能力。按照关东军的计划，1941年7月20日开始调兵遣将，下令开战不晚于8月19日。8月29日在滨海地区和远东打击苏

---

① H. E. 阿布洛娃：中东铁路与中国俄侨史（20世纪上半叶）。明斯克，1990年，第163－164页

② M. Ф. 尤里耶夫：中国人民解放战争中的中国共产党武装。1920—1940年代。莫斯科，1983年，第123页。

联军队，目标是夺取海参崴、布拉迪沃申斯克、伊曼、哈巴罗夫斯克、比罗比詹、阿穆尔的尼古拉耶夫斯克、阿穆尔的共青城、苏联的港湾以及彼特罗巴甫洛夫斯克－堪察加，空降兵空降堪察加和北萨哈林，封锁海参崴的出海口。到 10 月中旬，封锁通往贝加尔湖的路，计划 10 月底结束战斗。①

为了参加反苏战役，专门组建了第五舰队。日本兵在苏联边境的军事挑衅急剧上升。这不是偶然的武斗事件，而是早有预谋的军事行为，是对上级指令的实现。"实行积极的防御政策，加强备战行动，但不要升级到爆发大量兵力投入战斗的程度。"

然而，经过对复杂局势的分析后，由于发动大型战争所需资源，首先是石油，以及能投入滨海区战斗的兵力不足，关东军的方案显然不可能实现。首先预计在满洲集结三十四个师，从中国调拨出去，然而，国民党军队的抵抗使他们无法如愿。1940 年，中国军队有四百万;② 作战能力增强了很多，学会了更好地打仗。日军司令部指出，八年抗战中，国民党军队的进攻从来没有像 1939 年至 1940 年冬季这样接近战略意义上的成功。③ 1941 年 7 月，总司令部决定限制在二十个师。直到 7 月 31 日，才决定再给关东军四个师。④

在日本秘密动员了五十万官兵之后，三十万补充到关东军的队伍中。关东军兵力达到了七十万，分三大方面军——东线、北线、西线方面军，五个野战军，包括十三个步兵师和两个航空师，二十四个步兵

---

① 伟大卫国战争中的苏联。第 666 页。
② 中国新史（1928—1949）。莫斯科，1984 年，第 194 页。
③ 中国新史（1928—1949）。莫斯科，1984 年，第 194 页。
④ A. A. 科什金："青柿子"战略的破产：日本对苏联的军事政策（1931—1945）。莫斯科，1989 年，第 101—108 页。

旅。除此之外，关东军还有所谓朝鲜护军，两个师，四万六千名官兵。①

根据日本情报部门的调查（光是在中国领土就有好几个日本情报中心：哈尔滨的关东军信息部，海拉尔、黑河、佳木斯的分支机构。仅在佳木斯分支机构，就有针对哈巴罗夫斯克区域的七个分部、十九个情报点、四十个间谍头子），当时关东军面对的是苏联红军的七十万集团军。为了保证战争胜利开局，日本必须等到1941年8月中旬苏联红军大半投入西线抵抗德军时。

在1941年至1942年间，仅上报到莫斯科关于日军会不会在近期发动进攻的情报就超过三十条。其中十五条，是在战争初期最危急的几个月发来的。② 这些情报第一时间发往苏联国防委员会。来源除了东京之外，还有伦敦、华盛顿、索非亚以及上海、哈尔滨和其他中国城市。

德国发动进攻后，最早的情报之一是1941年6月24日英国驻东京大使发给外交大臣伊顿的电报："德国大使给松冈③施加了很大压力，以期日本配合德国开展积极进攻。他向日本人许诺了滨海区，以及他能想到的地方。"④

1941年6月24日，东京间谍机关在莫斯科召开了一次重要的、有

---

① 伟大卫国战争中的苏联。第666页。
② 俄罗斯涉外情报史札记（第四卷）。莫斯科，1999年，第515页。
③ 松冈洋右1880年出生在山口县。二十岁毕业于美国俄勒冈大学法律系，英语流利。二十四岁任日本驻上海领事，后来又在大连任职。1907年他被召回东京，派往比利时任使馆三秘。后来又在中国待了四年，升至二秘。1912年至1913年，他在日本驻圣彼得堡领事馆担任二秘。三十六岁时，他在华盛顿担任一秘。1919年2月，他作为日本代表团成员参加了巴黎和会。1921年，他从外务省退出，被任命为南满铁路经理。他在满洲先后工作了十八年。在南满铁路，他从经理一直做到副总裁、总裁，并当选为参议员。
④ 俄罗斯涉外情报史札记（第四卷）。莫斯科，1999年，第516页。

意思的会议，内容如下：谍报信息表明：“日本与苏德战争相应的外交政策如下：日本现在不会积极进攻苏联、向苏联宣战，不会站在德国一方。虽然并不清楚这个政策接下来会不会改变，但至少现阶段不会；也不会对苏联采取强硬政策，亦即不会提出什么要求，也不会撕毁外交关系。日本想静观战事和国际关系的发展。现时日本的政策表明，日本不准备和苏联打仗。国内领袖认为，越晚卷入战争，损失就越小。最近在日本高层，很多人在谈论和美国开战的危险。5 月 30 日，松冈在关于外交政策的谈话中透露，这种观点在日本非常普遍。如果日本发动对苏联的战争，美国就会向日本宣战；日本到时候就不得不两面开战。日本在掂量自己的外交政策，目前对苏态度尚不明确。”①

1941 年 7 月 2 日，日本军阀、政客秘密开会，天皇也在场，通过了决议：不到“某个时候”，不卷入苏德战争；暗地里为反苏战争做准备；等到苏德战争的进程对日本有利时就拿起武器，“解决北方问题”。这应了中国那句老话：“坐山观虎斗。”

这个消息于 1941 年 7 月 17 日被莫斯科从伦敦获得。伦敦截获了日本人的消息并加以破译。其中说道：“日本政府一直认为，必须加强军备，以免苏联对远东采取任何动作。”②

1941 年 12 月 8 日，日本对美、英宣战。按照关东军的指令，“满洲国”政府发表了时局“诏书”，支持日本，并号召“国民”积极帮助日本。应当指出的是，如果说之前的“诏书”都是“满洲国”议会颁布的，这一回，1941 年 12 月 8 日傍晚在“御前会议”上，皇室御用官吉冈要求溥仪亲自宣读。

---

① 俄罗斯涉外情报史札记（第四卷）。莫斯科，1999 年，第 525—526 页。
② 俄罗斯涉外情报史札记（第四卷）。莫斯科，1999 年，第 516 页。

奉天承运大"满洲帝国"皇帝诏尔众庶曰：

　　盟邦大日本帝国天皇陛下兹以本日宣战美、英两国！明诏煌煌，悬在天日！朕与日本天皇陛下精神如一体，尔众庶亦与其臣民咸有一德之心、夙将不可分离关系、团结共同防卫之义，死生存亡，断弗分携。尔众庶咸宜克体朕意，官民一心，万方一志，举国人而尽奉公之诚，举国力而援盟邦之战，以辅东亚戡定之功，贡献世界之和平。

　　钦此！

"康德"八年十二月八日于新京。皇帝溥仪①

皇帝本人在宣言上签字，盖章。

1943 年 3 月 1 日，"满洲国""建国"十周年，又颁布了"建国"十周年"诏书"。里面提到："仰赖天照大神之神庥、天皇陛下之保佑，国本奠于惟神之道，政教明于四海之民，崇本敬始之典，万世维尊。……宜益砥其所心，励其所志，献身大东亚'圣战'，奉翼亲邦之天业，以尽报本之至诚。"②

1944 年，日本即将战败的迹象越来越清晰，连溥仪都明白，日本很快就会崩溃了。有一天，吉冈安直去皇宫，要求溥仪率先垂范，为"国家"捐献金属，支援日本"圣战"。溥仪二话没说，命令把宫中的铜铁器具，连门窗上的铜环、铁挂钩都卸下来交给吉冈，以支持"亲邦圣战"。没过几天，他又自动交出许多白金、钻石首饰和银器给吉冈，送给关东军。

不久，吉冈从关东军司令部回来，说起司令部里连地毯都捐献了，

---

① 大"满洲帝国"。第 6 页。
② 大"满洲帝国"。第 7 页。

193

溥仪连忙又命把伪宫中所有地毯一律卷起来送去。但当他去关东军司令部时，见他们的地毯还好好地铺在那里。后来，溥仪又自动拿出几百件衣服，让吉冈送给山田乙三，即最末一任关东军司令长官。对皇帝的这些举动，报纸予以大肆宣扬。地方日伪官吏纷纷效仿，顺带搜刮。听说当时在层层逼迫和宣传之下，小学生都要回家去搜敛一切可搜敛的东西来捐献日军。

吉冈后来对溥杰和他的几个妹夫都说过这样的话："皇帝陛下在'日满亲善'如一体方面，乃是最高的模范。"① 然而，溥仪也会耍滑头。捐献白金时便想出这样一个办法，把白金手表收藏起来，另买了一块廉价表带在手腕上；后来他伺机告诉日本人，真的已经捐献了。

这时，"满洲国"为了慰问日本帝国主义，又进行了一次搜刮——挤出食盐三千担、大米三十万吨的"慰问品"，送到日本本土去。关东军原本打算让皇帝亲自带到"亲邦"进行慰问的，但日本这时已开始遭受空袭，溥仪害怕被炸弹击中，就以维持秩序为借口推辞了。

---

① 我的前半生：中国末代皇帝溥仪回忆录。圣彼得堡，1999 年，第 395 页。

日本投降

　　莫斯科是这样安排对日宣战日期并派苏军进攻的。根据副总司令、作战部领导 C. 施杰缅科将军的意见，1945 年 6 月和前线总指挥共同制订的作战计划，对日开战的时间是 8 月 20 日至 25 日。施杰缅科强调，杜鲁门使用原子弹的意图并不明确；他在波茨坦通知斯大林要使用新型武器（苏联情报部门得到了原子弹试爆的消息），并没有令斯大林不安。总司令部并没有作出与此相关的新安排。8 月 5 日，最后作战日期有了变化，斯大林从波茨坦回来后与华西列夫斯基元帅进行了交流，从实际准备状况出发确定了进攻日期。据施杰缅科回忆，当时他在关于进攻时间的报告中说：“一切准备就绪！”华西列夫斯基建议进攻不要晚于 8 月 9 日或 10 日，因为那时气候比较合适，并且不能让日本人有时间从满洲和朝鲜调派兵力。①

　　显然，正是在此基础之上，8 月 7 日 16 点 30 分，最高指挥部签署了苏联对日本的宣战书。它马上被传达到外贝加尔的远东第一、第二方面军以及太平洋舰队的司令部。1945 年 8 月 9 日晨，正式对日宣战。②

　　1945 年 8 月 8 日，莫斯科时间 17 时（东京时间 23 时），苏联外交部人民委员莫洛托夫召见日本驻苏大使佐藤直刚，代表苏联政府对日本政府作出如下声明：

---

① A. M. 华西列夫斯基：毕生的事业（第二卷）。莫斯科，1980 年，第 256 页。
② C. M. 施杰缅科：战争年代的总司令部（第一卷）。第 399 页。

在希特勒德国毁灭、投降之后，日本是拖延战争残局的唯一国家。美国、英国、中国三国的要求是，从今年 7 月 26 日起日军必须无条件投降，从而日本政府要求苏联在远东保持中立的提议失去了任何基础。

鉴于日本拒绝投降，同盟国决定由苏联发动对日本的进攻，缩短战争进程、减少牺牲人数、加快世界和平的重建。

苏联政府履行自己在同盟国的职责，接受了同盟国的提议，并于今年 7 月 26 日参加了同盟国声明。苏联政府认为，这是为能够接近于实现和平、使人民免遭进一步苦难的唯一方法，并使日本人民有可能免遭德国拒绝投降后所带来的危险和破坏。因此，苏联政府宣布从明天，即 8 月 9 日起，对日宣战。①

莫洛托夫随即与中国外交部部长王世杰会晤；晚上 7 点，与美、英驻苏大使通报苏联对日宣战的声明。莫洛托夫在宣读了苏联的宣言后提醒他们，苏联在德国投降三个月后，就已经开始将进攻日本视为己任。斯大林在同美国总统的代表霍普金斯的交谈中甚至给出了时间——8 月 8 日。同时，苏联对同盟国声明宣战时间会晚一些，在 8 月中旬。然而现在，他认为苏联履行承诺、承担自己国际义务的时刻到来了。②

随后，外交部人民委员回答了大使们的几个问题。英国大使科尔感兴趣的是，日本大使在接到宣言时如何反应。莫洛托夫说，接到宣言

---

① 伟大卫国战争中的苏联外交政策（第三卷）。莫斯科，1947 年，第362—363 页。
② Б. Н. 斯拉文茨基：走向战争的苏联和日本（历史资料，1937—1945）。莫斯科，1999 年，第 466 页。

书，佐藤认真读了好几遍后问：应当如何理解"这是为能够接近于实现和平、使人民免遭进一步苦难的唯一方法，并使日本人民有可能免遭德国拒绝投降后所带来的危险和破坏"。莫洛托夫回答，苏联希望缩短战争进程，减少日本人民遭受的痛苦。日本大使回答，他本人也喜欢战争不要再拖延下去了。然后，佐藤大使问，他是否可以用密码电报把宣言发给日本政府。莫洛托夫同意了，并提示这将是日本使馆能发送的最后一份电报。①

将近午夜时，斯大林请美国大使 A. 卡尔曼去克里姆林宫。卡尔曼首先表达了对美、苏在战争中重新结成同盟感到满意。斯大林回答说，苏军在东方、西方战线都所向披靡，没有遇到强烈的抵抗。在东方战场已经开始对格罗杰科沃（滨海区）展开攻势；第二战场在向海拉尔推进；苏军第三纵队翻山越岭，从察哈尔开进了索伦山地区；骑兵部队从乌兰巴托南部地区经过茫茫戈壁，向着奉天的方向挺进。苏军还没有向哈巴罗夫斯克和布拉迪沃申斯克之间以及萨哈林的边境发动进攻，这是下一步的事，现在主要的目标是哈尔滨和长春。②

当天，英国也欢欣鼓舞地报道了苏联对日宣战的消息。英国首相艾德礼在公开声明中说道："英国人民深刻认知、高度评价俄罗斯在英勇抗击德国法西斯的过程中付出的巨大牺牲和承受的极大压力。今天苏联对日宣战，证明了同盟国的团结。这将会缩短战期，为全世界和平创造条件。我们欢迎苏维埃俄罗斯的这个伟大决定③。"

蒙古人民共和国响应苏联政府 1945 年 8 月 8 日的宣言，也加入进

① 马里兰大学帕克分校国际史料：1943 年 10 月至 1945 年 10 月美国对莫斯科的军事任务。
② Б. Н. 斯拉文茨基：走向战争的苏联和日本（历史资料，1937—1945）。莫斯科，1999 年，第 467 页。
③ 伟大卫国战争中的苏联外交政策（第三卷）。莫斯科，1947 年，第 365 页。

来。8月10日，小呼拉尔和蒙古人民共和国议会一致通过对日宣战。

苏联在远东的作战也得到了重庆和延安的热烈响应。

蒋介石在给苏联元首的信中写道："在中国抗战最初，第一个给予我们巨大的道义和物资援助的是苏联。对此，我们铭记在心。今天苏联对日宣战，这令每一个中国人都极为振奋。"①

1945年8月8日，毛泽东、朱德代表中国人民和中国解放区武装力量给苏联部长会议主席斯大林发去一封电报："我们代表中国人民，热烈欢迎苏联对日宣战。中国解放区一亿民众及武装力量，将与苏联红军以及其他同盟国军队并肩作战，消灭可恨的日本侵略者。"

1945年8月9日，日本以关东军为主力，在满洲集结四十二个步兵师、七个骑兵师、二十三个步兵大队、两个骑兵大队、两个坦克大队、一个敢死队、两个空军队伍、松花江舰队以及其他几个团。日本最有战斗力的军团是由关东军百万大军组成的，包括三个方面军、一个野战军，计有一千二百一十五辆坦克、六千六百四十门火炮和迫击炮、二十六艘战舰和一千九百零七架飞机。② 关东军总司令是陆军大将山田乙三，参谋长是陆军中将秦彦三郎。

敌寇仰仗认为不可突破的强有力的防御体系；此外，日本还指挥一支二十五万的"满洲国"伪军以及内蒙古德王的骑兵。

到远东的苏联军团由在欧洲积累了丰富战斗经验的军人组成，到1945年8月，共计一百七十万人，装备有两万九千八百五十三门火炮和迫击炮、五千二百五十辆装备了自动机枪的坦克、五千一百七十一架战机。③

① 伟大卫国战争中的苏联外交政策（第三卷）。莫斯科，1947年，第365页。
② 从古至今的卫国战争史（第二卷）。莫斯科，1995年，第398页。
③ 第二次世界大战史（1939—1945）（第十一卷）。第182页。

1945 年 8 月 9 日夜，从贝加尔到太平洋的红军三大方面军——远东第一方面军、远东第二方面军和外贝加尔方面军，联合蒙古人民共和国人民军，从三个方向向中国东北进军。太平洋舰队也在积极行动。

8 月 9 日，日本总理大臣铃木在日本军部参谋部会议上声明："今天早晨和苏联的战斗置我们于毫无退路的境地，让接下来的战争毫无办法。"

同时，红军的进攻遭遇了日军的顽强抵抗，战斗中损失惨重。因为日军防御重重，十分严密，苏军不得不在敌人猛烈的炮火下让坦克、机枪、空降兵登陆，强行突破巨大障碍。其中包括牡丹江防线（一百五十至两百米宽，六至十六米深），当时江上所有的桥梁都被炸毁了。

溥仪回忆道："1945 年 8 月 9 日早晨，最末一任关东军司令官山田乙三和他的参谋长来了，向我报告说苏联已经向日本宣战了。山田乙三是个矮瘦的小老头儿，平时举止沉稳，说话缓慢，这天的风度完全变了。他急促地向我讲述日本军队如何早有十足准备，如何具有必胜之信心。他的话没说完，忽然响起了空袭警报，我们一齐躲进了防空洞。进去不久，就听见不很远的地方响起了爆炸声。一直到警报解除、我们分手时为止，他再没提到什么信心问题。"①

次日，山田乙三和参谋长又来了，宣布日军要退守南满，"国都"要迁到通化去，并告诉溥仪必须当天动身。溥仪想到他的财物和人口太多，无论如何当天也搬不了。经再三要求，总算给了三天的宽限。

溥仪在伪宫中处于戒严状态，穿着衣服睡觉，口袋里总是装着一把手枪。吉冈在山田乙三走后跟他说了这么一句话："陛下如果不走，必定首先遭受苏联军队的杀害！"

---

① 我的前半生：中国末代皇帝溥仪回忆录。圣彼得堡，1999 年，第 404 页。

"他们害怕我这个人证落到盟军手里，会不会杀我灭口?"① 溥仪思忖着。这个问题一冒头，他的汗毛都竖起来了。

开始收拾上路了。溥仪的珍宝都收起来了——善本书籍、手卷、手表、相机、望远镜，等等。特别贵重的宝贝由侍从包好放在箱子里，溥仪端坐在椅子上，负责看管。其余放在别处，让他的外甥们照看。宝贝装了五十七个木箱，每个箱子长一百至一百二十厘米，宽四十厘米，高五十厘米。②

溥仪决定消灭一些对他不利的证据。首先，他决定烧掉一些文件、十四年来的部分日记本、不同场合拍摄的一些电影胶片。他让人在宫里挖了一个坑，用来焚烧他的"黑材料"。胶片和笔记本烧得很慢，大半天工夫才烧了三分之一。最后烧掉了三十个电影拷贝和大约一百本皇帝日记。③

随着战争规模的扩大，在日本关于停战还是打下去的两派意见争执日益尖锐。有远见的日本外交家和政治家说服政府接受投降条件，停止战争。外务副大臣松本骏一对自己的上司东乡茂德表示："公告，实际上是有条件的投降。"结束战争的唯一办法是接受他们的条件。这个观点得到了日本驻莫斯科大使佐藤直刚的支持，他给东京发了一封电报，号召政府接受波茨坦公告的条件。④

在皇宫的紧急会议上，东乡茂德表明了外务部的意见，得到了总理大臣的支持：有条件接受波茨坦公告，即不能给天皇名号传统带来任何损失。由于军方对这一立场表示不满，总理大臣"请求天皇圣裁"。天

① 我的前半生：中国末代皇帝溥仪回忆录。圣彼得堡，1999 年，第407—408 页。
② 戴明久：皇帝出狱——末代皇帝获释前后。第 19 页。
③ 戴明久：皇帝出狱——末代皇帝获释前后。第27—28 页。
④ Б. Н. 斯拉文茨基：走向战争的苏联和日本（历史资料，1937—1945）。莫斯科，1999 年，第473 页。

皇平静地回答，他同意以保留民族的君主名号为条件，接受波茨坦公告。①

基于天皇的决定，日本外务部通过瑞士、瑞典政府，于 8 月 10 日上午通知美、英、苏、中，同意在"不给天皇制度带来任何损害"的条件下无条件投降。

8 月 10 日，日本外务大臣东乡茂德代表政府向苏联驻日大使 Я. 马立克声明，日本政府准备接受《波茨坦公告》。

8 月 11 日，四国政府（苏、美、英、中）向日本政府发出咨文，要求其在所有战线停止行动，无条件投降。1945 年 8 月 14 日，日本政府声明不会再有战争动作，通知美、苏、英、中接受《波茨坦公告》的条件。1945 年 8 月 15 日，日本天皇裕仁通过广播放送了日本接受无条件投降的公告。

根据同盟国协议，美国上将道格拉斯·麦克阿瑟作为盟军最高统帅、全权代表接受日本投降。1945 年 8 月 15 日，麦克阿瑟与日本政府通过无线电联络，并发布了取消对日本军事行动的指令。从这一天开始，太平洋战场上日本和英、美的战争停止了。②

大部分俄罗斯历史学家认为，部分关东军没有接到投降的命令，还在对苏军负隅顽抗。为此还援引 1945 年 8 月 16 日苏军总司令部的特别说明："只有当日本帝国主义下达命令，停止一切战争，放下武器，并且这个命令得到执行的时候，才能认为日本投降了。"③

就这样，满洲日军继续对苏作战。8 月 16 日，日军甚至掀起了反

① 东乡茂德：日本外交回忆录。莫斯科，1996 年，第 469—471 页。
② Б. Н. 斯拉文茨基：走向战争的苏联和日本（历史资料，1937—1945）。莫斯科，1999 年，第 486 页。
③ 伟大卫国战争中的苏联外交政策（第三卷）。莫斯科，1947 年，第 384 页。

攻。如此，苏军就不得不和日军开战。他们的"敢死队"公然在边境某些地方发动进攻。

8月11日晚上，吉冈来到溥仪处，告诉他该走了。溥仪的弟弟、妹妹、侄子们已经先行去了火车站，只剩下溥仪和他的两个妻子。溥仪和妻子坐在后面一辆车上，日本人桥本虎之助捧着盛着"神器"的包袱走在前面。无论谁经过，都要向它鞠躬。坐火车去大栗子沟差不多花了两天三夜。本来应该从沈阳走，但为了躲避苏军空袭，改走了吉林—梅河口路线。因食品不足，两天里只吃了两顿饭。沿途到处是日本兵车，队伍不像队伍，难民不像难民。火车到达吉林车站时，皇帝看见成批的日本妇女和孩子涌向火车，向阻拦他们的宪兵哀求着，呼号着。

1945年8月13日，溥仪到达大栗子沟，被安排住在日本矿长的房子里。煤矿在一个山湾里，与朝鲜仅一江之隔。

日本宣布投降后，吉冈来到溥仪的住处，告诉他："天皇陛下宣布投降了。""美国政府已表示对天皇陛下的地位和安全给以保证。"溥仪马上跪下，向苍天磕了几个头说："我感谢上天保佑天皇陛下平安。"然后，吉冈告诉他，关东军已经和东京联系好，决定送他到日本去。然而，他又说，"天皇陛下也不能绝对保证陛下的安全，这次要听盟军的了。"①

溥仪已经得到通知，8月17号他必须坐飞机去日本。吉冈叫他挑选几个随行人员，因为飞机太小，不能多带。溥仪挑选了溥杰、两个妹夫、三个侄子、随行医生和随侍大李。

"我怎么办呢?"福贵人哭哭啼啼地问。

"飞机太小，你们坐火车去吧!"

"火车能到日本吗?"

① 我的前半生：中国末代皇帝溥仪回忆录。圣彼得堡，1999年，第384页。

"当然能到。"溥仪不假思索地回答。①

飞机载着溥仪、御弟溥杰、日本人吉冈、桥本和一名"神官"，飞行的第一个目的地是沈阳。他们要在那里中转，换一架大飞机。溥仪的亲戚和一个日本宪兵坐在第二架飞机里。

上午 11 点，溥仪的飞机到达沈阳机场，在机场休息室等候另一架飞机。

---

① 我的前半生：中国末代皇帝溥仪回忆录。圣彼得堡，1999 年，第 411 页。

成为俘虏

1945 年 8 月 9 日至 14 日，在对日军事行动的第一个阶段，苏军粉碎了十六个要塞，攻克了多重防线，进入了作战区域。到这个阶段，满洲主要大城市，如奉天、吉林、长春、哈尔滨都还在日本人手里，无须说更远的旅顺－大连港了。

在苏联各联邦共和国首都都在准备庆祝日本投降时，苏军远东大本营却要面对攻城略地之努力的失望。按照盟军约定，这些地方早该拿下了。

为了完成最高统帅的任务，外贝加尔方面军于 1945 年 8 月 17 日出发，沿着张北、多伦淖尔、赤峰、通辽、奎屯、扎兰屯沿线行进。敌人在撤退的时候炸毁了桥梁，炸毁了海伦—阿尔山—莫伦地段的铁路，苏军必须将中断的满洲铁路路轨重新连接上。这阻碍了第三十九军多兵种部队和第六军坦克火炮部队的快速行进与物资供应。

1945 年 8 月 18 日，统帅华西列夫斯基给外贝加尔方面军和第一、第二远东方面军下达命令："由于日军的抵抗和摧毁，糟糕的路况严重阻碍了我军主力的快速推进。为了早日打下长春、奉天、吉林、哈尔滨，必须依靠行动迅速、装备精良的特种队伍的行动。起用这种部队是为了解决最后问题，不怕他们脱离主力部队。"①

---

① Б. Н. 斯拉文茨基：走向战争的苏联和日本（历史资料，1937—1945）。莫斯科，1999 年，第 486 页。

别动队是由坦克分队、狙击手汽车分队、自动机关枪、反坦克歼灭机关枪分队组成的。这支机械化队伍的任务是深入满洲和北朝鲜，加快对已经投降敌人的缴械，解放被占领土地，阻止他们摧毁工厂和其他重要目标，转移重要资产。在那里，日军开始按照关东军总司令 1945 年 8 月 18 日的命令投降，放下武器，成为俘虏。① 进入满洲核心地段后，外贝加尔方面军向最大的工业和行政中心——奉天和长春挺进。

1945 年 8 月 15 日至 19 日，外贝加尔方面军的战果是征服了缺水的荒原、山脉，占领了张北的右翼、左翼——攻克了海拉尔要塞区，往满洲纵深推进了三百六十至六百公里。8 月 19 日，十七军进入长春和奉天地界。由于陆军不能按期占领满洲大城市，大量被批准使用空降兵。几乎差不多同时，苏军空降兵准备就绪，分别在奉天（8 月 19 日二百二十五人）、长春（8 月 19 日二百二十人）、哈尔滨和吉林（8 月 18 日至 19 日）、旅大港（8 月 22 日至 23 日二百五十人）空降。按计划，部队主力很快就会跟上来。

1945 年 8 月 19 日夜，军事参谋部全权代表、外贝加尔方面军政治部主任 A. 普利图尔被外贝加尔方面军总指挥马林诺夫斯基元帅叫去。P. 马林诺夫斯基和方面军司令部主任 M. 扎哈罗夫、参谋部中将 A. 捷夫钦科夫、空军和坦克部队的指挥官站在战壕里铺开的地图前，A. 普利图尔一进来，马林诺夫斯基就直奔主题："最高统帅要求我们最后采取行动。作为司令部的领导，你们知道现在的政治和战略状况。一个小时后，你们就要下令空降，飞往奉天。据我们所知，那里有日军第三方面军的司令部，'满洲国'皇帝溥仪也在那里。你们的任务是抓住奉天最重要的目标，迫使日军司令部下令完全无条件投降，找到那个皇帝。详细指令后面下达。明白了吗？"

---

① 伟大卫国战争中的苏联。莫斯科，1978 年，第 686 页。

"明白了。"

"这是非常严峻的行动。道罗费奇（指普利图尔），现在任命你为前线和苏联政府在奉天的特命全权大使！那里有数十万敌军；也有期待我们到来的和平居民；那里有战俘集中营和各国领事馆。一句话，你们要为每一个行动负责。行动吧！"马林诺夫斯基下令。

一个小时后，普利图尔已经和空降兵站在机场了。飞行开始。机上载有二百二十五名空降部队官兵。其中，特别安排了第六坦克部队训练有素的军人、专业侦察兵和大多身经百战的出色狙击手，不少人都荣获过军功章。主力是胡佳科夫的空军第十二师，他们的飞行员在这次行动中要发挥重要作用。普利图尔仔细检查了每个空降兵的武器、装备，特别是降落伞。按照部署，空降兵对于占领沈阳将发挥决定性作用。日军后方虽已投降，却依然有残部在负隅顽抗。飞机应当在丰田北机场降落，但不排除发生跳伞的复杂情况。谁也不能担保日军中没有拒绝放下武器的，执行任务中可能会发生各种情况。

很快，由几十架飞机组成的机群飞往奉天了。运输机周围是歼击机、强击机、轰炸机。这不仅是跟踪，情况有可能让空降兵采取极端措施，弹药舱满负荷装载，歼击机由富有战斗经验的飞行员驾驶。假如日军将领断然拒绝投降，或者采取军事行动，他们必须给奉天最重要的军工中心以毁灭性打击。

在一处山脉之上，机群遭遇雷雨，必须马上作决定。穿越雷雨区，意味着冒险；返航，意味着战机殆失。最后决定：在王爷庙迫降，进行补给，补充编队；等雷雨过后继续飞行。

飞在前面的胡佳科夫，此时已经在王爷庙机场散步了。

"将军，您在某种意义上是军使！执行这种微妙的任务，长机的机翼上没有白条纹是不符合规矩的。"

胡佳科夫下令寻找白色的颜料，但找遍四周也没有。突然，普利图尔看见面前走过的飞行员手中拿着炼乳。

"这就是颜料!"

他马上下令打开几十罐炼乳,在长机的机翼上描出了非常接近白色且足够亮的条带。这样,日本人就没有理由怀疑我们的善意了。很快,飞机又穿云拨雾,向着目标全速起航。到奉天的飞行途中没发生什么大事,只遭遇了几架日本歼击机而已,顺路就扫除了。红星机群全速前进,飞到了弥漫着蓝色烟雾的奉天上空,盘旋降落。从上方可以清晰看到日军炮手在高射炮旁忙碌着,可以看到敌军阵地上弥漫的烟雾,大部分飞行员脑海中闪过一个念头:要不要开枪射击?如果开枪,就不得不通过武力夺取城市,就会导致很多不必要的伤亡。然而,不知是苏联人来得过于突然,还是瞄准飞机的高射炮害怕还击——高射炮沉默着。①两架苏军歼击机先行着陆,沿机场滑行一圈,检查是否有埋伏。随之长机降落,然后是空降兵僚机。接下来发生的一切瞬息万变。按照先前计划,空降兵占领机场,消灭敌军卫兵,将他们缴械后赶进机库。机场卫兵和日本飞行员只来得及放了几枪,没有影响行动实施。配备机关枪的空降兵迅速而无畏地展开行动。只过了几分钟,大门口和拦路竿等地到处都是苏联士兵,只有四个离飞机很近的飞行员貌似有机会逃脱。当空降兵包围机场时,这几个飞行员刚来得及爬进机舱,驱动发动机,升到

---

① 中国历史学家戴明久根据某些事实认为,苏联和日本军队高层就递解溥仪一事有秘密协定:日军将溥仪"献给"苏军,交换苏联的某些许诺。不过这个消息未让下层军官知道,而是让溥仪从通化到沈阳走了一条颇为令人费解的路线。通化旁边就是朝鲜,可以很快逃跑,根本不用飞三个小时到沈阳。更令人费解的是,占有绝对优势的苏联空军竟然没有在空中拦截溥仪的飞机,而是让它毫无阻碍地飞行了三个小时。接下来的事情就更奇怪了,空降兵和溥仪几乎同时到达,而且苏军知道溥仪就在机场,空降兵几乎没有遇到任何抵抗。

空中，然后就像说好了似的，四架歼击机同时往下俯冲，几乎同时坠毁——日本飞行员在空中完成了传统武士的切腹。

苏军空降兵一秒钟都不浪费，在军官的带领下分头占领了广播、电报、行政大楼，军火库，桥梁，铁路。第一个任务完成了，空降兵完全占领了机场——城市的空中大门，没有损失一兵一卒。援兵应该很快就到了。空降兵领导 A. 普利图尔少将回忆道：

"我带着几个战士和翻译冲进大楼，一个身体健壮、头发花白、穿着日军制服的人向我们走来。后来弄清楚了，他十月革命前是沙皇的上校。见到我手里的手枪，他举起双手，用纯正的俄语说：'将军阁下，我是俄罗斯侨民。现在是机场的安保主任。我要通知您，皇帝溥仪一行在机场休息室。'我让他把手放下，带我们去溥仪的藏身之处。路上俄罗斯爱国者说，日本政府要傀儡皇帝从长春飞往东京。因为长春没有合适的飞机，皇帝取道奉天，等他的主子准备专机疏散。他应当是分分钟就要飞东京了。① 我在心里感谢命运，让我们及时赶到了。不知道前方还有什么多余帝位带来的麻烦在等着他，但'满洲国'皇帝还在自由行动。

"我们上楼来到休息室。突然，一个瘦小的将军从里面走出来，宛若无事一般急匆匆从我们身边走过。我叫住了他：'将军，机场已被苏军占领。只有我同意，才能从这儿出去。'

"他停下了，自我介绍道：'关东军第三方面军上将后宫淳。请问阁下是……'

"我做了自我介绍，并让他跟我走。将军做出听不懂我话的样子。俄侨对我耳语道：'将军是装的。他的俄语很好。'

---

① 在中国的大地上：苏联志愿兵回忆录（1925—1945）。莫斯科，1974 年，第353 页。

"'我可以和司令部联系吗?'他用俄语说道,知道自己的伎俩没奏效。

"'过几分钟,等我在场的时候。'

"'好。'

"我们打开休息室的大门,进入宽敞明亮,配备着柔软沙发、茶几的房间,靠墙的桌子上放着果汁、威士忌、啤酒。一个二十岁左右的人站起来,恐惧地看着我们。我通过照片认出了溥仪,他还坐在那里。最后,他把没有喝完的饮料放在桌上,站了起来。机枪手马上封锁住门窗。我走到房间中央:'我以苏联政府的名义对你实行逮捕。'

"听到这话,溥仪走到墙边。

"'请把武器交出来!'

"'满洲国'大臣一个个从桌子旁走过,交出了手枪。

"'各位!'我直视皇帝,'请交出所有的武器!'

"他明白了,走到沙发旁,推开枕头,取出一只镶嵌着摇柄的小巧手枪。他将枪放在掌中,扔到那一堆手枪里。我不是心理学家,但感觉得到,那一刻溥仪想自杀。我不知道是什么阻止了他,但他不可能不知道一切都完了——政治、灵魂、肉体都完了。

"几分钟之后,溥仪紧张地扯着衣服上的扣子,用颤抖的声音问能保住他的性命吗。得到肯定的回答后,他就告诉我们我方想知道的一切。他指认了在场的每一个成员,透露了政府的文件藏在那里、奉天的卫戍部队有多少人。他简要描述了目前日本将领以及傀儡部队的情绪,回答了我方安全部门人员的若干问题。"①

普利图尔急于完成首要任务:命令关东军第三方面军上将后宫淳下令投降。后宫淳和司令部通了电话,通知他们苏军代表马上就会到来。

---

① 接班人。1975年第5期。

城里已经知道了苏联空降兵来了。通信员说，当地居民像欢迎解救者一样欢迎苏军。日本当局时刻警惕着，在等待谈判的出路。政府门口只留下了卫兵，将军和军官们都去前线司令部了。普利图尔事先和马林诺夫斯基元帅交流了意见，告诉了他自己的想法。元帅首肯，并建议"尽量让空军只在空中发挥作用"，并说苏军坦克马上就到奉天。

日军司令部在等着俄罗斯人的到来。来自司令部、附近要塞指挥部、奉天警备部队超过二十名将军在前庭等着。普利图尔命令机枪手在门口守着，没有命令谁也不许进来。后宫淳向他一一介绍了这些将军，并建议到他的办公室去。所有人都去了楼上他那设施齐全的宽敞办公室。普利图尔坐下了，并让日本人也就坐。他不易觉察地拿出一支小巧的信号枪递给副官，并看了一下阳台。副官明白了，点了下头就出去了。必要的时候，他必须给城市上空的苏联空军发信号，以备随时对出事地点发动进攻。

普利图尔将军站起身，宣读投降令的方案："为避免无谓流血，日军必须立即停止抵抗，成为俘虏。将官可以保留冷兵器，其余武器——技术设备、汽车、坦克、飞机、弹药——必须转交苏军代表。奉天及周边重要目标：机场、桥梁、铁路、电报局、银行等，必须马上移交空降部队……保证所有日本军人的生命安全、医疗卫生、食品供应。权力转交苏军代表。"

沉默了一会儿，日军将军们面面相觑。

突然响起一声凄厉的叫喊："如果我们拒绝放下武器呢？"发声的是干瘪的、脸色蜡黄而凶恶的奉天警备部队司令本乡。此时，在日军司令部上方，苏军轰炸机大队呼啸而过。所有人不由自主地向窗外看去。普利图尔平静地答道："那么，就会发生很多无谓的牺牲。这要由你们自己的良心来决定！请记住这一点！"

日军将军们出去商量了。过了一会儿后，后宫淳宣布接受投降条件，没有异议。抛光的桌子上放上了二十多把手枪。普利图尔与日军司令官坐下来，草拟了一号令，双方签字。然后，通过广播以及军官们的关系，日军前线上下马上知道了这个消息，在指定地点交接了武器。就在这一天，苏军在溥仪的协助下找到了细菌武器的军火库。它随时都可能造成大规模伤害。日军上将后宫淳向战胜者提供了日军的详细人数与分布以及武器、弹药的存量。

1945 年 8 月 20 日，由 A. 克拉甫琴科指挥的第六装甲师开进奉天和长春时，已经是第二天了。他们继续向安东和大连开进。

1946 年 8 月，苏联军官护送溥仪前往东京法庭

逮捕溥仪的时候，有一个军人建议搜查他，但一个苏联军官说，溥仪不是被逮捕，而是被拘禁，是不能搜查的。

第二天，溥仪和弟弟溥杰、两个妹夫、三个侄子，医生、随侍以及日军高官乘坐飞机，被解往外贝加尔方面军驻地。这一行人坐上飞机，溥仪所有行李——箱子、包袱、旅行箱都由侍从们拿着，他自己很轻松。飞机先是在蒙古降落，然后飞往赤塔。

载着溥仪的飞机飞抵赤塔时，天已经黑了。一个 M 牌小轿车车队在等着。他们坐上车，车队开动了。不一会儿，汽车停下了。迎接他们的是一个苏联军官——赤塔军事卫戍部队主任，也是他以官方名义宣布逮捕溥仪等人的。在赤塔拘禁半个月后，他们被送往哈巴罗夫斯克的特别集中营。除了溥仪，还有他的弟弟溥杰、两个妹夫、三个侄子、医生和随侍。

他们住的地方被称作"四十五号特别目标"，归哈巴罗夫斯克边疆内务部管辖。这是一座两层建筑，过去属于某个中学。四十五号特别目标关押着一百四十二名日本将官、两个元帅。

需要指出的是，1945 年 8 月 23 日，苏联国家安全委员会通过了九八九六号特别密令，所有被苏联红军在满洲和朝鲜抓到的日本战犯一律发回苏联。根据贝利亚亲自签署的另一道命令，这些战犯被安排参加西伯利亚和远东建设，从事修建贝—阿铁路及伐木、开山、挖煤等工作。被苏军俘虏的日本战犯共计六十三万九千六百三十五人。①

根据《俄罗斯对外情报史概要》一书，战犯中有六百九十三个日本间谍。后来又根据"满洲国"间谍名单，抓获了一百四十二名日本间谍。②

溥仪毕竟不同于其他军人，虽然也是俘虏，却和亲属都受到了特别优待。1945 年 8 月 22 日，苏联人民内务部呈给贝利亚和斯大林的公文中写道："囚犯被安排在设施良好的住所；楼房外边有专门的军人防守，里面由专门的战犯工作人员监管。"③

千真万确！囚犯们被保护得很好，他们住的房间装有特别的监听设备。还有一个特别的秘密房间，能偷听、翻译并录下囚犯所有的谈话。

---

① B. 卡里茨基：苏联日本战犯劳改营史料。远东问题，1990 年第 6 期，第 115 页。
② 俄罗斯涉外情报史札记（第四卷）。莫斯科，1999 年，第 519 页。
③ H. 西多罗夫：中国末代皇帝：情报机关和人的命运。第 249 页。

在苏联

中国末代皇帝在苏联被囚期间，非常害怕会作为战犯交给中国法庭，那样就会被枪毙。为了留在苏联，他竭尽了一切努力。他之所以这么做，是有特别想法的。他指望着既然苏、美、英在二战中已经结盟，过一段时间后他就能移居英国或美国，靠着他随身携带的珍宝做个寓公。据他估算，这些珍宝够他享用一辈子了。如果移民西方不成，他就留在苏联，虽说他周围的人都想回家，回中国，他却暂时必须紧跟苏联。他说："我在苏联的五年间，除了口头以外，共三次上书苏联当局，申请准许我永远留居苏联。"[1]

这一点被不久前解密的联邦安全局中心特别文件所证实，它记录了中国皇帝溥仪在苏联集中营的居留。

为达到这个目的，他给斯大林写了几次信。他在 1945 年 11 月 22 日的信中写道："十多年中，余身处日本人的重压和控制之下，没有任何机会学习知识。余强烈要求去苏维埃联邦学习社会主义和其他新学识。"[2]

一个月后，1945 年 12 月 21 日，他又给斯大林写了一封信："我体验到了改称帝制后的政权的后果，试图多方面同日本人展开政治斗争，但是我的力量太微不足道了，日本人的兽行却变本加厉……总结过去，

---

[1] 我的前半生：中国末代皇帝溥仪回忆录。莫斯科，1968 年，第 410 页。
[2] H. 西多罗夫：中国末代皇帝：情报机关和人的命运。第 249 页。

哈巴罗夫斯克。溥仪居住过的苏联远东方面军参谋部别墅

应当说，我没能投入与日本人的压迫抗争，是我可耻的污点。"①

溥仪再次感谢苏联政府的接纳和不杀之恩。他请求政府让他留在国内，这样他就能更好地了解苏联的社会主义建设，补习他极为缺乏的科学知识。在这期间，他组织了一个四人"学马列小组"，包括他的弟弟溥杰以及两个亲戚，每天早晚各学一个小时。早上他们学《联共（布）党史》和《列宁主义问题》，晚上他们阅读苏军在旅顺出版的中文报纸——《实话报》。囚犯们通过报纸知道了中国的战况。溥仪说："我对这些很不关心，认为谁胜谁败对我反正一样，都会要我的命。我唯一的希望就是永远不回国。"②

---

① H. 西多罗夫：中国末代皇帝：情报机关和人的命运。第238页。
② 我的前半生：中国末代皇帝溥仪回忆录。莫斯科，1968年，第411页。

为了显示他渴望改造，并且几乎已经改造好了，溥仪申请加入苏联共产党。请求被拒绝时他还不理解，问身边苏联内务部的人："难道苏联共产党里已经有一个皇帝了吗？"① 当他得知没有后，又提出了申请，要求"成为苏联共产党里的第一个皇帝"。当然，他的请求没有被批准。

1946 年 4 月 21 日，溥仪又给斯大林写了一封信："苏联给了我第二次生命，我无法用文字表达发自内心的对苏联政府和红军的感激之情。因此，我无论如何也要留在苏联，献身科学研究的最新成果……我将胼手胝足地工作。在我的有生之年，我都要感谢苏联对我的再生之恩。"②

在此期间，东京国际法庭的工作正在筹备中，有人提议让中国皇帝作为证人之一出庭作证，指证日本帝国主义在战争中犯下的罪行。

有关事务按部就班地进行。之后，斯大林给苏联内务部长 C. 克鲁格洛夫下达了如下指示："根据政府指示，准备让前'满洲国'皇帝溥仪作为证人出庭东京审判。根据在哈巴罗夫斯克的初步调查，他证实日本对满洲干涉的目的是要对满洲进行政治、经济、宗教的奴役，把满洲变为武装进攻苏联的战略基地。"③

综合评判之后，溥仪为东京审判做了全面准备。起飞前为他准备了八套西服，让他选一套试穿。他选择了藏蓝色西装、白衬衣、窄款深色领带及质量很好的一尘不染的皮鞋。

1946 年 8 月 9 日，溥仪被带到东京。这一天，所有日本报纸都刊登了溥仪的照片，指出他的证词之于审判的重要性。

1946 年 5 月 3 日，远东国际军事法庭第一次开庭。就在日本前军部大楼，坐落在东京一片废墟之上。

---

① 百年潮。北京，1998 年第 2 期，第 78 页。
② H. 西多罗夫：中国末代皇帝：情报机关和人的命运。第 240 页。
③ H. 西多罗夫：中国末代皇帝：情报机关和人的命运。第 239 页。

就在几个月之前，美国人以其纯美式的气派对这个庞大而富丽堂皇的大厅进行了修复。美国人希望在这个历史进程开始之前准备好一切。

以下是这个举世瞩目的事件第一次开庭的情况：十一个法官分别坐在各自国家的旗帜下（苏、美、中、英、法、澳、荷、加、新西兰以及菲律宾都是对日宣战的国家）的高台上。稍低一些的桌子是证人及辩护人、速记员、翻译的位置。在大厅的另一侧，同样在高台上，被告人坐在两排长椅上，由戴着白色头盔的美国宪兵把守。右边是两百名日本及外国新闻记者的阵容；他们上方的走廊里，是三百名同盟国代表及两百名日本代表。

东京法庭向被告和证人的讯问流程是这样的。首先进行原审，由被告向法官自由陈述。然后是直接提问，由律师作为一方传唤证人。之后是对公诉方，即原告的交叉提问。然后获准进行第二轮对辩护人的原审以及对原告的交叉提问。这和纽伦堡审判的制度类似，但在东京有一些变化。纽伦堡的原审，即被告的自由陈述是口头进行的，而在东京是书面进行的。为了节约时间和减少语言障碍，法庭要求原告和辩护人提前准备好书面证明材料，即便他们亲自出庭。法庭的章程对书面形式的证据没有任何限制。这些证据被称作证词，根据法庭的决定可以在法庭替代原审的口头证人，如果传唤他困难的话。

这些证词替代了对证人的口头主审。这样一来，口头的讯问只剩下原审、交叉提问、第二轮原审、第二轮交叉提问。法庭对此只有一个例外：如果法庭传唤的是美国人、英国人，或者受过良好教育、能够说流利英文的人，可以只需口头讯问。

阅读一个人的证词通常会耗去几个小时，个别的会持续好几天。

辩护花了几乎整整一年——从 1947 年 1 月 24 日持续到 1948 年 1 月 12 日。两万零一百七十一页的速记可以见出律师们的努力。有一千六百零三份文件、五百二十四名证人被提交最高法官。终辩持续了三十一天，速记机打印出来后达到了六千零三十三页。原告最后的陈述持续了十四天，速记三千一百二十六页。

溥仪作为证人，在国际法庭作了八天证词。据说，这是整个审判中持续时间最长的。他必须揭露日本侵略者的真实面目；他要论述日本人通过何种手段利用他清朝皇帝的身份，把他作为傀儡，实现对满洲的侵略计划；他要证明，他只是一个被日本人操控的傀儡，所知不多，没有直接参与镇压人民。

从 1920 年代末到 1930 年代初，日本不只从一个方面宣传，满洲从中国"独立"是满洲人民"自发运动"和建立"自己国家"的结果。溥仪必须证明这都是谎言。

当同盟国调查员询问日本人吉冈时他必须承认的是，作为奉天市市长，他接受关东军总司令本庄繁的任务，说服中国满清王朝末代皇帝溥仪出任"满洲国"傀儡执政。本庄也命令他转达溥仪："关东军欢迎他的到来。"他就照做了。

吉冈说，中国伪逊帝非常清楚这个建议实际意味着什么。吉冈在法院审判过程中甚至声明，板垣建议他在促成溥仪从天津到奉天的过程中不要使用武力。

法庭对伪逊帝的讯问显示，在他即位之前，在被日本人占领的奉天就已经有一个叫作"和平委员会"的中国人自治组织。它是日本人建立的，最活跃的组织者之一是著名日本间谍、渗透与干涉高手吉冈，当时他任奉天市市长。溥仪证明，当时吉冈"为了建立一个傀儡制度的组织"，给中国官员施加了巨大压力。当时吉冈也来拜访过他，但被他拒绝了。自然地，法庭问他为什么在 1931 年"满洲事件"中他从 1924 年就居住在那儿的天津辗转地去了满洲，去了离奉天很近的旅顺。溥仪解释说，当时他的周围"有很多跟踪事件，发生了一系列恐吓与恐怖活动"，他是担心自己的生命安全才离开的。公诉人之一——中国的倪征燠检察官在主持对被告席上的吉冈安直与板垣征四郎交叉提问时问后者，是谁授意在中国建立傀儡政权的。板垣回答，是关东军命令吉冈在北支那成立的傀儡政权，但这并不是他的授意，而是东京军部核心的决定。在问及为何日本人不仅要在满洲还要在华北成立傀儡政权时，板垣回答说因为需要一个强大的战略基地。又问："针对何方？""关东军基本目的是针对北方的，是为了反苏。"① 板垣回答。

东京审判公诉方代表——中国检察官向哲浚、美国人谢顿、旅顺大尉萨顿斯基有力地证明，吉冈安直是邪恶地、利用毒品不见血地侵略其他民族以掩盖罪行的主谋。这种侵略"武器"首先成功征服了满洲，随后是华北、华中和华南。在这场可怕的"鸦片战争"中，并没有攻城略地，也没有烧杀抢掠，侵略者毫无战争耗费就达到了自己的目的并从中获利。除此之外，日本人编织的鸦片与海洛因网络促成了另一个网络的形成，那就是情报网。

在法庭，向哲浚检察官愤怒地发表了开场词："日本领导人用鸦片和其他毒品作为征服中国计划的一部分。这是用于侵略中国的另一种武器。这是在撕毁日本参加的国际禁毒公约。我们将证实，日本侵略军所到之处，无论军方还是普通日本商行都在进行非法的、大规模的鸦片或其他毒品贸易，遍及中国所有地区。这些商行从事的是当地人闻所未闻的海洛因、吗啡及其他鸦片制剂的买卖。我们将证实，日本人在一路攻城略地的同时，立即把沦陷区变成即将开展军事进攻的下一个区域的鸦片侵略基地。与此相关，我们还将证实，从'满洲国'傀儡政府成立的那一天起，也包括华北、华中、华南所有的傀儡政府，都触犯了中国关于鸦片和其他毒品的法律，形成了鸦片垄断。简言之，证据将证明，日本人的鸦片以及其他毒品经济主要有两个目的：摧毁中国人民的抵抗意

---

① Л. Н. 斯米尔诺夫，К. Б. 扎伊采夫：东京审判。莫斯科，1984 年，第 116 页。

志，为日本军事和经济侵略战争提供基本财政支持。"①

所有这一切都由原告证实了，萨顿斯基大尉援引1939年6月1日美国给日本的照会。其中有对日军控制下的中国区域被毒品化的指控。这等于粗暴撕毁了1931年多国在日本签署的国际禁毒协议。然后，他向美国人出示了令人好奇的一份文件。"满洲国"傀儡政府在本土的钢铁厂是为日本工业和日本军队生产武器服务的。日本工业银行为此提供了三千万元贷款。该文件的一部分有银行经理伊藤的签名，其中提到如何偿还贷款的问题。公诉人把这一部分宣读了。"贷款的偿还由鸦片专营的进项来担保……投资和利息主要都由该项专营的收入偿还。"②

作为呈堂证供，萨顿斯基还出示了"满洲国"外务部的官方报告。其中提到三千万居民有九百万（将近三分之一）是瘾君子，百分之六十九的吸毒者（超过六百万）是三十岁以下的年轻人。溥仪政府和日本财务的金库是这个报告的见证，每年有五百万美元的进账。萨顿斯基援引数据说，因为溥仪政府没有足够的原料生产毒品，1933年4月11日通过决议，取消从朝鲜到"满洲国"鸦片原材料的自由贸易。日本外务省的某个部门得意地宣称：1939年完成了提高朝鲜鸦片原料产量的计划。"满洲国"得到了该毒品最多、最好的一份，共计八十吨。

东京国际军事法庭还使用了1937年6月12日的文件。这份国际联盟的报告号召抵制毒品传播。委员会指出，在国民党统治范围内，禁毒斗争收效显著。"当我们到那些被日本人控制的省份（满洲）时，看到的是另一番情景。和1936年相比，罂粟种植面积增加了十七个百分点，

---

① Л. Н. 斯米尔诺夫；К. Б. 扎伊采夫：东京审判。莫斯科，1984年，第124—125页。
② Л. Н. 斯米尔诺夫，К. Б. 扎伊采夫：东京审判。莫斯科，1984年，第125页。

1937 年政府鸦片税收比 1936 年增加了二十八个百分点。"① 接下来提交的是一份美国驻沈阳总领事给美国政府的关于 1939 年"满洲国"预算的报告。"贩卖鸦片依然是'满洲国'仅次于外贸收入的重要财政来源。去年专营鸦片的价值共计三千两百六十三万元；今年差不多是四千三百四十七万元。每个男人、女人、儿童，按照规定都要从自己微薄的收入里为鸦片支付三元。"② 法庭还收到文件，证明日本人在"满洲国"和中国其他地区扩散鸦片的传播。

首席检察官——美国人约瑟夫·季南决定亲自审问溥仪。我们援引总检察官的提问以及伪逊帝回答的部分速记，以便更清晰地展示他对某些棘手问题的反应。这有利于很好地揭示他的性格，更何况他在回忆录中对东京审判的记录少得可怜。这份速记材料显示，东京法庭是如何运行的，审判中提出了哪些问题。

季南：您退位之后住在哪里？

回答：继续住在北京。中国政府和皇室签了协议。根据协议，政府每年给皇室拨款四百万元，皇室享有与国民同等权利。

提问：退位后，您在北京住在什么地方？

回答：仍旧住在宫里……

季南：是哪一年搬到日本使馆的？

（溥仪没有回答，他在给自己搬家的动机找理由。这对他来说很重要。他意味深长地说：当时北京散布了很多威胁他的舆论）

季南：您去日本使馆的时候是多大年龄？

回答：按照中国的算法我十九岁，但实际上是十八岁。

---

① Л. Н. 斯米尔诺夫，К. Б. 扎伊采夫：东京审判。莫斯科，1984 年，第 126 页。
② Л. Н. 斯米尔诺夫，К. Б. 扎伊采夫：东京审判。莫斯科，1984 年，第 127 页。

提问：您在日本使馆住了多久？

回答：半年或更久些吧。

提问：离开后您去了哪里？

回答：得到中国政府允许后，我去了天津。

提问：在天津您生活了多久？

回答：从二十到二十七岁，也就是说，七年。

提问：请说一下您接受"满洲国"最高执政职位的基本理由！

回答：当时我还很年轻，没有政治经验。我的四个遗老大臣企图说服我同意板垣的要求，说如果我拒绝，生命会受到威胁。在日本军方的压力之下，我想，中国人可以合理地利用加入满洲的机会争取时间，壮大军队，准备人民自治。到那时，满洲人民就可能有机会和中国人民联合起来，在合适的时机开始抗日。我就是怀着这样的想法进了虎穴……

提问：根据历史记录，您于1932年3月1日出任"满洲国"最高执政。请您讲述在此期间是如何施政的。

回答：所有权力都集中在关东军驻满洲总司令本庄繁以及司令部总参谋长板垣征四郎手里。

提问：您是否记得从1932年4月1日起颁布的几个"诏令"？

回答：没有一个是我自己颁布的。

提问：您任执政期间，对签订日满密约持何种态度？

回答：签约那天前，我甚至不知道有这样一份合约存在。第二天日本驻满洲大使来到总理府，说："这份合约需要签字。"

提问：在您签字之前，是否征求过您的意见？

回答：是的，形式上请我批准，但是当时在军方恐吓下我们已经失去了自由……

（接下来季南感兴趣的是，既然溥仪被日军胁迫，为何在1932年国际联盟调查团到长春会晤期间，没有告诉代表李顿？要知道国际联盟给

李顿的任务就是查清"满洲事件"真相的。然而，当时溥仪言之凿凿地对李顿说，他们的政体是独立自主的，和日本人没关系）

回答：我当然是钦佩李顿的。因为他的使命是与"满洲国"有关系的，我当时很想告诉他真相。我盼望能与他单独会面，但这只是我的一厢情愿，从来没有实现过。

当我与李顿会谈的时候，关东军当时就在一旁监视。因为李顿的任务是调查民族压迫的情况，如果我说实话，只要使团一离开"满洲国"，我就会被打死。这就好比强盗闯进你家里，邻居过来救你，但你却什么都不能说，因为强盗用枪顶在你背上。

审判长（反驳）：我非常不愉快地插一句。当然，我们不能对证人作评判，但我们感兴趣的是他的可信程度。生命的威胁、死亡的恐惧都不能成为临阵脱逃的借口，这并不能成为为变节进行辩护的理由。整个上午，我们都在听这个人为自己与日本人的合作辩护。我想，我们都已经听够了。

季南：我并没有提示要对被告席之外的任何人进行审判。

审判长：显然，不戴耳机的话您就听不全我说的话了。我已经说过，并不是要审判他，但我们感兴趣的是能在多大程度上信任他。我们的问题是他是否可信。

季南：您是否记得，在您担任执政时，"满洲国"立法机构的名称？

回答："立法院"。

提问：您任执政期间是否去这个机构开过会？

回答：一次也没有去过。

提问：官方文件证明，您于 1934 年 3 月日成为"满洲国"皇帝。您能否告诉我们，您和日本当权人物就这个问题的交流到了什么程度，您是如何当上皇帝的？

（结果是，如果溥仪的话可信，日本将军让他相信，"满洲国"皇

222

帝的地位是和天皇等同的）

提问：您与"满洲帝国"基本法有何关系？

回答：根据基本法，我作为皇帝，享有皇帝的一切权力。

提问：您是否行使过"满洲国"法定权力来治理满洲？

回答：有过。

提问：在"满洲国"政府，您是怎样行使合法权力的？

回答：根据基本法，我拥有这些权力，但实际上什么权力都没有。情况是这样的：法律是一套，现实中的状况又是另一套。当时法律只不过是句空话，满洲人实际上什么也做不了。

提问：在满洲部队军官任免中，您行使了什么权力？

回答：根据法律条款，所有军官都必须由我来任命，但实际上我不能任命任何人。

提问：您是否给军队下达过关于编制、装备、移动之类的命令？

回答：根据法律我有，但实际没有。

提问：请提供和"满洲帝国"事务有关的真相。

回答：好的。书面上他们欺骗人民和全世界，说"满洲国"是"独立国家"。但实际上，"满洲国"是被关东军所控制的，所有的副部长都是日本人。

提问：谁是各行政部门的领导，中国人还是日本人？

回答：部长是中国人。但他们都是日本人的幌子，实际上是日本人在操控。关东军有一个第四课，专门负责满洲事务……

有一次召开了省长联席会，其中有兴安省长。会上，他对日本人的立场发了几句牢骚。过了一段时间我们才知道，这个省长被关东军逮捕了。经过名义上的审讯，指控他有反"满洲国"言论和抗日情绪，把他给枪毙了……

日本人这是杀一儆百。他们要让人看到，说话不对就会丢命。这个省长是我亲戚，他的儿子和我的妹妹订了婚……

提问：请叙述，是什么最后主要决定了对您妻子的治疗方案。

回答：一开始是中国医生在给她看病，后来吉冈将军推荐了一个日本医生。在日本医生给她治疗期间，吉冈关起门来和医生密谈了三个小时。她的病本不严重，但是第二天日本医生给她治疗后，她就死了。吉冈将军那天在我们家待了一夜，日本宪兵和护士都非常忙碌，忙着给他通风报信。

几个月后吉冈将军提议我跟日本姑娘结婚，并说可以给我看很多日本姑娘的照片。我无法公然拒绝，只能对他说，我只想娶我真正喜欢的姑娘……

提问：推广神道教是自愿的还是强迫的？

回答：都是强迫的。立法规定，凡是对神道教有不敬者，要坐一年以上的监牢。

提问：我不知这样想是否恰当：根据日满合约，"满洲国"是一个"独立国家"。您作为该国君主，您没能坚持自己的信仰，而是在"满洲国"强迫推行神道教。

回答：是的，我们没有任何信仰的自由。

提问：满洲是否有神道教的主教？

回答：神官是桥本虎之助将军。①

提问：他在"满洲国"是否担任职务？

回答：他担任过"满洲国"参议厅副议长。除此之外，之前他还担任过关东军司令部参谋长……②

---

① 桥本虎之助于 1945 年 8 月和溥仪一起被苏军俘房。
② Л. Н. 斯米尔诺夫，К. Б. 扎伊采夫：东京审判。莫斯科，1984 年，第 84—87 页。

提问：您是否有什么特别重要的事件要告诉法庭的？

（季南转而问日本对满洲的经济侵略）

回答：在这期间，星野直树（被告之一）主管满洲工业，并控制整个经济命脉。"满洲国"由此损失惨重。

提问：是如何进行掠夺的，请详细解释一下。

回答：所有工业部门都在他们的控制之下。我指的是农业、商业、渔业、能源等。这都控制在日本人手里，不许任何中国人染指。很多中国人因此破产，情况非常悲惨。他们主要的兴趣在矿山。我想这是为了加强他们的军工业。

提问：为此，日本人建立了几个专门的大公司？

回答：差不多六十四个。

提问：这些公司的投资规模是大、中还是小？

回答：这些公司的投资规模都很大，有的上亿。换句话说，他们的计划是让中国破产，好扩大他们的影响力。

提问：您在做皇帝期间是谁掌管"满洲国"的银行？

回答：同样也在日本人手里。

提问：满人和汉人可以自由在银行储蓄吗？

回答：是的，他们可以储蓄，但不能从这里贷款。

提问：满人和汉人是否可以从事商贸活动，还是必须经过特许？

回答：我们并不能自由……经商。

提问：谁给满人和汉人发经商特许？

回答：日本人。因为一切都被他们控制了。中央银行的经理中有一个中国人，但也没什么权力。

问题：这是日本对满洲的控制计划的一部分？

回答：是的。

问题：满洲是否有属于皇帝的垄断？

回答：有，但是都在日本人的掌控之下。

问题：满洲的钞票是在哪里印制的？

回答：在日本。

问题：如您所说，在日本控制钞票发行、印刷的那个人，就控制了满洲的金融体系了。

回答：同时也控制在"满洲国"的总务厅手中，也就是日本人手里……

提问：汉人、满人的待遇和日本人平等吗，还是不平等？如果不平等，表现在哪里呢？

回答：没什么平等可言，根本就没有。日本人是永远占上风的。所有配置体系都是建立在这个不平等基础上的。各个部门日本副部长的薪酬都远远高于中国部长的薪酬。

提问：请告诉我们，关于日本在满洲的军事计划您都知道些什么。

回答：日本的这些军事计划是非常保密的，从来不向我透露。根据地图判断，日本人在满洲的东部和北部修建铁路。我断言，这是在备战……苏联没有进攻"满洲国"的计划。举几个例子：当年上田将军在满洲指挥关东军的时候，日军在张鼓峰向苏军挑衅。日本人想试探一下苏军实力，最后被击溃了。日军失败后，所有问题没有任何附加条件地解决了。如果苏联有领土野心，完全可以不停止军事行动的。①

辩护人试图责难溥仪，声称假如成功证明证人是通过私下协议成为"满洲国"皇帝的，那么他所说的就没有任何意义和价值。辩护人要证明，溥仪没有道德立场，他表现出没有政治原则、非常易变、公然背叛自己的国家。美国辩护人布列金少校对此最积极。

---

① Л. Н. 斯米尔诺夫，К. Б. 扎伊采夫：东京审判。莫斯科，1984 年，第 88—92 页。

"在您试图复辟之前，那四百万元定期向您提供了吗?"他问道。

回答：我们以为会给这笔钱，然而政府财政紧张，因此这笔钱并未到位。时不时给我们几十万元，有一次是一百万。

提问：您二次即位后这笔钱还照样给您吗?

回答：是。

审判长：您想证明什么，马约尔先生?

布列金：我想证实一下这个证人的思维特点，先生。我想证实，他一直在寻找复辟的机会，努力创造这种机会，并最后利用了这种机会。

审判长：您是想证实所谓胁迫是没有根据的?

布列金：是的，先生。

布列金接下来问溥仪，为什么他要扮演一个自己根本不能胜任的角色。

溥仪：我已经回答过了。我觉得您反复问我同一个问题是无益的……我在接下来的十年中是饱受压迫的，我本想告诉我的朋友和大众关于我的遭遇。我已经回答了，您可能对此不感兴趣。当然，您是辩护人，想找到真相，但我已经声明过，我所说的一切都是真的。

审判长：我想，您的目的不是为了获取信息，而是推翻对证人的信任。

布列金：我能说一下我的意图吗?

审判长：我洗耳恭听。

布列金：这个证人所有证词的基本导向就是，他是一个被人控制的君主；所有的线索都指向一点，那就是他所做的一切都是被胁迫的。当然，如果我们能证明并没有人胁迫他，证实他的行为完全是自由的，他的证词就是不成立的……

证人，在您和板垣将军会面之前，有没有派罗振玉或别的大臣去找他或其他日本人商量过关于您出任执政或"满洲国"皇位的问题?

227

回答：这是非常荒唐的。当时根本没有什么朝廷，只有一个临时政府。至于罗振玉本人的观点，和我没有任何关系。

布列金：看来您不明白我的意思。我再重复一遍！板垣有没有跟您说过，他到您这儿来是罗振玉告诉他，您想见他，和他商量此事？

回答：我不知道罗振玉对板垣都说了什么。我从没有复辟的意向。这都是板垣安排好的。

提问：板垣跟您提过没有？

溥仪：记不得了……

布列金：这就是说，即便罗振玉跟板垣说过这个，您也没有全权委托他做这个声明，是这样吗？

溥仪（惊慌地）：我根本不知道罗振玉说了什么。当然必须承认，像罗振玉、郑孝胥这样的人都是老派中国人，他们为旧朝廷工作，想法也都是旧的。不能把他们说的就看成我的想法。他们的观点和我是很不一样的。

布列金：这是不是一个事实：1931年9月后、板垣将军和您谈话之前，您曾经给日本高层写了几封信，表示您已经准备好接受满洲的职位。

溥仪（不是非常确定地）：没有……

审判长：我建议您出示一下这些信件或证明其丢失。您没有与这个问题的直接关系，布列金少校。

布列金：信件马上出示，先生。

（在法庭上出示了信件，是写给日本当权人物南次郎的。在信中，溥仪表达了复辟的愿望。溥仪死不认账，说他没有写这封信，信是伪造的；后来他又承认，信是他写的，但在东京法庭撒谎是因为他怕回国后被当作日本侵略者的帮凶审判）

布列金：太平洋战争期间，您是否向日本官员表达过向英美宣战的想法？

回答：没有。

提问：难道您没有多次跟他们说过，希望日本在太平洋战争中获胜？

回答：我已经跟您说过很多次了，我一到满洲就被束缚了手脚，不可能表达自己的真实想法。我说的一切都是用来应付日本人的。我一到满洲就失去人身自由了。如果我胆敢违抗，就不可能在这里作证了。

提问：证人先生，难道您不曾不顾日本人的反对，坚持把自己的勋章摘下来献给日本人，送到兵工厂去造武器？

回答：没有，我从没有将勋章从胸前摘下来过。

提问：我想请您回忆一下 1931 年您在新京的宫里接受记者伍特海德的采访。您当时是这么说的："那些关于我被从天津劫持到旅顺的传言是假的，没有这回事。"

回答：我在与伍特海德先生会谈时已经身陷虎穴，根本没有言论自由。我所说的一切都是按照板垣的意思。当然，我在说这些话的时候内心非常痛苦；当然，从另一个方面我也想这是一种反宣传，有助于我获得日本人的信任……

（在回答布列金少校的问题时，溥仪详细叙述了苏联参战后他的帝室御用官吉冈用武力胁迫他和全家离开新京去东京，并在他不知情时提前写了退位"诏书"。吉冈与桥本及溥仪一家同行）

溥仪：遣送我的目的在于让我和我的家人闭嘴，把我们全部处死。因为日本人已经知道，解放满洲已经开始了。吉冈将军这么跟我说，如果我在日本发生什么意外，日本政府是不负责的。

提问：您曾经被护送过去东京吗？

回答：有过。

提问：您想过没有，也许是作为战犯被审判。

季南：经法庭允许，证人拒绝回答这个问题。因为它与本庭审内容无关，超出了交叉提问的权限。

审判长：反正他也不会指控自己的，反对有效。

提问：您是否知道，因为和日本人合作，中国政府准备将您作为战犯起诉？

（反对过后，法庭同样取消了这个问题。布列金提最后一个问题）

布列金：您是否可以就您所遭遇的恐吓或对您提及的承诺出示证据？

回答：没有什么威胁，也没有什么承诺。我说实话。

（接下来由美军大尉克莱尔曼作辩护）

克莱尔曼：您第一次出现在法庭时，是由两个苏联卫兵护送的吧。

季南：审判长先生，所有人都已经知道，包括这个特殊的辩护人在内，该证人是苏联政府的俘虏，是由苏联卫兵护送前来法庭作证的。我反对继续就这个问题提问。这只会拖延时间，对审判没有任何好处。

克莱尔曼：但是他的回答对弄清他是否会根据需要来指证非常重要。

审判长：您又来了。关于他的结论，我们都很清楚了。反对有效。

（然而，克莱尔曼不甘罢休，继续抛出问题）

克莱尔曼：您是否曾向苏联政府或本国际法庭的公诉部门要求过出庭作证？

回答：是控方邀请我在审判中作证。

提问：告诉过您不出庭作证的结果吗？

回答：这就可笑了。我出庭作证当然是我自己的意愿。

审判长（讽刺地）：问这些都是无益的。我必须指出，和刚才布列金少校提问时相比，现在情况向着公诉方不利的方向发展了……①

---

① Л. Н. 斯米尔诺夫，К. Б. 扎伊采夫：东京审判。莫斯科，1984 年，第95—100 页。

230

就这样，溥仪结束了在证人席上的作证。伪逊帝不仅确认了之前的所有口供，并且从多方面一再强调，在苏联没有受到任何翻供的压力，他的口供是诚实的。他完全没有辜负苏联领导的期待。

采用了包括溥仪在内的证词的东京国际军事法庭，在其判决书中对"满洲事件"是如何评价的呢？判决书中，《满洲——日本的生命线》这部分是这样开头的：

"根据庭审过程中的呈堂证供可以确定，发动对苏联的战争是日本基本的军事政策之一。日本军方决心满满，不仅要侵占苏联的远东领土，还要侵占其亚洲的某些部分。虽然对他们来说，满洲有丰富的自然资源，但他们掠夺满洲是为了将其变为进攻苏联的战略基地。"

在判决书的另一部分——《满洲是进攻苏联的战略基地》中，这个意思表达得更为简洁明了："1931年占领满洲，为在大战场进攻苏联、占领整个苏联远东地区提供了基础。"①

溥仪在结束作证、准备返回苏联时，行程突然耽搁了六天。最后搞清楚了，这是美方在收集材料——法庭是否能阻止溥仪返回苏联。最终，1946年11月6日，溥仪被送回哈巴罗夫斯克。东京审判又持续了两年之久。见证人说，当载着溥仪的苏联飞机降落在我方军事基地、溥仪走下飞机舷梯、确认已经踏上苏联领土时，他跪下来亲吻了俄罗斯的土地。

日本战犯得到了应有惩罚，有的也是拜伪逊帝所赐。七人被判绞刑，包括前日本陆军大臣、关东军总司令板垣征四郎。溥仪曾应他邀请，出任"满洲国执政"。

溥仪在《我的前半生》中写道："为了争取摆脱受惩办的厄运，我采取的方法仍然是老一套。既然在眼前决定我命运的是苏联，那么就向

---

① Л. Н. 斯米尔诺夫，К. Б. 扎伊采夫：东京审判。莫斯科，1984年，第101页。

苏联讨好吧。于是，我便以支援战后苏联的经济建设为理由，向苏联献出了我的珠宝、首饰。”①

“请允许我以最高的诚意请求苏联政府接收我的珠宝，用于苏联战后人民经济的建设。”② 溥仪在给苏联政府的信中写道……他献给苏联政府散装的珍珠、华丽的金银首饰、手镯、项链、戒指、紫禁城皇家珍藏的发簪——全部都出自最精细的珠宝匠之手，缀满石榴石、红宝石、蓝宝石、钻石，还有手表和餐具。

就这样，溥仪把随身携带的放在他结实的黑色夹层皮箱中的部分珠宝献给了苏联。为了给这批珠宝估价，苏联请来了最高等级的珠宝匠。据见证人回忆，其中有像镜子一般的黄金盘子，像佩剑一样的镶嵌着贵重宝石的皇帝权杖。还有带翅膀和脑袋的九五八纯度的“甲壳虫”金怀表，甲壳虫脑袋上镶嵌着一百七十四颗钻石和两颗红宝石；有嵌满小石榴石和珐琅的手表；有打造成蜘蛛形状的千足金发簪，蜘蛛头部镶嵌着一颗大珍珠的缟玛瑙，翅膀是玛瑙的，眼睛是珍珠的，颈部是镶嵌九颗珍珠的石榴石；还有一只镶着一点七克拉宝石的七五〇纯度的金戒指。这批珠宝在没有古董商的参拍下，“根据珠宝匠人的内部价格”，当时的估价将近五十万卢布。

见证人回忆，这批捐献的珠宝在两个狙击手的护送下，用专机运往莫斯科。后来斯大林给溥仪回了一封信，感谢他捐献给苏联的珍宝，署名是外务部部长莫洛托夫。同时，还附了一本马克思的著作。

溥仪在回忆录中写道：

> 我并没有献出全部，把其中最好的留了下来，并让我的侄

① 我的前半生：中国末代皇帝溥仪回忆录。莫斯科，1968 年，第 413 页。
② 我的前半生：中国末代皇帝溥仪回忆录。莫斯科，1968 年，第 413 页。

子把它们藏进一个黑色皮箱的底部夹层里。因为夹层小，不能全装进去，又往一切我认为可以的地方塞。连肥皂里都塞满了还是装不下，最后只好扔掉了。

有一天，苏联翻译和一个军官走进大厅，手里举着一个亮晃晃的东西向大家问道："这是谁的？谁放在院子里的废暖气炉片里了？"

大厅里的滞留者都围了过去，看出军官手里的东西是首饰。有人说："这上面还有北京银楼的印记呢。奇怪，这是谁搁的呢？"

我立刻认出来了，那是我让侄子们扔掉的。这时，他们都在另一个收容所里。我也就不去认账，连忙摇头道："奇怪，奇怪。这是谁搁的呢？……"

不料那翻译手里还有一把旧木梳，他拿着它走到我跟前说："在一块的还有这个东西。我记得，这木梳可是你的呢！"

我慌张起来，连忙否认说："不是，不是！木梳也不是我的！"

弄得这两个苏联人没办法，怔了一阵，最后只好走了。他们可能到现在还没弄清楚，我这个人到底是什么心理。其实我只有一个心理，就是怕承认了会引起他们对我的猜疑，就采取了一推二赖的办法。我推得竟这样笨，不由得不使他们发怔了。

我不但扔了一些首饰，还放在炉子里烧了一批珍珠。临离开苏联前，我叫佣人大李把最后剩下来的扔进了房顶的烟囱里。①

---

① 我的前半生：中国末代皇帝溥仪回忆录。莫斯科，1968 年，第 414—415 页。

溥仪 1947 年 12 月 30 日在给斯大林的信中一方面为自己的过去忏悔；另一方面，他想证实自己已经改过了。"统计余之生平，皆在腐败官吏、野心军阀以及帝国主义者之包围压迫下，身受其蹂躏，榨取者亦既半身矣，完全陷在黑暗悲惨之环境内，真乃呼吁无门，离脱无术也。"①

1949 年 7 月 29 日，他再次写信给斯大林感谢优待，并指出他已经改造好了，几乎就是个"普通的苏联人"。"……（余）备受苏军当局内务局长及所长以下全员种种厚待。一切皆甚安适。彼时，我方开始读苏联各种书报，在我四十年人生中第一次读您的著作《列宁主义问题》和《共产党历史》（《联共布党史》）等书。我方认识苏联真是全世界最民主、最进步的国家，而且是各劳动人民和全世界被压迫民族的救星和柱石。"②

在苏联的五年中，溥仪也没能摆脱他当皇帝时候的习惯。他被送进哈巴罗夫斯克劳改营时身边不再有伺候的人，但他依然得到了照顾。家人为他收拾床铺，打扫房间，给他带吃食，洗衣服。他们在当时的环境下不敢公开称呼溥仪为皇帝，便改称他为"上边"。每天早晨，他们参见溥仪，照例先给他请安。在苏联的五年里，每逢春节，大家包饺子吃，第一碗总要先盛给这个伪逊帝。

溥仪在《我的前半生》中写道：

"我自己不干活儿，还不愿意我家里人给别人干活儿。有一次吃饭，我的弟弟和妹夫给大家摆台子，就叫我给禁止住了。我的家人怎么可以去伺候别人！

---

① H. 西多罗夫：中国末代皇帝：情报机关和人的命运。第 241 页。
② H. 西多罗夫：中国末代皇帝：情报机关和人的命运。第 241 页。

1934 年 3 月 1 日，溥仪在祭祖仪式后、登基前

"1947 年至 1948 年间，我家里的人一度被送到同一城市的另一个收容所。这是我第一次跟家人分开，感到了很大的不方便。苏联当局很照顾我，容许我单独吃饭。可是谁给我端饭呢？幸而我的岳父自告奋勇，他不仅给我端饭，连洗衣服都愿替我代劳。"①

为了让这批中国改造人员有活儿干，收容所在院子里划出了一些地块，让他们种菜。溥仪和家里人分得一小块，种了青椒、西红柿、茄子、扁豆，等等。溥仪每天提个水壶接自来水去浇水，看着青苗一天天生长。晚饭后是自由活动时间，各忙各的。很多人在收容所走廊的尽头打麻将，有人合掌念佛；日本人在那里唱民间小调。

溥仪的居住条件很快有了改善，与普通的战犯区别开来，安置在远东方面军参谋部的别墅（这座二层小楼过去属于远东方面军总司令布柳赫尔元帅。他曾于 1925 年至 1927 年化名加伦在中国南方担任军事顾

① 我的前半生：中国末代皇帝溥仪回忆录。莫斯科，1968 年，第 412 页。

问。布柳赫尔在这栋小楼里一直住到 1938 年，直到他被非法清洗、枪决）。别墅坐落在离哈巴罗夫斯克十二至十五公里、风景如画的红河河畔，是一座厚重的砖石结构的两层公馆，窗户很大，二楼有宽敞的阳台，由一楼厢房附设的廊柱支撑着，更像某个大亨的一座小型宫殿。别墅有两个喷泉、一个网球场，伪逊帝可以打网球。

从 1946 年至 1949 年，中国国民党政府多方面请苏联引渡溥仪。在 1946 年 3 月 12 日的备忘录中，中国政府向苏联政府表达了要把前帝溥仪引渡回国的希望。看起来似乎很快溥仪就要回国了，至少 1946 年 3 月 26 日苏联外务部给出了肯定的答复。然而，这一切并没有发生。苏联政府考虑到，溥仪有可能被蒋介石和美国用于反苏的目的。

中方不断发送要求引渡溥仪的照会：日期分别是 1946 年 11 月 6 日、1947 年 9 月 8 日、1948 年 3 月 8 日。然而，苏联政府并没有把伪逊帝交出来。克里姆林宫对最后的照会之一——1948 年 11 月 23 日的照会，是这样批示的：拒绝引渡，不予答复。

中华人民共和国成立后，中国与苏联成为了"兄弟"，自然要按兄弟方式来对待彼此。苏联最后暗示，准备将溥仪交还中国。

1950 年 6 月 1 日，周恩来总理在与苏联驻华大使会谈时指出，中国已经做好了接收溥仪的准备，如果苏联觉得时机合宜的话。1950 年 7 月 14 日，苏联政府签署了关于将伪逊帝溥仪引渡给中华人民共和国政权的决定。溥仪得知后，绝望中想要自杀，但没能如愿。在哈巴罗夫斯克上火车的时候就把他和家人分开了，安排在苏联军官的车厢里。1950 年 7 月 31 日，火车到达了边境的车站。溥仪自己是这样描述这件事的：

> 从伯力上车时，我和家里人分开了，被安置在苏联军官们的车厢里。我睁着眼睛，被死亡的恐惧搅得不能入睡。我坐起来，默诵了几遍《心经》；刚要躺下，站台上传来了越来越近

的脚步声，好像走来了一队士兵。我凑近车窗向外张望，却看不见人影。皮靴步伐声渐渐远去了，只剩下远处的灯光在不祥地闪烁着。我叹了口气，缩身回到卧铺的角落里，望着窗桌上的空酒杯出神。我记起了阿斯尼斯大尉说的几句话：“天亮就看见你的祖国了。回祖国总是一件值得庆贺的事。”

那时在我的脑子里，只有祖宗而无祖国，共产党只能与“洪水猛兽”联系着，绝谈不上什么文明。我认为苏联虽也是共产党国家，对我并无非人道待遇，但苏联是“盟国”之一，要受到国际协议的约束，不能乱来。至于中国，情况就不同了。中国共产党打倒了蒋介石，不承认任何“正统”，对于我自然可以为所欲为，毫无顾忌。而且他们比蒋介石对我还仇恨百倍。我到了这种人手里，还有活路吗？“好死不如赖活”的思想曾支配了我十来年。现在我认为“赖活”固然是幻想，“好死”也是奢望。①

1950 年 8 月 1 日（一说 8 月 3 日），溥仪在边境火车站被移交给中国特别部门的代表；苏联方面也归还了溥仪献给苏联政府“恢复国民经济”的珍宝。

苏联人民内务委员部战俘和拘留人员事务总局二部主任克雷洛夫中校的总结这样说道：“溥仪私人的珍宝是由我转交给中国代表的。他从哈巴罗夫斯克出来的时候自己带着。这批珍宝的价值没有估算。（克雷洛夫中校显然弄混了。我们知道，这批珍宝特别邀请了珠宝匠估价，将近五十万卢布）② 我认为可以透露，溥仪、他的随员、‘满洲国’官吏、

_____

① 我的前半生：中国末代皇帝溥仪回忆录。莫斯科，1968 年，第 416—417 页。
② H. 西多罗夫：中国末代皇帝：情报机关和人的命运。第 244 页。

将军，总共五十八人，连同溥仪及其家人价值不详的珍宝，都移交给中华人民共和国政府的代表了。"[1]

之后，1950年8月23日，苏联内务部的克鲁格罗夫给斯大林、莫洛托夫、贝利亚、马林科夫、米高扬、卡冈诺维奇、布尔加宁、维申斯基发去一封"绝密"的252号文件，是关于向中国移交"满洲国"伪逊帝溥仪的。

> 苏联内务部报告，已经完成苏联部长会议1950年3月12日1109—397号"向中华人民共和国中央人民政府移交对中国人民犯下罪行、关押在内务部战俘营的日本战犯"密令，以及1950年7月14日3143—1302号"向中国政府移交伪逊帝溥仪及其随员、伪满大臣、将军、官吏"的密令。

这年7月18日，在边境火车站，中华人民共和国代表鲁西接收了九百六十八名日本战犯，[2] 其中有十七名将军。移交是根据每一个人的调查材料进行的。移交中缺失了两名日本军人，他们由于重病，死在伯力的专科医院了。

8月3日，还是这名中华人民共和国外交部代表，接收了伪满洲国逊帝爱新觉罗·溥仪及其随员、前伪满大臣、将军、官吏一行五十八人及携带的财物。

在移交爱新觉罗·溥仪及其随员和属于他们的财物时，以及在移交日本战俘时，中华人民共和国代表鲁西没有提出任何要求。

溥仪及其随员从伯力启程之前，曾得到情报说溥仪很担心自己的命

---

① H. 西多罗夫：中国末代皇帝：情报机关和人的命运。第244页。
② B. 卡里茨基：苏联日本战犯劳改营史料。远东问题，1990年第6期，第116页。

运，表现得很神经质，并且受他的弟弟溥杰怂恿，竟起了自杀的念头。有鉴于此，便将溥仪与其亲属、其他战俘和拘押者隔离开来，并在严密监视下送到中国当局的移交地点。到达边境火车站时，溥仪写了一封感谢信。内容如下：

在苏联羁留期间，我得到了苏联政府以及斯大林大元帅本人的关怀。如今，在将要离开苏联领土的时候，我衷心为你们对我的善待表示最高的敬意与感谢。

祝愿苏联人民永远繁荣昌盛，祝愿斯大林大元帅健康长寿！

爱新觉罗·溥仪

（后面是一段附言）

溥仪感谢信的中文原文保存在苏联内务部。

苏联内务部部长
C. 克鲁格罗夫①

溥仪被亲手移交给两个中国代表。穿中山装的那个人打量了一下溥仪，然后说："我奉周恩来总理的命令来接收你们！现在，你们回到了祖国。"②

随后，他们同苏联大尉走出车厢。站台上站着两排持枪的士兵，一排是苏联军人，一排是中国军人。他们上了对面的中国列车，溥仪看见

---

① 俄罗斯联邦国家档案馆：9401，目录二、文件 269 号。第 399—400 页。
② 我的前半生：中国末代皇帝溥仪回忆录。莫斯科，1968 年，第 417 页。

了前伪满的那一拨人以及自己的亲戚。他们都规规矩矩地坐着，没有被捆绑。他被领到离车厢尽头不远的座位上。一个士兵把他的皮箱放上行李架，两边都站着一个端着冲锋枪的士兵。车厢玻璃都用纸糊上了，外边什么也看不到。溥仪回忆道：

> 我的心凉下来了。气氛如此严重，这不是送我们上刑场又是干什么呢！我看了看左近的犯人，每个人脸上都呈现出死灰般的颜色。过了不大工夫，有个不带任何武器的人，看样子是个军官，走到车厢中央。
>
> "好，现在你们回到祖国了。"他环视着犯人们说，"中央人民政府对你们已经做好安排，你们可以放心。……车上有医务人员，有病的就来报名看病……"
>
> 后来，几个大兵拿来一大筐碗筷，发给每人一副。一面发一面嘱咐不要打了，路上不好补充。早餐是酱菜、咸蛋和大米稀饭。这久别的家乡风味勾起了大家的食欲，片刻间一大桶稀饭全光了。

早饭后，溥仪试图和坐在对面负责押送的小战士交谈。注意到他的胸前佩戴着"中国人民解放军"的胸牌，就开始聊"解放"一词和它在佛教上的意义。他告诉小战士，他是佛教徒，佛经里面有同样的意思：发愿解放一切生灵。接下来，溥仪发誓说自己不杀生，连苍蝇都没打过。然而，小战士不明白伪逊帝想要表达什么意思，脸上露出了捉摸不透的表情。溥仪不说话了，绝望的心情加重了。听着车轮轧着铁轨的嘈杂声，他觉着死亡越来越近了。溥仪离开了座位，漫无目的地在通道上走着。他在回忆录中写道：

……听见旁边的侄子小秀在和什么人低声说话，好像说什么"君主""民主"。我忽然站住向他嚷道："这时候还讲什么君主！谁要说民主不好，我可要跟他决斗！"

人们全给我弄呆了。我继续歇斯底里地说："你们看我干什么！反正枪毙的不过是我，你们不用怕！"

一位战士过来拉我回去，劝我说："你该好好休息一下了！"我像鬼迷了似的拉住这位战士，悄悄对他说："那个是我的侄子，思想很坏，反对民主。还有一个姓赵的，从前是个将官，在苏联说了不少坏话。"①

溥仪显然是由于精神压力犯了歇斯底里症，冲着侄子和亲戚嚷嚷。他嘟嚷着，没一会儿后竟睡着了。

---

① 我的前半生：中国末代皇帝溥仪回忆录。莫斯科，1968 年，第 419 页。

中国监狱生活

实在是伟大
伟大的想法
永远一刀两断……

人们只会搅和
把事情弄乱
永远欲壑难填
他们永不餍足……

好吧，请告诉我
能否和他们一起
建设强大的国家
一切都会解体、崩溃

——汉斯·玛格努斯·恩岑斯贝格尔
《论改造的艰难》

溥仪一早就醒了。列车速度降下来了，终于停了。不知是谁低低说了一声："长春！"溥仪扑向糊着报纸的窗户，但什么也看不见，只听到不远处有许多人在唱歌。他想，"这就是我死的地方了"。这时，车厢里

242

进来两个解放军战士，让他虚惊一场。其实，他们是来送早餐的。

抚顺战犯管理所

很快，列车又开动了，下一站是沈阳。

沈阳坐火车到抚顺一个小时。到了抚顺，所有人都下车；在武装哨兵的监视及戒备下，又被领上了几辆大卡车。车继续往前开，直接去了监狱。四周是深灰色的大砖墙，上面装着铁丝网，角上矗立着岗楼。里面是几排平房，每个窗口都装着铁栏。溥仪一行被带进一排平房，走过长长一段走廊，经过检查，分成几批被带进囚室。溥仪和伪满的几个将官跟着军人走了很久，然后进了一间屋子。这间屋子里有一个长板炕、一张长桌和两条长凳。很快，身后响起了刺耳的拉铁闩的声音。他们怔了一会儿，忽然那刺耳的铁闩声又响了。一位看守走进来，把溥仪带到

243

另一间屋子。溥仪被允许和亲属待在一起：三个侄子——小秀、小固、小瑞，弟弟溥杰，丈人荣源。他们刚刚领到新的被褥和洗漱用具，也给伪逊帝拿了一套。

"这是一座军事监狱。"荣源对溥仪说，"全是穿军装的，没有错。不像马上……出危险，不然何必发牙刷、毛巾呢。刚才检查的时候，留下了金银财物，给了存条。这也不像是对……这是对待普遍犯人的。再说，伙食也不错。"

"伙食不错，别是什么催命宴吧？"侄子小固毫无顾忌地说。

"不，那种饭有酒，可这里并没有酒。"他很有把握地说，"我们看看下顿吧。如果下顿仍是这么好，就不是了。没听说连吃几顿那个的。"①

第二天，军医给他们做了很详细的检查，连过去得过什么病都问到了，还问了溥仪平时吃什么、忌什么。还给他们发了新的黑裤褂和白内衣，以及纸烟。每个人都有代号，溥仪是 981 号。

过不多天，一个粗短身材、四十上下的人走进他们的屋子。他问了每个人的名字，在苏联都看过什么书，这几夜睡得好不好。听了回答之后，他说马上就发给你们书籍、报纸，你们好好学习吧。几个钟头之后，他们便收到了书籍（《新民主主义论》《中国近百年史》和《新民主主义革命史》）、报纸，还有各类棋和纸牌。从这天起，他们每天听两次广播。喇叭就设在通道里。一次是新闻，一次是音乐或戏曲节目。除此之外，每天下午还有一个半小时的院中散步。

这些书对于牢里的这些人来说是很难懂的，有很多新名词。大部分人都没啥兴趣；对这些书最先发生兴趣的是小固，看得比谁都快，还立刻提出疑难问题要人解答。别人答不上来，他就去找管理所的人问。

然而，大家对学习的态度很快发生了转变。溥议回忆道："这天我们

① 我的前半生：中国末代皇帝溥仪回忆录。莫斯科，1968 年，第 426—427 页。

244

从院子里散步回来，溥杰一面急急忙忙找报纸，一面兴奋地说，他刚听见别的屋子里的人都在议论今天报上登的一篇文章。这篇文章使他们猜透了新中国叫我们学习的意思。大家一听，都拥到了他身边，看他找的是什么文章。文章找着了，我忘了那文章的题目，只记得当溥杰念到新中国迫切需要各类人才，必须大量培养、大胆提拔干部的一段时，除了荣源，所有脑袋都挤到了报纸上。据溥杰听到别的屋子里的人判断，政府让我们学习，给我们优待，就是由于新国家缺少人才，要使用我们这些人……我记得从那天起，屋里有了一个显著的变化，大家都认真学习起来了。"①

　　到抚顺之后，溥仪注意到侄子小秀对他的态度变了。有一次，他忽然觉着有什么东西在脖子上爬，忙叫小秀给他看看。他却装作没听见，一动不动。后来小瑞过来，从溥仪脖子后头找到一个小毛虫，扔在地上。小秀在旁边还哼了一声："现在还放生！放了生叫它害别人！"

在战犯管理所出早操

① 我的前半生：中国末代皇帝溥仪回忆录。莫斯科，1968 年，第429—430 页。

过了几天，小瑞给溥仪整理被褥，溥仪叫他把被子抖一抖。这个举动很不得人心，会把屋里抖得灰蒙蒙的。溥杰鼓着嘴，躲到一边去了，小固捂着鼻子对小瑞说："行行好吧。呛死人啦！"小秀则一把抓过被子，扔到铺上说："这屋子里不只你们住着，别人也住着！为了你们就不顾别人，那可不行。"溥仪马上沉下了脸，呵斥他没规矩。

溥仪在下围棋

　　显然，这种家庭内部的"不痛快"引起了看守的注意。再加上监狱的领导为照顾溥仪和年岁大点儿的人，为避免引起别人的不快，要把溥仪转移到另一个监房，和家人分开。小瑞和小固替溥仪收拾起铺盖、皮箱，一人拿一样，把他送到新屋子。里面是八个陌生人，见溥仪进来都沉默不语。溥仪不声不响地坐下了，觉得这里的板炕似乎特别硬。过了一会儿，他起身走到房门前敲了敲门，过来一位矮墩墩的看守。溥仪请求会见所长，说自己从来没和家人分开过，离开他们非常不习惯。看守走了，很快回来说所长同意他搬回去。

　　于是，他又搬了回去。见到溥仪回来，所有人都很高兴。然而这还没完，过了十天，看守又来叫溥仪搬回去。像先前一样，侄子们又为他收拾床铺，提着箱子把他送过去。这一回溥仪得到领导允许，每天能和家人见面、说话，心情也好了些。

　　在另外的监房，没有亲戚帮助，这个从前的皇帝遇到了很多新问题。他在回忆录中说："四十多年来，我从来没叠过一次被，铺过一次床，倒过一次洗脸水。我甚至没给自己洗过脚，没给自己系过鞋带。像饭勺、刀把、剪子、针线这类东西，从来没有摸过。现在一切事都要我亲自动手，使我陷入了十分狼狈的境地。早晨起来，人家早已把脸洗完了，我才穿上衣服；等到我准备去洗脸了，有人提醒我应该先把被子叠好；等我胡乱地卷起被子、再去洗脸时，人家早洗完了；我漱口的时候，已经把牙刷放进嘴里了才发现没有蘸牙粉；等我把这些事情都忙完了，人家早饭都快吃完了。我每天总是跟在别人后面，忙得昏头涨脑。"①

有一回，领导走到散步的溥仪面前，指出他穿得邋里邋遢——衣服皱巴巴的，口袋扯了半边，上衣少了一颗扣子；膝盖上沾了一块蓝墨水；不知怎么搞的，两只裤腿也好像长短不一；鞋子还好，不过两只鞋只有一根半鞋带。他成了大伙儿嘲笑的标本。溥仪保证好好整理，改正。

在这期间，朝鲜战争开始了。美国空军开始入侵中国领空。1950 年 8 月 27 日，美军飞机在旅大铁路火车站上空盘旋。1950 年 9 月，美军采取军事行动，妄图将南朝鲜从北朝鲜闪电式的进攻中解救出来。美国利用自己的海上统治地位，向南朝鲜仁川地区空投五万名海军陆战队员，动用了五百架飞机。到 9 月中旬，"联合国军"在釜山战略基地集结十四个师、两个大队、五百辆坦克，一千六百门不同种类的火箭炮。他们在空中的优势是绝对的。与此同时，又在朝鲜半岛西海岸集结了"联合国军"精锐的海军陆战队——美国海军的二百三十艘舰艇及其同盟，超过四百架飞机，七万兵力。这个王牌兵团被带到了北朝鲜。战争的钟摆迅速摆动，这回是由南向北了。北朝鲜军队开始迅速溃退。

1950 年 8 月底，苏联驻朝鲜人民共和国大使 T. 施德科夫向苏联外交部汇报："最近由于前线形势以及美国空军加大了轰炸力度，交通线和工业设施都遭到了破坏，金日成对依靠自己的力量取得胜利的信心越来越流露出不确定性，多方面流露出希望通过我们请中国出兵作战。"②

9 月 16 日，"联合国军"转入进攻。他们突破了北朝鲜的防线，北

---

① 我的前半生：中国末代皇帝溥仪回忆录。莫斯科，1968 年，第 434 页。
② И. М. 波波夫：中国介入朝鲜战争的问题——朝鲜战争（1950—1953）五十年再回首。莫斯科，2001 年，第 130 页。

朝鲜的军队被团团合围。一夜之间，"联合国军"就向着中朝边境前进了二十公里。从1950年9月16日到10月24日，三十八个昼夜中，"联合国军"从釜山军事基地向中朝边境推进了七百多公里。这是重大然而暂时的胜利，令华盛顿精神大振。胜利者认为，金日成将军大势已去，他的政权会很快倒塌。更有甚者，"联合国军"的将领叫嚣要对邻近的中国东北采取军事行动。"联合国军"总司令麦克阿瑟将军公然表达了这个意思。

中国政府不止一次警告美国，中国人民不会对"联合国军"干涉朝鲜、扩大战争袖手旁观。然而，美国并不把中国的警告放在眼里，继续扩大在朝鲜的战事。1950年10月1日，在中华人民共和国成立一周年之际，斯大林给毛泽东和周恩来发去紧急密电，非常详细地建议中国出兵援助朝鲜："我想，根据现在的局势，如果你们可以给予朝鲜军事援助，最好赶紧派哪怕五至六个师团去三八线附近给予朝鲜同志们以帮助，好让他们在你们的掩护下在三八线以北组织军事力量。中国军队可以以志愿军的形式组织。当然，由中国人来指挥。我没有通知、也不准备通知朝鲜的同志们这件事情。然而我不怀疑，他们知道的话会非常高兴的。"①

中国高层经过激烈而长时间的讨论，作出了出兵朝鲜的沉重决定。中共中央政治局常委中不乏反对的声音，例如林彪、高岗等，他们开始都持鲜明的反对立场，理由是中国共产党现在还没有站稳脚跟，国民经济不容乐观，解放军装备很差。东北的领导高岗认为："我觉得，我们的经济承受不了新一轮战争的压力，我们的军事装备很落后，大部分是缴获的。美国每个军有一千五百门炮，我们不足三百门，坦克更少。没

---

① И. М. 波波夫：中国介入朝鲜战争的问题——朝鲜战争（1950—1953）五十年再回首。莫斯科，2001年，第130—131页。

有两到四倍于美军大炮和装甲部队的优势，我们很难取胜。在这种情况下，美国有可能向鸭绿江集结，那时后果不堪设想……"①

经过一个星期的争论，最终还是决定派中国志愿军去朝鲜。未来的志愿军总司令、国防部部长彭德怀说："派兵去帮助朝鲜是必须的！如果美军想发动侵略战争，会随时找借口出兵鸭绿江或台湾。"② 1950 年 10 月 8 日，毛泽东正式下达了两道命令：一条是成立中国人民志愿军，一条是任命彭德怀为中国人民志愿军总司令兼政委。1950 年 10 月 15 日至 18 日，中国志愿军越过朝鲜边境。与此相关，美国开始用空军在中国东北城市上空展开军事恫吓。鉴于此，中国采取了如下措施：将一些重工业从辽东半岛搬到相对安全的地区，日本战犯马上转移到哈尔滨。

10 月 15 日，周恩来向东北局领导发去一封电报，通知转移决定。10 月 18 日一早，日本战犯连同溥仪一行人，坐上了从抚顺开往哈尔滨的火车。③ 第二天，10 月 19 日，中国志愿军越过朝鲜边境。

到了哈尔滨，他们被安置在日本人建造的监狱。"满洲国"时期，这里是关押"反满抗日犯"的地方。共两层，中心是岗台，围着岗台的是两层扇形监房，监房前后都是直径一寸的铁栏杆。由洋灰墙隔成一间间小屋，每屋可容七八人。犯人们只能睡在日式地铺上。溥仪在这里过了两年，他的房间有五个人，相对宽敞些。待遇和抚顺时一样，伙食没变，报纸、广播、文化活动都一如既往。

1952 年底，建成了新的管理所，有明亮的窗户，崭新的、更加宽敞的监舍及新的板铺、桌子、椅子。1953 年春，所方和哈尔滨一家铅笔厂签了合同，由犯人们包糊一部分装铅笔的纸盒。他们每天劳动四个小

① 乌索夫：是谁派出了中国志愿军。远东问题，1990 年第 6 期，第 108 页。
② 彭德怀：元帅回忆录。莫斯科，1988 年，第 351—352 页。
③ 戴明久：皇帝出狱——末代皇帝获释前后。北京，1999 年，第 155—156 页。

250

时，学习四个小时。

1954 年 3 月，犯人们回到了抚顺。因为检察机关的工作组很快就来了。为了调查日本战犯和伪满战犯的罪行，他们做了周密的准备，组织了庞大的力量。一大批日本战犯调到抚顺来，分别关押在三所、四所和七所。大约二百

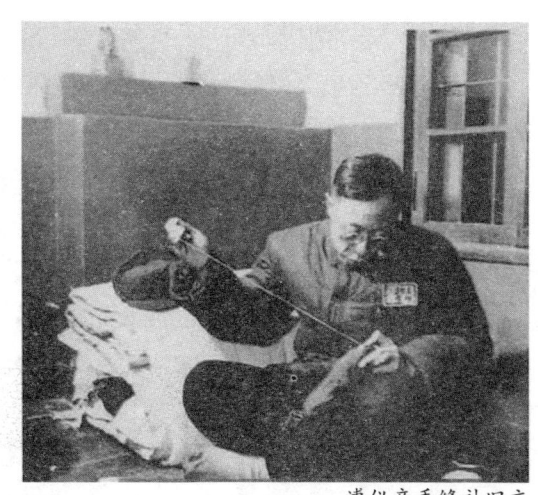

溥仪亲手缝补旧衣

名检察人员集中起来，事先进行了政策和业务培训。

1954 年 3 月末，给伪满战犯开了一个大会，开始了调查。其实质就是检举和认罪，用毛泽东的话说，就是"治病救人"。工作组的负责人说："你们经过了这几年的学习和反省，现在已经到了认罪的时候了。政府有必要来查清你们的罪行，你们也应该对过去有个正确的认识，交代自己的罪行，并且检举日本帝国主义战犯和其他汉奸的罪行。无论是坦白交代和检举他人，都要老老实实，不扩大、不缩小。政府对你们最后的处理一方面要根据罪行，一方面要根据你们的态度。政府的政策是坦白从宽、抗拒从严。"① 同时宣布了监规：不准交换案情，不准跟别的监房传递字条、信件，等等。

从这天起，每日休息时间各组轮流到院子里去，想跟别组的人会面也办不到了。溥仪和同监的其他人一样，坐下来写自己的坦白材料。他决定不能写得太多，坏事少写一点儿，把有的坏事算到其他犯人头上

① 我的前半生：中国末代皇帝溥仪回忆录。圣彼得堡，1999 年，第 460 页。

去。然后，就不安地等待传讯。

溥仪回忆说："在我脑子里，审问犯人是不可能不厉害的。我在紫禁城和宫内府对待犯有过失的太监、仆役，向来离不开刑具。我怕死，更怕受刑。不用说皮肉受苦，即使有人像我从前对待别人那样打我一顿耳光，也不如死了的好。我曾经认为，住共产党的监狱不受野蛮虐待是不可能的。"[1]

过了十天，终于传讯他了。传讯持续了很长时间，对他的口供进行了比对，对数字和事实进行了核实。在传讯溥仪亲属时，他的侄子、妹夫都揭发了他。有的人公开警告他，如果他不改悔，还要继续批判他。溥仪决定参加自我批评大会，最后坚定表达了认罪的决心。他开始为过去的罪行提供更为可靠的证据。

按照规定，检举材料都要本人看过。这回轮到了溥仪。

溥仪一直害怕亲戚检举他在箱子里藏了四百六十八件精选的白金、黄金、钻石、珍珠的珠宝首饰，他本想一直保存下去的。他一直在犹豫，要不要献给国家。交出去的话，可能会得到宽大处理。他一直有这个想法。报纸上刊登了新的"三反五反"运动，有个别罪大恶极的贪污犯被判处了死刑；报上还披露了许多资本家贪污、走私、行贿等罪行，这都令他忐忑不安。最后，他作出了决定："我溥仪没有良心，政府给我如此人道待遇，我还隐瞒了这些东西，犯了监规——不，这是犯了国法。这东西本来不是我的，是人民的。我到今天才懂得，才想起了坦白交代。"[2]

作出这个决定后，他要求见所长。他将四百六十八件首饰放在靠窗的桌子上，任它们反射着窗外的阳光。所长注视着这个囚徒、珍宝，然后让

<hr />

① 我的前半生：中国末代皇帝溥仪回忆录。圣彼得堡，1999 年，第 462 页。
② 我的前半生：中国末代皇帝溥仪回忆录。圣彼得堡，1999 年，第 446 页。

"来客"坐下。"你为了这件事，经过了很多思想斗争吧？"所长问。

溥仪说他一直在为这件事心中不安。他不敢坦白，怕坦白了也得不到宽大处理。

"那为什么呢？"所长的嘴角漾着笑意，"是不是因为你是个皇帝？"

"是的，所长。"

"也难怪你会这样想。你有你的独特历史，自然有许多独特想法。我可以再告诉你一次：共产党和人民政府的政策是说到做到的。不管从前是什么身份，坦白的都可以从宽，改造好的还可以减刑，立功的还可以受奖。事在人为。你这些东西当初没交出来，犯了监规，并且藏在箱底一年多，如今你既然自己来坦白，承认了错误，说明你有了悔悟，我决定不给你处分。"说完，他命令门外的看守去把保管员找来。保管员到了，他命令他把那堆东西点收下来，给溥仪开一个存条。溥仪说他不要存条；政府不肯没收，他也要献出来。然而，所长坚持开存条，并让溥仪点交。于是，溥仪带着四百六十八件首饰的存条，回到了监房。

1955年初春，一些解放军高级将领陆续来到溥仪所在的战犯管理所。这与毛泽东和周恩来在不同会议上提出必须关心溥仪的思想改造有关。于是，1955年3月中旬，在官方正式接收了苏军留在大连的军工设备之后，贺龙元帅和聂荣臻元帅来到

阅读最新墙报

253

溥仪等参观抚顺煤矿

溥仪处"做客"。此前一天，辽宁安全局副局长给战犯管理所去了一个电话，要求地方领导组织接待两位元帅，准备他们接见包括溥仪在内的战犯。第二天早上9点，在辽宁省党委领导的陪同下，两位元帅到了战犯管理所。他们会见了溥仪和溥杰兄弟。贺龙元帅说，他们去大连之前，周恩来建议他们在返京途中顺便去趟战犯管理所。元帅已经听说了很多关于他们学习、改造的情况，只想知道他们还有什么困难。兄弟俩回答道，什么困难都没有，一切都好。聂荣臻让溥仪讲述了他童年时代和伪满时期的生活。贺龙也对此很感兴趣。他问溥仪做皇帝的时候吃过的以及他在这里吃到的，哪一种好吃。

溥仪回答道："这里伙食很好。过去在皇宫的时候，每餐都要上四十八道菜，有时候婉容还会加几十道。虽说点心和菜肴都十分精美，但是根本吃不完，也没胃口。如今在这里虽然吃的和以往不一样，但是吃什么都香。我一顿能吃六个包子，每个有二两。"

在战犯管理所打扫院子

"六整个？这不可能！消化得了吗？"贺龙很是吃惊。

"没问题！活动活动，干干活儿，就没事了。"

贺龙对"干活儿"很感兴趣。"你会干活儿吗？"他问。

"刚开始的时候不会，现在能干很多活儿了。种花、装车、拉煤、施肥、种菜，我都会做。"溥仪回答道。

"干得不错！都得到了所里的改造表扬了。"孙所长补充道。

"过去的皇帝一般都活不到五十岁。"贺龙说道，"照你这样，身体越来越好，吃得又香，可能会活到一百岁！"①

溥仪禁不住笑了："没错，我自己也这么觉得！"

房间里传来了笑声。然后，贺龙又问，经过这几年的改造和学习之

---

① 戴明久：皇帝出狱——末代皇帝获释前后。北京，1999年，第239—240页。

后他是怎么看当初在"满洲国"的所作所为的。

听到这里，溥仪马上站起来，低着头说："我有罪！罪不可恕！我在'满洲国'傀儡政权的十四年犯下了巨大的罪行。这是极为恶劣的十四年。我请求人民的宽恕！请求党的宽恕！我愿意通过自己的劳动赎罪，好好改造，重新做人……"

"溥仪对自己的罪行已经有全面而深刻的认识。"战犯管理所的孙所长插了一句，"他也揭发了一些日本的战争罪行。"

"很好！很好！"贺龙说，让溥仪坐下。"你能认识到自己的罪行，敢于揭发日本人的罪行，这是明智的立场。你现在还需要更好的改造。只有改造好了，你才能成为新中国的公民，才有前途。"①

聂荣臻问溥杰，他是不是有个日本妻子。溥杰回答：是这样的。她现在在日本，他们分开了。自从他 1945 年在沈阳被捕之后，就再也没见到她。溥仪对兄弟的回答很不满意，他补充说，见不到她更好，因为日本鬼子给我们带来了那么多苦难。聂荣臻元帅马上修正道："国家的敌对不能影响到家庭的关系。"他认为，溥杰夫妇还有可能再见面的。溥杰不自信地答道：她习惯于生活在日本，不确定她是否愿意回到中国。听到这里，贺龙微笑了一下说："人总是会变的。她迟早会回来的。"②

见过溥仪之后，贺龙会见了负责改造战犯的干部，特别强调："对溥仪进行政治和思想上的改造是完全必须的。然而这还不够，应当好好琢磨，怎样把他变成一个新人。你们还得教会他各种生活能力。"③

两个元帅去看过去的皇帝及家人的消息很快传遍了全国。继贺龙、

---

① 戴明久：皇帝出狱——末代皇帝获释前后。北京，1999 年，第 240 页。
② 戴明久：皇帝出狱——末代皇帝获释前后。北京，1999 年，第 241 页。
③ 戴明久：皇帝出狱——末代皇帝获释前后。北京，1999 年，第 242 页。

溥仪和战犯在政治学习中

聂荣臻之后，邓小平、李先念、刘亚楼、王平的名字也出现在杂志刊登的视察战犯管理所领导的名单上。①

　　新闻记者对过去的皇帝及其家庭成员生活与命运的兴趣越来越大。1955 年之前还没人报道他们，如今情况发生了变化。在《参考消息》刊登的新闻中，虽然报道了国家领导人视察战犯管理所并接见了若干代表的信息，但并没有提到溥仪的名字，海内外风传清朝末代皇帝溥仪早就死了。为了辟谣，中国领导人批准一个叫莱特的英国记者采访这个过去的皇帝及其家人。1956 年 8 月 18 日中午，他采访了溥仪。原计划是早上采访的，但由于汽车故障中午才到。看守去通知溥仪，他在午睡。他急匆匆跑出去见记者，扣子也没扣，裤子耷拉着。记者马上就给他拍

---

① 戴明久：皇帝出狱——末代皇帝获释前后。北京，1999 年，第 242 页。

劳动改造中

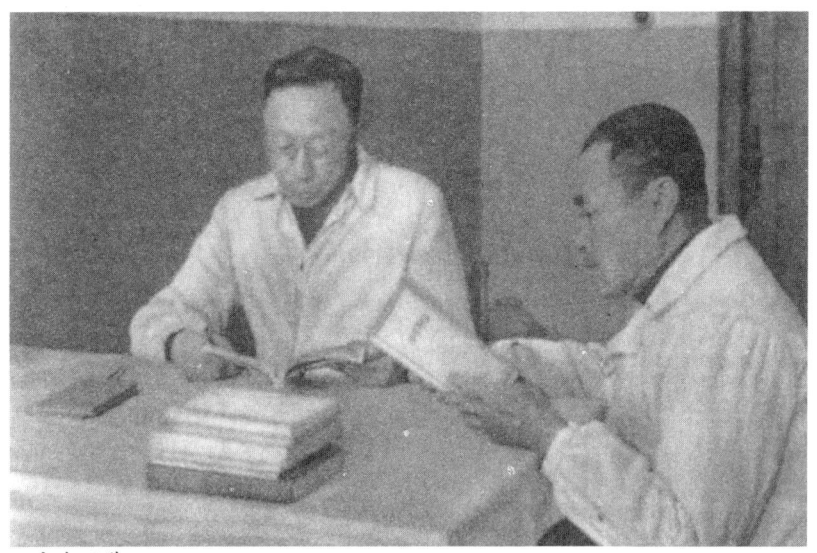

研究中医学

了张照片。曾经的皇帝不喜欢这样，他强睁惺忪的睡眼，抱怨记者迟到了，说好的早上十点钟，并说平时他不是这个样子的，就被他给拍下来了。记者保证这些照片不会刊登，开玩笑地对溥仪说："皇上息怒！我一定给您拍体面的照片登出来。"溥仪这回满意了，说："OK!"他收拾了一下，记者开始给他拍照。然后，他问溥仪过得怎么样。"我在这里过得很好！"溥仪说，"每天都很有规律。午饭前政治学习，午饭后自由活动；每星期看一两次电影；每十天洗一次澡；每日三餐，有米饭和面食、汤、一两道肉菜，每周三、周六还会改善生活——晚饭有四菜一汤，星期天不是吃饺子就是吃包子。这里有卫生间、医务所、图书馆、俱乐部。从这儿看不到，那里还有篮球场、排球场，室内有乒乓球台。后面还有菜园子……"[1]

从伪逊帝坐牢的那一天起，改造目标中就包括了强制性的体力劳动。他在小作坊里加工焦炭，用锤子敲煤，然后和全国人民一样投入到"除四害"的运动中。据他说打死了几只老鼠，"不计其数的苍蝇"，尽管其他中国人在"除四害"运动中除掉的包括麻雀在内比他多得多。据统计，在两年的"除四害"运动中，全中国共打死一亿五千万只麻雀、六万四千吨苍蝇、七千吨蚊子。

---

① 戴明久：皇帝出狱——末代皇帝获释前后。北京，1999 年，第 243 页。

特　赦

　　1959年夏天到了，中华人民共和国建国十周年的日子近了。中国领导人决定要特别地、有意义地纪念共和国成立十周年，不仅要在天安门广场举行盛大的庆典，展示劳动人民和新技术的成就，邀请外宾，还要有某种政治的行为，就产生了给部分（1953—1957）"反革命""右派"恢复名誉的想法。当时，不少知识分子、经济生产和文化教育的从业人员被视为"右派"，其中有高中毕业生、大学生、军人、大学老师、干部、工厂经理、工程师。打击面被毫无根据地扩大化了，用邓小平的话说："显然过于激进，打击过于沉重。"① 当时负责中共中央委员会宣传工作的陆定一后来证实了这一点："这场斗争的范围被不负责任地扩大化了，很多人被打成右派，很多知识分子蒙受了不公正的罪名。"②

　　1959年夏天，中共江西省委第一书记杨尚奎先是与中华人民共和国主席刘少奇、后与在全国视察的中共中央主席毛泽东在交谈中建议，在建国十周年之际由政府对部分犯人进行平反和特赦。毛泽东赞同这个想法，在1959年8月24日给刘少奇的信中写道：

　　少奇同志：

　　　　关于全国四十五万右派分子分期分批摘帽子的问题，据

---

① 邓小平选集（1975—1982）（俄文版）。北京，1985年，第307页。
② 光明日报，1986年5月7日。

江西省委杨尚奎同志说，是一个重要的政策问题。他说，已经向你说过了，你答应回北京统一考虑此问题。我认为，积以时日，至少可以争取百分之七十的右派分子改变过来。例如说，在今后七年中（或更多时间），每年争取转变和摘掉帽子百分之十左右，是有可能的。请你提向常委和书记处讨论一次，由中央发一个指示，在国庆十周年时机，根据确有改变的情况，给第一批改造好了的右派分子，摘掉四万五千人左右的帽子，即百分之十，对于教育右派分子，一般资产阶级、知识分子、民主党派成员，将大有作用，他们会感到确有前途。对于目前反右倾、鼓干劲也甚有利。摘去帽子后，旧病复发，再次、三次……右倾，也不要紧。给他再戴上右派帽子就是了。

此外，我想到，今年国庆十年纪念，是否可以赦免一批（不是"大赦"，而是古时所谓"曲赦"，即局部的赦免）确实改恶从善的战犯及一般正在服刑的刑事罪犯。如办此事，离国庆只有三十几天时间，是否来得及审查清楚？或者不赶国庆，在秋天办理即可，但仍用国庆十年的名义。此事是否可行，亦请召集有关同志商议一下。

我月底可回。

毛泽东①

八月二十四日于杭州

---

① 建国以来毛泽东文稿（第八卷）。北京，1993 年，第 475—476 页。

261

溥仪会见辛亥革命参加者

1959 年 9 月 7 日，中共中央向各省、直辖市、自治区党委下达了《关于讨论特赦罪犯和给改造好了的右派摘帽子问题的通知》。9 月 16 日，中共中央和国务院通过了《关于确实表现改好了的右派分子的处理问题的决定》（全文刊登在 1959 年 9 月 18 日的中央机关报《人民日报》上）。9 月 17 日，中共中央下发《关于摘掉确实悔改的右派分子的帽子的指示》。①

1959 年 9 月 14 日，以党中央主席之名，向全国人民代表大会常务委员会发出了以下建议：

全国人民代表大会常务委员会：

中国共产党中央委员会向全国人民代表大会常务委员会建议：在庆祝伟大的中华人民共和国成立十周年的时候，特赦一批确实已经改恶从善的战争罪犯、反革命罪犯和普通刑事罪犯。

我国的社会主义革命和社会主义建设已经取得了伟大胜利。我们的祖国欣欣向荣，生产建设蓬勃发展，人民生活日益改善。人民民主专政的政权空前巩固和强大。全国人民的政治觉悟和组织程度空前提高。国家的政治经济情况极为良好。党和人民政府对反革命分子和其他罪犯实行的惩办和宽大相结合、劳动改造和思想教育相结合的政策，已经获得伟大的成

---

① 建国以来毛泽东文稿（第八卷）。北京，1993 年，第 478 页。

绩。在押各种罪犯中的多数已经得到不同程度的改造，有不少人确实已经改恶从善。根据这种情况，中国共产党中央委员会认为，在庆祝伟大的中华人民共和国成立十周年的时候，对于一批确实已经改恶从善的战争罪犯、反革命罪犯和普通刑事罪犯，宣布实行特赦是适宜的。采取这个措施，将更有利于化消极因素为积极因素，对于这些罪犯和其他在押罪犯的继续改造，都

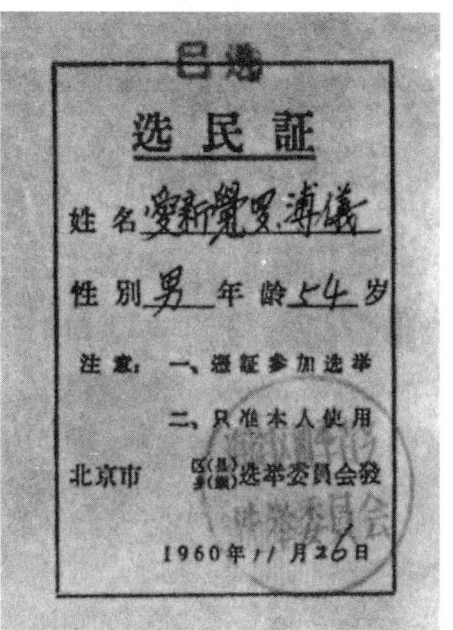

1960 年 11 月 26 日溥仪的选民证

有重大的教育作用。这将使他们感到在我们伟大的社会主义制度下，只要改恶从善，都有自己的前途。

中国共产党中央委员会提请全国人民代表大会常务委员会考虑上述建议，并且作出相应的决议。①

中国共产党中央委员会主席　毛泽东

一九五九年九月十四日

四天后，这份建议刊登在 1959 年 9 月 18 日的《人民日报》上。

---

① 建国以来毛泽东文稿（第八卷）。北京，1993 年，第 476—477 页。

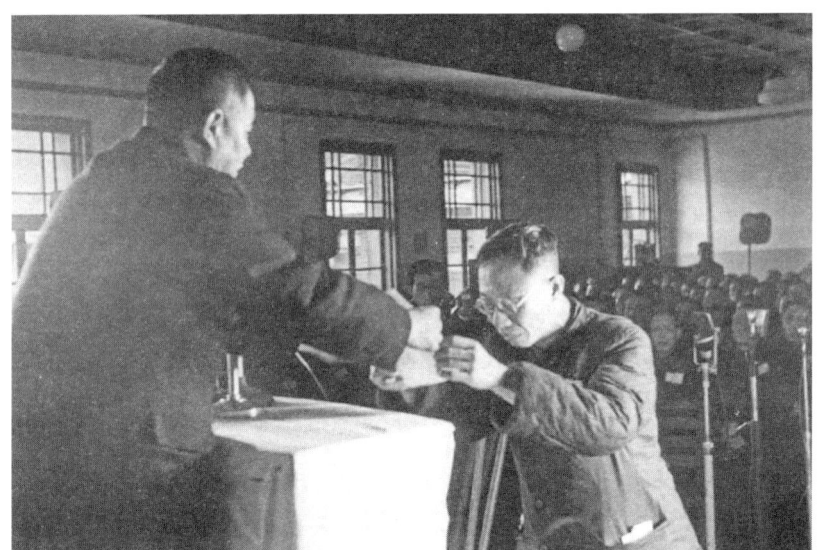

1959年12月4日，溥仪获得政府特赦令

1960年5月1日，在天安门广场参加节日庆典

1959 年 9 月 17 日，第二届全国人大常委会第九次会议通过了《关于特赦确实改恶从善的罪犯的决定》。同日，中华人民共和国主席刘少奇签发了《中华人民共和国主席特赦令》，中共中央下发了《关于特赦罪犯的指示》①。1959 年 12 月 4 日，法院下达了关于溥仪的特赦通知书：

> 遵照一九五九年九月十七日中华人民共和国主席特赦令，本院对在押的伪满洲国战争罪犯爱新觉罗·溥仪进行了审查。罪犯爱新觉罗·溥仪，男性，五十四岁，满族，北京市人。该犯关押已经满十年。在关押期间，经过劳动改造和思想教育，已经有确实改恶从善的表现。符合特赦令第一条的规定，予以释放。
>
> 中华人民共和国最高人民法院②

溥仪听到特赦令那一刻

① 建国以来毛泽东文稿（第八卷）。北京，1993 年，第 478 页。
② 从皇帝到公民：爱新觉罗·溥仪自传（英文版）。北京，1961 年，第 472 页。

不等听完，溥仪已经痛哭失声。就这样，1959年底，溥仪从抚顺战犯管理所获释。

1959年12月9日，寒冷的早晨，火车载着从东北战犯管理所释放的从前的皇帝到达了北京火车站。三十五年后，慈禧太后的后代重现北京。溥仪非常熟悉老北京——紫禁城、皇宫、颐和园。他经常回想起这些。如今，他来到了一个新北京。他深深地呼吸了一口首都的新鲜空气，好奇地打量着自他去"满洲国"即位以及在监狱"漫游"的日子里，这里都发生了哪些变化。

溥仪回京途中

到首都的第二天，溥仪和六个兄弟姐妹去北京的社会保障部门，解决在北京居住所需要的手续。这个过去的皇帝需要新公民身份的证明。

12月14日，溥仪和第一批被特赦的十个人一起去中南海会见周恩来总理。溥仪说，他"第一次见到周总理时有些紧张"。总理在提到特赦的时候说，党和人民政府赦免了过去的皇帝，但并没有赦免他的罪

266

行。"你在清朝末年就当了皇帝。这个不是你的罪，但是你要为在伪满洲国期间的所作所为负责。"然后，周恩来指示溥仪，要在接下来的两个月内全国到处走走，熟悉国内情况和人民生活。

他暂时被安排住在东单的一个宾馆一里。

他参观了苏联援建的生产"解放"牌卡车的长春第一汽车制造厂。一

1959年12月9日，妹妹在北京火车站接溥仪

1959年12月10日，溥仪在弟弟陪同下去公安机关报到，成了自由的中国公民

年之后，溥仪告诉苏联记者，他亲眼看到苏联专家无私地帮助中国工人。当时他还参观了国内的电子设备工厂、纺织厂、石油公司。春节后不久，1960 年 2 月 16 日，溥仪等人返京后，周恩来再次接见了他们。几天后，溥仪已经拿着介绍信出现在京城西郊中国科学院的植物园了。

溥仪和部分家庭成员

"皇帝来我们这里工作，这是我们的荣幸。"植物园的工作人员开玩笑地说。

"现在，我是一个普通公民。"溥仪严肃地回答，递过介绍信。随后，工作人员带溥仪熟悉了工作环境，以及他的宿舍。他的宿舍是个十八平米的房间。里面什么生活必需品都准备好了，还有他要学习的书、书写用的墨水和笔。

溥仪在植物园工作中

过去的皇帝在植物园最初的一段时间准备了一本"植物园工作手册"，他详细地向工人和专家咨询，请他们教他。从履历来看，如果不算他童年时对紫禁城柏树上的蚂蚁发生的兴趣的话（他曾用食物碎屑喂蚂蚁），溥仪几乎没有园艺工作经验；他小时候还在古老的瓷杯子、罐子里养蛐蛐儿，观察它们。他把所有有用的建议都记在一个本子上。他就是这样学习、掌握职业新技能的。在随后的几年里，溥仪参加了"卫生星期六"活动。他在温室里劳动，研究针灸。

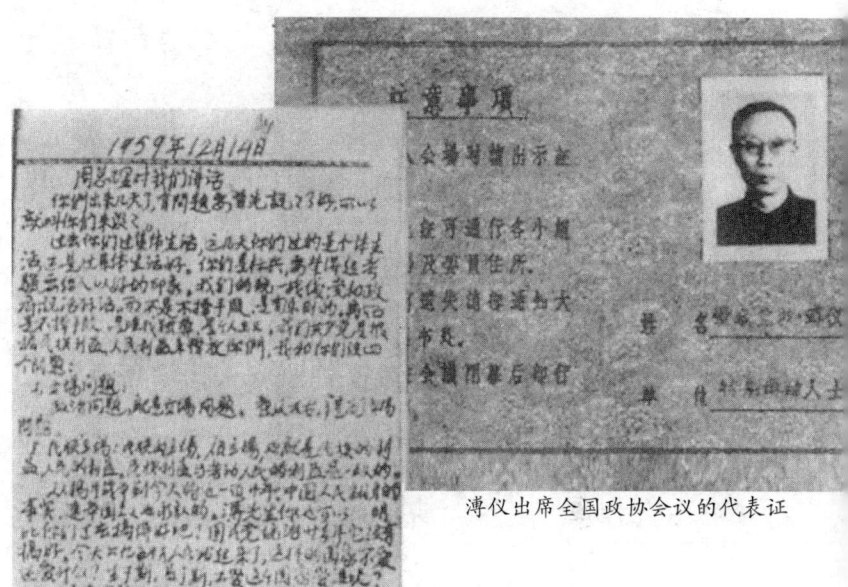

溥仪出席全国政协会议的代表证

溥仪在日记中记载了他和周总理的会面

还在做"满洲国"皇帝的时候，溥仪就对医学很感兴趣。他的宫里有很多中医药、针灸方面的书籍。他自己也说认真读过《本草纲目》。这是明朝（1368—1644）李时珍的著作，里面记载了一千八百九十二种药方（后来找到了溥仪的这本书，他用红笔在学过、研究过的章节都画

269

了圈)①。他还熟读了其他几种中医经典。众所周知，中医基本的理论两千年前就已经形成了。先秦时期（公元前221年）的《黄帝内经》汇集了古代医学丰富的理论知识。汉朝（公元前206年—公元222年）出现了临床诊断方面最有价值、由张仲景编纂的历久弥新的《伤寒杂病论》。

在大棚里给植物浇水

溥仪在战犯管理所改造期间，也对中医很感兴趣，并向来给他看病的医生学过。后来，他在这个课题上专门下过功夫：怎样用电疗的方法治疗高血压。

溥仪非常积极地投入到植树、绿化的群众运动中。

1960年春，在溥仪结束十年图圄后的第二年，第一次与乌克兰女记

---

① 王庆祥：伪帝宫内幕，长春，1987年，第169—170页。

者奥列霞·克拉维茨在北京见面。会面安排在科学院党委，在场的还有几个人，包括中国科学院外事处主任乔青。溥仪给女记者留下的印象如下：

> 他干瘦黑黄，站得很直。戴着一副椭圆的、漂亮的玳瑁眼镜。他耳朵很大，耳垂肥厚。在中国人看来，这是智慧的象征。他有一张那种寻常的、可敬的职员的脸，虽说不乏名人的魅力，但是已经年纪不小了。厚嘴唇，牙齿很大，很干净，显然经常保养，牙齿很漂亮，让人忍不住想多看几眼。
>
> 他的眼睛是黑玛瑙色的，在厚厚的眼镜片后面眨着。花白的头发理过了，坚硬而稀少，就像飓风过后海面的泡沫——用中国人对白发诗意的描述——梳成了分头。
>
> 他的衣着朴素，就是当今中国人标志性的那种蓝色制服，皱巴巴，不整洁。没错，衣服不是棉的，而是毛料的。
>
> 唯一让溥仪显得不像一般人的是那双多层毡底的天鹅绒鞋子和精细的、圆筒织袜子，非常舒适。就像过去人们穿的那样。这种鞋子如今只能在图片和舞台上见到。①
>
> 溥仪说话声音低沉嘶哑，抽烟很多。他深吸一口烟，显然有点儿紧张。他旋即表达了一个愿望，想公开发表声明感谢苏联对他的无私帮助。他说："苏联是中国的好朋友，我在全国旅行的时候，见到中国企业的苏联专家、工程师后，懂得这一点的。"②

---

① 奥列霞·克拉维茨：皇帝接见。基辅，1969 年第 9 期，第 93 页。
② 奥列霞·克拉维茨：皇帝接见。基辅，1969 年第 9 期，第 94 页。

1961 年，周恩来总理在中南海接见溥仪和他的弟弟溥杰、弟媳嵯峨浩（前排右一为作家老舍）

从 1960 年 3 月在中科院植物园工作起，溥仪就开始领工资了，每个月六十元。他的妹妹在饭店工作，要养三个孩子，工资只有他的一半，每个月三十元。

也是在 1960 年，他开始学习《毛泽东选集》三卷本，计划等完全改造好了以后写一本《我的前半生》。但要做到这一点，他对苏联记者说，必须"不光表面红，还要内心红"。奥列霞·克拉维茨请他就下一步的打算写几句话。溥仪用钢笔写道：

> 有了共产党才有人民的新中国，人民得自由。中国取得了前所未有的成就。
>
> 在建设社会主义的中国面前，展开了共产主义建设的前景。有了共产党，才有了对罪犯的改造。我就是一个例子。我从过去的"寄生虫"，变成了一个人。
>
> 党给了我生命。党给了我身份。我将终身为党工作。以毛泽东同志为榜样，不断学习、自我教育。我将不断朝着又红又专努力奋斗。一切为了社会主义祖国、为了人民的利益。一切为了自己过去的罪行赎罪。这就是我的意愿，就是我未来道路的坚定的决心。
>
> 1960 年 3 月 17 日，北京。①

正是从这时候起他开始写自传。一年后，溥仪正式成为全国政协文史资料研究委员会专员，并投入自己的传记创作。1962 年 4 月，他被选为全国政协委员。过去的皇帝积极地、怀着巨大的满足感参加官方的接待会与酒会，接受无数中外记者的采访，现身于各种出版物，敢于就各

---

① 奥列霞·克拉维茨：皇帝接见。基辅，1969 年第 9 期，第 112 页。

溥仪和中国文史研究专家在工作

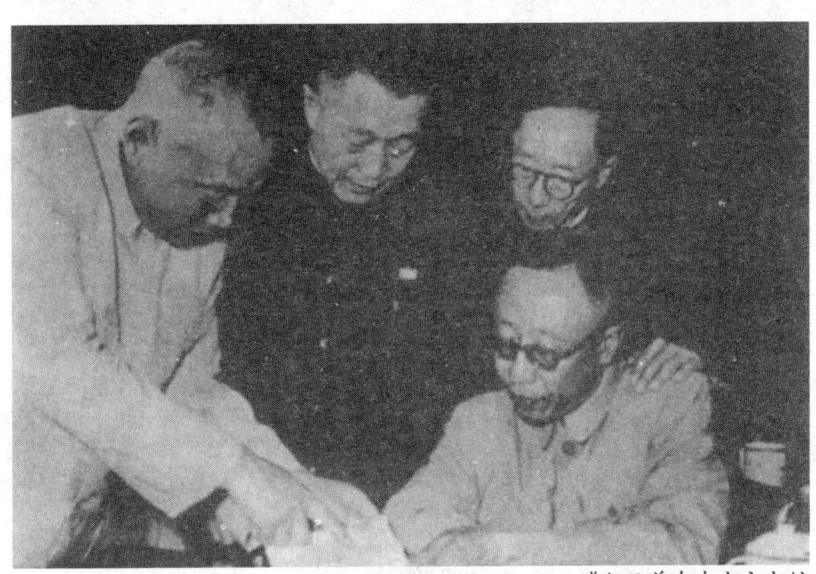

溥仪兄弟在中央文史馆

种国际关系问题发表言论。

1961年6月10日，周恩来在中南海举办招待会，邀请溥仪和他的近亲参加。招待会持续了五个小时，溥杰的妻子带着女儿嫮生，在母亲町田千子、妹妹嵯峨尚子的陪同下从日本赶来。出席招待会的还有一些满族人，其中有著名作家老舍（1899－1966）。他有很多名作被译为多国语言，包括俄语，例如小说《骆驼祥子》《猫城记》《正红旗下》和话剧《龙须沟》《茶馆》等（老舍死于"文革"初期的1966年8月）。周恩来在招待会上发言。他指出，在座的有过去的皇帝与皇族，现在他们和我们一样平等了。比如溥仪，现在在北京植物园工作，研究热带植物；还积极参加社会公益活动。他的弟弟溥杰在景山公园研究园艺学。他们的三妹是东城区政协委员；五妹自学了会计；六妹是个优秀的画家；七妹是劳动模范、优秀的小学教师。周恩来问道，现在谁在街上见到他们会说这是过去的皇帝、皇族呢？现在你们都变了，变成工人、职员、教师，你们都在为人民服务。① 周恩来指出，只有在中华人民共和国成立后，全国人民才实现了平等，包括过去的皇帝也进行了改造。这在其他国家是不可能的。世界上有哪个国家在推翻了封建制度、建立了共和国之后，过去的皇帝能继续活下来，并且和所有人平起平坐？这时，溥仪站了起来，说这在全世界都是未曾有过的。溥杰的亲眷感谢周总理让他们来到中国与亲人团聚。周恩来回答，这不是在帮助某一个个人，这是国家的政策。②

1964年，溥仪的自传完成了。这一年3月，《我的前半生》在北京群众出版社出版。它是在很多未署名的历史专家的帮助下集体完成的。俄罗斯最资深的中国学专家齐赫文斯基认为，"根据其翔实的内容、史

---

① 凌冰：从御妹到平民。北京，1988年，第252页。
② 凌冰：从御妹到平民。北京，1988年，第253页。

1964 年 10 月 3 日，溥仪出席全国政协举办的欢迎华侨和香港同胞的宴会

料，写这本书需要专门的研究。根据其叙事特点和文风，这本书显然超出了溥仪本人的文化水平、文学功底"。① 这一点，在很多国外历史学家对这本书的评论中也能得到应证。② 作者本人也公开承认，他写道："我的工作单位给了我种种便利，提供给我许多宝贵的文史资料。我在许多外界朋友的热情帮助下看到了许多图书、档案部门的宝贵材料，得到了许多专门调查材料。有的材料是不相识的朋友为我从珍贵的原件中

---

① 我的前半生：中国末代皇帝溥仪回忆录。莫斯科，1968 年，第 11 页。
② 亨利·麦克李维：《从皇帝到公民》书评。中国季刊，1966 年，第 27 期，第 180—182 页。

277

一字一字抄下来的，有的材料是出版界的同志为我到远地调查核实的。"①

共产主义中国的人民对这本非同寻常的书产生了极大的热情。这表现在这本书的多次再版、重印上，印数一再增加：1964 年 3 月：三万四千五百册；1964 年 11 月：三万册；1966 年：五万册（由于"文革"开始，部分图书没有出售）。然后，1977 年（"文革"结束的第二年）是破纪录的七万册；1978 年 11 月：五万册；1979 年 12 月：二十二万册；1981 年 10 月：三十二万册；1982 年 12 月：三十八万册；1983 年 8 月：十五万册；1983 年 10 月：一万两千册。据不完全统计，到 1987 年之前，《我的前半生》在中国发行共计一百七十万本。② 只有"文革"期间出版的红宝书《毛主席语录》可以超过它。那是一个天文数字：五亿本。

溥仪其人其书，以及他曾经的皇帝身份，开始驰名海外。这本书出版后，短短几个月内溥仪就收到了几十封海外来信。有英文的、德文的、法文的，还有西班牙文的；有问他索要照片、签名的，还有找他拍电影。很多记者、文学活动家、外宾、法院和检察院的工作人员，都想和作者见面、合影。

这本书得到了周恩来总理不错的评价。他说过，回忆录《我的前半生》是一本好书。党报上有篇文章——《坚定不移地走与工农兵密切结合的道路》，作者援引周恩来的话："十六年前溥仪从苏联回来后，他写下一本书。里面有非常痛苦的体会。我们改造了末代皇帝，这是世界上史无前例的成就。"③

---

① 爱新觉罗·溥仪：我的前半生。北京，1964 年。
② 贾英华：末代皇帝的后半生。北京，1989 年，第 374 页。
③ 王庆祥：皇帝成了公民之后。北京，1985 年，第 98 页。

人们都认为，溥仪和周恩来总理的关系不错。

溥仪在回忆和周恩来的会见时说："我们的总理非常平易近人，和他在一起总是感觉心里轻松愉快，就像在一个幸福的家庭里一样。"

应国务院侨办主任廖承志及中国维护世界和平委员会邀请，溥仪参与到了北京外事俱乐部的活动中来。有一次溥仪在那里见到了著名的美国记者埃德加·斯诺。"哦，皇上驾到!"他开玩笑地说，"我得叩头啊!""那个犯下罪行的皇帝已经成为历史，他已经死了。现在站在您面前的不是他，而是普通公民溥仪。"溥仪答道。"我看到了。您现在看起来不错!"斯诺说道，用夸赞的目光看着溥仪。"您说得对。几十年的皇帝生活把我给毁了。那时候我像个绢人儿，出个门连阵风都不能有。不然的话，我随时都有可能去另一个世界了。现在可远非如此。我能走整整一天，干一天活儿也不觉得累。确实，我越活越年轻了!"① 溥仪最后说。

在埃德加·斯诺的《今日红色中国：大洋彼岸》一书中，我们可以读到这段插曲，只不过有点儿不一样："我的罪行导致上百万人的死亡。我该死。但政府给了我悔过的机会，参加到社会主义建设当中。我为自己的工作而感到幸福。人生第一次，我感到自己是有用之人，并为此感到满足。"②"现在您支持社会主义了?"斯诺问。"是啊，当然了!"溥仪说："社会主义好。"然后，他为中美人民的友谊举杯。③ 溥仪告诉斯诺，他现在在中科院的植物园工作，研究、培育热带花卉。在美国，溥仪的《我的前半生》被改名为《最后的满洲人》，④ 于 1967 年（正是末

---

① 王庆祥：皇帝成了公民之后。北京，1985 年，第 80—81 页。

② 埃德加·斯诺：今日红色中国：大洋彼岸。纽约，1970 年，第 70 页。

③ 埃德加·斯诺：今日红色中国：大洋彼岸。纽约，1970 年，第 71 页。

④ 溥仪，最后的满洲人。纽约，1967 年。

代皇帝去世之年）在美国翻译出版；随后又几次再版。

毛泽东有几次也提到了溥仪。这与 1950 年代至 1960 年代初在全中国隶属公安部管辖的行业中以劳教手段对罪犯进行的政治锻练有关。毛泽东认为，只有政治学习和信仰的手段才有可能改造人。"在特定的条件下，放下武器投降后，我们大部分的敌人都是可能改造好的。但是这需要很好的政治学习和良好的方法，需要他们进行自觉的改造，不能强迫。"公安部部长谢富治向毛泽东承诺："日本和中国战犯改造得非常好。除了个别人之外，其他人都表现得很好。"

溥仪的亲属

溥仪的父亲载沣（1883—1951）有两个夫人，为他生育了四子七女。溥仪的母亲是载沣的第一个夫人——嫡福晋瓜尔佳·幼兰（荣禄的女儿）。进宫后，她为载沣生育了两子三女。

溥仪的弟弟溥杰出生于1907年。他跟着溥仪进宫后，和溥仪一起在玩耍中长大，陪溥仪一起学习。

溥杰梦想成为一名军人。他解释说，这是因为母亲的遗嘱以及坚定的复辟满清王朝的信念。不过溥仪认为，他只是羡慕军官，并且自己也想成为一名军人。张学良在父亲张作霖死后，建议溥杰进入他在奉天开办的军官学校，溥杰应允了。这引起了他父亲激烈的反对，他让溥仪赶紧阻止这事儿。溥仪请天津的日本领馆帮忙。日本人对于溥杰有他们自己的兴趣。日本宪兵在接到领馆的电报后，在旅顺截住了刚下轮船的溥杰，并把他带回天津。当时决定，溥杰先在天津学日语，然后去日本学军事。他的日语家庭教师叫富山武郎，是黑龙会的人，跟日本政界很熟。学了些日语之后，溥杰和妹夫润麒于1929年3月一起去了日本。从1930年到1933年，溥杰三次赴日本学习军事。回"满洲国"之后，溥杰在溥仪那儿当军官。溥杰精通中国文学艺术，诗写得不坏，书法很好，懂日语。1945年，他和溥仪一起被苏军俘虏，之后被移交给中华人民共和国政府。他在中国监狱坐了十一年牢。1960年，溥仪被特赦的第二年，他也被特赦了。周恩来总理在北京接见溥仪与溥杰时问弟弟："你想做什么工作？""我想做一个自食其力的人。我准备去工厂或农村

溥仪兄弟

1954 年，溥仪妹妹和妹夫在新中国

工作。"溥杰回答。周恩来笑了："这我理解。但说实话，你对什么工作更感兴趣？""我非常热爱文学、艺术。"溥杰答道。"这就对了嘛。要量力而行。"总理满意地说。很快，溥杰就成为全国政协文史资料研究委员会专员。

1961年，溥杰的妻子和小女儿嫮生在母亲町田千子、妹妹嵯峨尚子的陪同下从日本来到北京。周恩来总理接见了他们全家，他提到了大女儿的来信。他说："我非常喜欢这个勇敢的姑娘，年轻人应当有勇气。"溥杰的妻子决定不回日本，他们夫妇希望小女儿嫮生留在身边。然而她拒绝了，坚持要回日本。她从小就在姥姥家长大，还有一个男朋友。家庭发生了尖锐冲突。周恩来得知后，在一次会见中他对溥杰的小女儿说："你母亲是日本人，但是她嫁给了中国人。你是中国人，但你愿意的话也可以嫁给日本人！我们特批你来去自由，你可以来中国探望父母，他们也可以去日本看你。"① 后来，嫮生和父母因为周恩来的特批而得到了方便。溥杰被选为政协常委，担任全国政协文史资料研究委员会研究员。

溥杰被逮捕后，他的妻子1947年带着小女儿嫮生回到日本。他们的大女儿慧生回日本甚至更早。在战时，她在日本和姥爷一起生活、学习。当她得知父亲被捕、关在抚顺监狱时，背着母亲和姥姥用中文给周恩来总理写了一封信，请求允许她和父亲通信。她被批准了。溥杰是"满洲国"战犯中第一个与亲属通信的。慧生在大学读书时，有一个古怪而粗鲁的男孩一直在追求她。没想到，就在1957年12月，溥杰的女儿，一个十九岁的漂亮姑娘突然死在了伊豆岛的天城山间。

溥杰的妻子为了纪念死于花季的女儿，写下了《流浪王妃》这本书。里面讲到了女儿的死和自己漂泊的一生。这本书在日本引起轰动，

---

① 凌冰：从御妹到平民。北京，1988年，第255页。

溥仪与溥杰夫妇

溥杰长女

再版七次并被拍成电影。

周恩来在接见溥杰一家时说，他读了《流浪王妃》，里面讲述了失女的悲剧。里面对共产党的描写是不好的，个别地方不符合实际。溥杰的妻子说会再读一遍书，并改正个别地方。①1984年，这本书经过丰富、修订后，译为中文刊登在中国的《人世间》（第一期和第二期）杂志上。

1975年，溥杰和妻子去日本探亲。后来，嫮生和丈夫带着四个孩子来北京探亲，游览了中国很多地方。

① 凌冰：从御妹到平民。北京，1988年，第254—255页。

溥仪七个妹妹中最大的韫媖，出生于1909年。两年后的1911年，二妹韫龢出生。后来她改名为金欣如。她非常喜欢孩子。新中国成立后长期从事小学教育工作。韫龢年轻时在英国待过，英语不错，做过英语翻译，退休后带带孙子。溥仪的三妹韫颖出生于1913年。她在日本生活过，懂日语，喜欢京

溥仪弟弟溥杰一家

剧。1949年回国后从事戏剧工作，改名为金蕊秀。她生活在北京，丈夫是婉容的弟弟。他在日本生活多年，新中国成立后担任中国社会科学院译员，政协委员。① 四妹韫娴出生于1914年，后改名为金韫娴。她举止稳重，比较严肃，热爱学习，不爱说话。她在日本生活过，懂日语。新中国成立后先在故宫博物院从事档案整理工作，后来去一家工厂做了质检员，到了年龄就退休了。她的丈夫出身蒙古名门，在台湾生活了三十多年，直到1982年才回国，在北京市民委工作。② 五妹韫馨出生于1917年，后改名为金蕊洁。她在日本生活过，懂日语。新中国成立后在

---

① 凌冰：从御妹到平民。北京，1988年，第26页。
② 凌冰：从御妹到平民。北京，1988年，第26—27页。

285

溥仪的妹妹和孙辈

溥仪妹妹的画作

教育界工作，做过会计。培养了三个儿子、一个女儿，所有孩子都受到了很好的俄语教育。她的丈夫也在日本生活过，后来在一家出版社做翻译。

六妹韫娱出生于 1919 年。自幼学画，尤擅花鸟。新中国成立后她在画院教画，很少画与政治有关的画。她的丈夫出身清朝贵族，也是北京国画院的画师。韫娱 1982 年去世。[①] 韫娱和七妹韫欢（1921 年生）一起生活了多年。他们一起生活、一起学习，关系非常亲密，彼此影响都很大。后来，韫欢改名为金志坚。

1988 年，中国出版了一本由凌冰撰写的关于七妹人生的书。实际上，这就是韫欢的文学传记。封面题字——"从御妹到平民"是由溥杰书写的。韫欢本人给出版社提供了三十多张照片以及资料，都在书里。韫欢和溥杰被周恩来总理接见过好几次（从 1960 年起）。

1949 年，韫欢结识了大她两岁的乔宏志。他出身于山东贫农家庭。乔宏志是北京四中的副教导主任。他的一个朋友，该校的历史教师介绍他们相识。他们是在四中认识的。1950 年 12 月 12 日，他们举行了正式的婚礼：在五星红旗和毛主席肖像前；新娘胸前佩戴毛主席像章。他们

① 凌冰：从御妹到平民。北京，1988 年，第 27—28 页。

没有举办宴席，婚礼非常朴素。那一年她二十八岁半，那个年代中国领导人建议二十岁结婚。她是溥仪亲属中第一个举办如此简朴的婚礼的。她搬过去和丈夫一起住。1959 年起，韫欢开始担任小学教导主任。"文化大革命"期间学校被关，她失业了。从 1975 年起她又开始工作，在北京二二七中学当副教导主任，一直工作到 1979 年退休。

四弟溥任山生于 1918 年。后来改名金友之。他从小就爱学习，在天津时亦然。他总是帮着自己的姐妹。他在教育界工作，当过会计；年近古稀还在北京的一所小学工作。他是北京市西城区人大代表、全国政协常委。他的特点是说话条理清晰，行事果断。他的书法很好，还会画画，常将自己的作品赠与友人。他退休后研究绘画。中华人民共和国建国后他将很多关于皇宫的史料献给国家，也写了一些这方面的文章。①

① 凌冰：从御妹到平民。北京，1988 年，第 27—28 页。

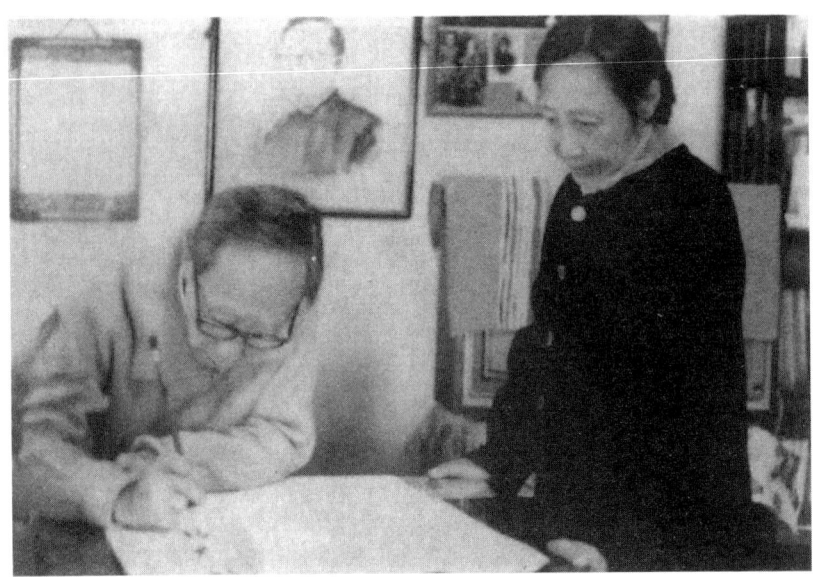

1981 年的溥杰

1990 年代初，末代皇帝已经过世很多年了，突然一下子冒出来三个御弟，都声称自己叫溥任，一直在北京生活的溥任自然是不会承认他们的。①

1961 年秋，毛泽东主席在中南海会见了溥仪，他们共进午餐并合影留念。溥仪对这座曾经的皇家建筑群非常熟悉。

中南海在故宫西侧，曾经是皇家西园的一部分，依三个人工湖而建：北海、中海和南海。这里最早是辽代的政权所在地，后来逐渐扩大至两倍的规模，沿湖进行了美化。历代帝王都将这里作为御花园。明朝开国皇帝之子朱棣被封为燕王之后，就在西园修建了自己的府邸；他成为永乐皇帝之后，并没有忽视这个园子，又将南海挖深、注水，并扩大了中海的面积。作为御花园的北海以藏传佛教圣地著称。

---

① K. 巴尔斯基：温柔的僭越者和智慧的本尊。远东问题，1995 年第 4 期，第127 页。

1963 年 11 月 10 日，周恩来总理祝贺溥仪的新婚

　　明清两代帝王，都把中南海当作自己"最近的别墅"。中南海四面都有高高的红色砖墙。从景山上，或者从北海的桥上就能观察到荒凉的中海两岸茂密的水草。

　　如果我们从三米高的红色砖墙走进去，映入眼帘的将是一片宽阔的、椭圆形的南海，能看到沿岸的杨柳，看到好似在湖面滑翔的岛屿，小岛满是油绿的植被，岛上散落着十个精美的金顶凉亭。这里是瀛台，是建于17世纪末至18世纪初的小型建筑群，是皇帝宴游之所。1898年起，它是慈禧太后用来关押光绪皇帝的地方，总是有紫禁城的太监在看守着。

　　推翻清王朝之后，这里是袁世凯大总统办公的地方，更名为新华宫，阁楼改为大门，相应地称为新华门。国民党时期定都南京，中南海荒凉下来，老建筑被风雨侵蚀。1949年，是周恩来将这处皇家建筑群选为政府办公地点。从北京最长的大街——长安街上往大门里看，只能看到高墙和站岗的军人。

很多中国历史学家认为，毛泽东在溥仪的改造问题上起着最重要的作用。毛泽东关心末代皇帝的改造，了解他过去私生活的细节。会面中他问溥仪："你还没结婚？""还没，我也不想……"溥仪回答。"哪里能不想嘛。"毛泽东微笑着说，"皇帝不能没有女人，你可以再结一次嘛！"溥仪听了点了点头。"这件事你要好好地去搞一下！结婚必须谨慎，不能随随便便，要选个合适对象，建立一个家庭。这是大事，关系到你的后半生。"①

溥仪对毛泽东的话很上心。当天晚上他在日记里，在"结婚"二字旁边画了两个很粗的圆点。

周恩来对溥仪的事情最积极，多方面提起结婚的问题，甚至请政协的同事全力帮助溥仪解决这个问题。周恩来还请溥仪的叔叔载涛关心一下。溥仪还记得当初和文绣离婚时请载涛帮过忙。1942年，在谭玉龄死后，载涛为溥仪的第三次婚姻出了不少力。因此，周恩来请富有经验的叔叔来帮忙给末代皇帝物色一个新娘子。

载涛把它当成一件大事。有一次，他邀请溥仪参加一个节日舞会，介绍他认识一位三十岁的女性。两人似乎彼此都看对了眼，但是当溥仪得知她是慈禧太后的后人时，马上中断了与她的联系。

在例行会面时，周恩来又一次问起了溥仪的事儿：你还是一个人吗？溥仪回答说，他现在不去想这件事情，要把精力投入到工作和学习中。总理听到这个笑了，说："你太政治了！"

"那怎么办呢？"溥仪答道，"亲戚给我介绍了几个姑娘。都不是出身问题，而是思想问题，我一个都没看上。我想找个思想进步、有工作能力的，但我怕家人不想让我……"

_____

① 戴明久：皇帝出狱——末代皇帝获释前后。北京，1999年，第426—427页。

溥仪和李淑贤在北京香山公园

"那你就找个中年的！你们可以在生活上互相关心的。没必要把事情搞得复杂得像给自己挑个格格似的！"

"对，对，我一定再好好想想这事儿。"① 溥仪答道。

此后，周恩来在会面时又有几次建议溥仪从实际出发，客观地看问题，采纳已有的经验。他不建议过于吹毛求疵，拖延时间，因为婚姻问题关系到他更大的进步。

溥仪认真思考了毛泽东和周恩来的建议。他想，一切真的都还不晚，他刚过五十，不能打光棍儿。他觉得自己的确太政治了，一切要从实际出发。溥仪结识了一个姑娘，是个医院的护士，好像彼此都有好感。但当他得知姑

---

① 戴明久：皇帝出狱——末代皇帝获释前后。北京，1999年，第428页。

1964年4月，溥仪夫妇在湖北省一个人民公社

娘只有十八岁时，又觉得年龄不合适。经过思索，溥仪决定，"无论如何也不找清朝贵族出身的。一定要找一个贫农家庭出身、思想进步的女性。"

这时，溥仪的前妻李玉琴来到北京，为自己的自传《我的宫中生活》收集资料、会见亲朋好友。她想见见前夫——末代皇帝溥仪。当溥仪得知前妻会面的愿望后，一开始不知道该怎么办。他们虽然已经分手了，她又有了新的丈夫，但是溥仪对李玉琴还是有感情的，甚至想，命运或许能让他们重新结合。他决定与前妻见面。

李玉琴为自己的事情在北京待了很长时间，所以有可能和前夫多方接触。尽管五年前他们分开了，彼此关系却温暖而真诚。会面中，溥仪给她讲述了自己特赦后的生活，并向她父母问好。他请她吃了几次饭，还一起去香山公园散步。

一天，他们离开市区，走了二十公里，一直到了西山。他们沿着旅游线路，从颐和园到玉泉山、香山、八大处。北京的炎炎夏日中，这里风景如画，气候凉爽，引人入胜。走过木拱桥、松树林荫道，走过彩色琉璃装饰的砖石三孔桥，他们来到一个有着大理石的蓄水池、钟鼓楼的院落。穿过普通寺庙都有的回廊，卧佛就出现在眼前了。这是建于公元 7 世纪下半叶的寿安寺。寺里最有名的是一尊进入涅槃状态的卧佛，因此又称卧佛寺。由于寺庙

溥仪和李淑贤在天安门广场

屡遭火灾，木质卧佛没有留存下来。1321 年，又在原地修造了一尊铜的卧佛像，长五米，重二十五吨，参与铸造的有七千人之多。佛像表现了释迦牟尼在给十二个弟子讲授佛法时进入涅槃的状态。他俩在卧佛前站了一会儿，就又往前走了。他们在东院看到一个小花园，后面是接待贵宾的房间，清代帝王经常在此驻足。溥仪认为，应当带前妻参观一下他工作过的植物园。

在最后的见面中溥仪说，李玉琴已经组建了新的家庭：这难道不是幸福嘛！他表示，虽然考虑过将他们两人的命运再次结合，然而现实不允许这么做。经过全面考虑，他认为不能这么做。十年改造之后他开始懂得，要怎样尊重别人，特别是——自己的前妻、她的家人和亲属。

很快，溥仪身边出现了两个媒人。1962 年初，他们给溥仪介绍了一个三十七岁的女性，叫李淑贤，是杭州人。她是北京某个小医院的一名

护士。八岁丧母，跟着在上海银行供职的父亲生活。后妈进门之后，小姑娘简直无法忍受，日子过得和灰姑娘差不多。十四岁时又遭遇新的不幸：父亲去世了。后妈试图把她嫁给有钱人做小老婆。李淑贤偷偷跑到了北京守寡的表姐家。她对现实做出让步，嫁了一个公子哥儿。婚后他原形毕露，吃喝嫖赌打老婆。日子过不下去，① 他们分道扬镳。中华人民共和国成立后她参加学习，接受了护士培训，有了工作。

溥仪和最后一任妻子李淑贤女士

有一次同事给溥仪看李淑贤的照片，问他是否中意。"她是谁？"溥仪看了一眼照片问道。

"想认识她吗？"

溥仪脸红了。"你取笑我做什么？"他轻轻地问。

"我不骗你，真的！"同事说，"她是个医务工作者。"

溥仪的熟人都知道，他之前的四个老婆都是通过照片选择的，没准儿第五个也会是这样。溥仪仔细看了看，照片上是一个衣着朴素的女人，给他留下的印象不坏。他小心地把照片放回去，说是要和家人商量一下。

当介绍人告诉李淑贤她被末代皇帝看上了时，她吓到了，一再问："是宣统皇帝吗？不，不！我害怕！"②

---

① 戴明久：皇帝出狱——末代皇帝获释前后。北京，1999 年，第 433 页。
② 戴明久：皇帝出狱——末代皇帝获释前后。北京，1999 年，第 433 页。

介绍人告诉她用不着害怕，溥仪如今是一个普通的中国公民。他经过了很长时间的改造，不能把他当皇帝的；他的过去都一去不复返了。做了这番工作之后，她才同意见溥仪。

李淑贤说，第一次见到溥仪时，感觉他一点儿都不像宣统皇帝，看上去像是个普通的热心人。她原来想，他或许就像是庙里的泥胎。

据溥仪最后一任夫人说，他们的进展很快，六个月内见了六次，然后就决定结婚了。她三十七岁，他五十六岁。经过皇宫和伪满生活、苏联五年监禁和国内十年改造之后，溥仪开始像一个普通的家居市民那样生活着。

1964 年 5 月 1 日，溥仪夫妇在北京的家里

与李淑贤结婚后，溥仪有一次说："过去我不知道什么是友谊，更不懂什么叫爱情。我只知道君臣、主仆的关系，却不懂夫妻和朋友的关系。现在我有朋友，有了真正的伴侣。1962 年五一劳动节我和李淑贤组建了温

溥仪夫妇在家门口

暖的家庭。这是我生命中第一个真正的家庭。"①

千真万确,旧中国对女性的态度是特殊的,打上了包括皇帝在内的全体男性的烙印,和欧洲中世纪对女性的态度比起来并不算坏。

汉代文学家、政治家班彪的女儿、著名历史学家班固的妹妹班昭(公元49年—公元120年)在中国文学史上最具偏见的著作之一《女诫》中写道:阴阳殊性,男女异行。阳以刚为德,阴以柔为用;男以强为贵,女以弱为美。故鄙谚有云:"生男如狼,犹恐其尪;生女如鼠,犹恐其虎。"然则修身莫若敬,避强莫若顺。故曰:敬顺之道,妇人之大礼也。夫"得意一人,是谓永毕;失意一人,是谓永讫",欲人定志专心之言也。舅姑之心,岂当可失哉?物有以恩自离者,亦有以义自破者也。夫虽云爱,舅姑云非,此所谓以义自破者也。然则舅姑之心奈何?固莫尚于曲从矣。姑云不尔而是,固宜从令;姑云尔而非,犹宜顺命。勿得违戾是非,争分曲直。此则所谓曲从矣。故《女宪》曰:"妇如影响,焉不可赏!"

中华文明之父黄帝有一次问他的第一宰相:如今的男人才五十岁就虚弱了,而从前男人的寿命是如今的两倍,甚至直到死的那一天,他们的生命根基之泉也不干涸。这是否意味着我们背离了天道呢?第一宰相回答:

---

① 王庆祥:皇帝成了公民之后。北京,1985年,第21页。

过去人们是按照阴阳平衡的规律生活的，阴阳统一。在这种平衡中，人们不会有不舒服的感觉。今天的人们大吃大喝，不愿意干活儿，同时还云雨频繁，这只会让他们更不满足。因为他们的胃口越来越大，要满足就会越来越困难。由于人们不按照自然规律作息，他们的生命减少了五十年。

如果我们考察一下"女"字从象形文字到今天的演进，可以看到，"女"的图形是一个跪着的人形，有着不合比例的硕大胸部。它突出描绘了胸部，而不是穿长袖的手臂或垂到大腿的握紧的拳头。这是一幅以乳房指涉母亲的图画。所以，第一个关于女性的象形文字让我们得知，他们首先将女性视为哺乳的母亲。

根据公元前3世纪法家代表人物韩非所说，在远古的中国，人们只认得自己的母亲，而不认得自己的父亲。这说明中国远古是母系社会，女性的地位非同一般。然而时光如流水，女性独立的痕迹几乎没留下什么。在古代中国，如果家里生了女儿，父母会收到破砖烂瓦。这是被人们践踏的象征。假如丈夫偶然提起自己的妻子，会用"箕帚之使"来称呼她——和垃圾一样卑微。

《诗经》详细描述了和生孩子有关的习俗。《斯干》中写道：

乃生男子，载寝之床，
载衣之裳，载弄之璋，
其泣喤喤，朱芾斯皇，室家君王。

乃生女子，载寝之地，
载衣之裼，载弄之瓦，
无非无仪，唯酒食是议，无父母诒罹。

我们看到，从那时候起，生儿或生女会关系到将来的地位。女人的地位比男人低，是生下来就已经注定了的。

我们上面提到的《女诫》说："古者生女三日，卧之床下，弄之瓦砖，而斋告焉。卧之床下，明其卑弱，主下人也。弄之瓦砖，明其习劳，主执勤也。斋告先君，明当主继祭祀也。"这些很好地体现了中国古人对女孩和妇女的态度。妇女的价值只有在家事中才得到承认和体现。中国古代社会对妇女极尽歧视之能事。

第一次关注妇女的作用、对其优点和缺点予以点评的，是公元前 1世纪的经学家、为皇帝编纂图书的大夫刘向。他在其著作《列女传》中有过分析。他按照自己的理解，对中国历史上的著名女性进行了分类：母仪、明贤、仁智、贞顺、节义、辩通、孽嬖等七门。书中提到的几乎所有女性都带有儒家传统美德，几乎每一类型的女性代表都是青史留名的人物。然而，给人留下最深刻印象的还是《孽嬖》一章中的形象。她们是用来警告男性的：世界上这样的人太多了，一定要小心防备。

《孽嬖》一章有三个著名的反面形象——妲己、褒姒和赵飞燕。传统的中国历史将殷、周、汉的亡国之罪算在她们头上。在《母仪》一章中，刘向讲述了古代哲人孟子的母亲对夫妇之道首要任务的看法："夫妇人之礼，精五饭，幂酒浆，养舅姑，缝衣裳而已矣。故有闺内之修，而无境外之志。"

《女诫》提到："夫有再娶之义，妇无二适之文。故曰：夫者，天也。天固不可逃，夫固不可离也。行违神祇，天则罚之；礼义有愆，夫则薄之。"

说到古中国的传统，应当指出的是，男性占有绝对的统治地位，女性的地位是很低的，女性在与男性的关系之中是没有什么权利的。按照儒家的家庭结构，女性在任何一种境况下都是使女，无论作为妻子、母亲、新娘子，还是寡妇。因为男性对女性的要求首先是生育和家务，女性必须首先完成这些功能。带孩子和做家务完全占据了她们的时间，也没有人要求他们再做别的。家庭妇女善于弹琴、跳舞、辞令、画画、卖弄风情，被认为是有损身份的。孔子就将女性等同于仆人："唯女子与小人难养也，近之则不逊，远之则怨。"人们认为，幸福生活的必备条件是女人绝对安于自己的地位。儒家给女性制定了严格的礼教。早期的儒家典籍《女诫》一开始就肯定，阴性从一出生，地位就已经规定好了；女孩一出生就要放到床下，乃父母真诚的忏悔。对女孩主要教她怎样服侍丈夫，敬慎、顺从被认为是最高的美德。女孩的智力没有得到发展，没人教会她们思考。房间里有男人的时候女孩要回避，连抱怨的机会都没有。这种顺从的秘诀在于，无论发生怎样的争吵，女性都要认为自己是不对的；假如能避免严厉的惩罚，就已经是走运了。儒教试图用极端手段解决性关系：男女授受不亲，即便是亲戚。孔夫子禁止男女在路的同一侧行走，在同一张桌子上吃饭。女人只能呆在"内禁"中，运气好的话可以从某种掩体里偷看男人交际。小姑娘从小就禁止和男孩玩耍。根据《礼记》规定，已婚妇女回门探望父母时，不能和兄弟同席吃饭。

男女授受不亲，甚至连医生治疗病人时也不例外。医生只能在伸出帐幔之外的手上诊脉。根据古老的中医实践，几乎所有的病都能够通过诊脉来诊断；医生除了诊脉，什么都不需要。但是，为了让医生更了解患者的患处，患者的丈夫或者亲属可以在一个象牙雕的女性人体模型上指出患处。医生总是随身带着这种"医用人体"，通常有十厘米长，为两手放在脑后的卧姿。

如此一来，中国男性智力的发展就比女性好得多。特别是在北方，女孩几乎就得不到什么教育。她一般先是在父母家默默无闻地做家务，就像家里一件多余的东西。她不能像男丁一样一直在娘家生活，必须嫁人。对于娘家来说，她就是泼出去的水。姑娘甚至都不能分享家里的秘密，以免出嫁后说出去让外人知道。中国人生了女儿会说："生了个丫头。"这道出了她人生的使命。

女孩必须"三从四德"：在家从父，出嫁从夫，夫死从子。女人必须保持对丈夫的忠贞，丈夫死后也不能再嫁。所以，她的命运就是顺从父亲、丈夫，替夫家生男孩延续香火。值得注意的是，"好"这个字是由"女"和"子"组成的，亦即姑娘嫁人生了男孩便是好。封建时代的中国对"好"的总体理解体现在"三多"："多福""多寿""多男"。

妻子如果不能生育，或者没有生男孩，家庭的财力又不能满足买个男孩充当子嗣或者纳妾的话，妻子就会被视为家里的灾星。在中国会有这样的事情，家里如果生了女孩，当爹的会让接生婆去买个穷人家的新生男孩换过来，这就是所谓的"偷龙转凤"。

在儒家最重要的经典之一《礼记》当中，描绘了理想中的儒家社会机制的范式，是以"礼"为基础。欧洲长期以来将其解读为"中国礼仪"。我们在其中可以找到关于妇女家庭地位的描述：男女有别。他们在家里的地位被居所严格限定了——"外言不入于梱，内言不出于梱。"女性被锁在庭院深深处，没有合理的理由，其他男人进不去、女人出不来。由此可见，女人是没有话语权的：丈夫可以用各种理由把她赶走。

不生育，是中国官方规定的男人休妻"七出"之一。就像汉代诗人曹植所说的，生不出孩子的罪妇是要被遣送回家的。另外的"六出"为：1）不顺父母；2）淫；3）妒；4）有恶疾；5）口多言；6）盗窃。

也有三种情况规定，丈夫不能休妻。第一，女方父母双亡；第二，女方在服丧期，即公公或婆婆故去三年之内；第三，丈夫是婚后才致富的。

夫妻双方也可以私下协议离婚。如果丈夫不想因为妻子的背叛而离婚，可以对她进行杖责。如果妻子未经丈夫允许再嫁，是要被闷死的。《大明律》规定："若妻背夫在逃者，杖一百，从夫嫁卖。其妻因逃而改嫁者绞。"这同样适用于私通杀夫的淫妇，以及打死丈夫下一代的妇人或谋害长子、丈夫弟弟的妇人。

如果妻子殴打丈夫，或者迫使丈夫自杀，同样会面临严厉的刑罚。《大明律》规定：凡妻、妾殴夫者，致死，斩。故杀者，凌迟处死。B. П. 弗拉季描述过对杀夫者的执刑，那是最可怕的刑罚之一。"先是砍掉手，然后是胳膊，然后是鼻子、胸，然后开膛破肚，最后斩首。"

在清朝生活过五年的俄罗斯医生 B. 科尔萨科夫说："即便是在富有的家庭里，中国女性在智慧上的视野也是相当狭窄的。她们很早就嫁人了，通常连见都没见过自己的丈夫就依从父母意愿出嫁了。中国女人不会给夫家带来什么智慧的生活，或者心灵的温暖。妻子在家庭中的地位是很低的，她甚至连名字都没有，只是丈夫的一件东西。询问中国男人有关其妻的健康状况对他来说是最大的侮辱，会激怒他的。"

人们对姑娘们的要求是恭顺，姑娘们也尽量做到这一点。早在 13 世纪，马可·波罗就赞叹，天朝的姑娘们"在德行与恭顺方面无可匹敌。她们从来不做喧嚣的、不体面的消遣，不跳舞、不惹人讨厌，姑娘们从不倚窗而立观察行人，露出自己的面庞"。他对中国姑娘大加赞赏，因为她们"从不去偷听不得宜的话题，也不去参加什么欢庆活动。她们出门的时候总是有母亲陪同，目不斜视；在外面走路的时候她们的眼神永远是低敛的"。

不过，在我们看来，马可·波罗将中国封建社会的女性理想化了，虽然他的叙述有真实的部分。对这种姑娘的教育目的是为她们人生中最重要的事情做准备：嫁人和生育。

这就是中国社会千百年来远远算不上进步的妇女观。这种观点也同样深植在溥仪的脑海中。所以，在新的中国社会里，他也很难改变对妇女角色的看法，"改造"是艰巨而漫长的。

直到 1962 年春天，他和第五个妻子结婚之前，这种观点才发生了实质的改变。

1962 年 4 月 20 日，溥仪和李淑贤最后向亲朋好友公布了他们婚礼的日期定在 5 月 1 日。当天下午，溥仪和那个年代的中国人一样，向所在单位——全国政协文史资料研究委员会的同事公布了自己的婚讯。两天后，研究委员会的领导请溥仪去谈一下这个问题。他们对末代皇帝说，这是个严肃的事儿，会需要很多开销，大部分开销（服装、家庭生活必需品）将由单位支付。①

当时，中国一些地方发生了自然灾害，发生了饥荒。令溥仪感动的是，在困难时期，党和政府还如此关心他。他决定，婚礼尽可能简朴，不浪费一分钱。

据他的妻子回忆，1962 年 4 月 25 日，他们准备了两封介绍信：一封是给百货公司的，一封是给接待外国人和华侨的友谊商店的。由于当时经济困难，基本物资非常匮乏，一些生活必需品只有特许商店才有售。去商店的路上，溥仪对李淑贤说，国家把婚礼的开销包了，所以需要节约，只买最必须的：锅碗瓢盆等。溥仪只让未来的妻子买一件衣服，其他的以后再买。本来李淑贤已经看上了几件衣服和面料，最后接受了他的建议，只买了一条西装裙。溥仪自己什么都没买，他说他的西装还很好，新的以后再做。②

新人收到了亲朋好友约两百件礼物。4 月 30 日晚 7 点，婚礼在政协礼堂举行，有超过一百名客人应邀出席。其中有溥仪的亲戚，新娘子的朋友等。政协和中共统一战线的代表出席了婚礼，还有北京市委（包括廖沫沙）、北京植物园以及文史研究会的领导。

溥仪在日记中写道："我们把婚礼安排在这一天，因为这一天是劳动人民的节日。我们想记住这一天，永远向劳动人民学习，学习他们的优秀品质，学习他们的勇敢、淳朴，学习无产阶级思想。……经过十年

---

① 戴明久：皇帝出狱——末代皇帝获释前后。北京，1999 年，第 438 页。
② 戴明久：皇帝出狱——末代皇帝获释前后。北京，1999 年，第 438—439 页。

的改造，我变成了一个自食其力的劳动者。我是一个园艺工作者、文史工作者，我的妻子是个令我尊敬的医务工作者。我们都是普通劳动者，在劳动节这一天组成了一个劳动者的家庭。这正是我追求的幸福，如今幸福就在我眼前。这是党和人民给我的，是毛主席给我的。

1962 年 5 月，溥仪在自己的婚礼上

"在婚礼上，当着所有来宾，我代表我们夫妻宣誓，我们无论何时都要互相鼓励，改正错误和不足，在任何劳动岗位上都要忠于祖国和人民，把自己的微薄之力都献给光荣的党！"①

很快，溥仪结婚的消息传遍全国，连国外都知道了。有一次《大西洋月刊》的英国记者造访了溥仪。他表示对李淑贤父亲的职业很感兴趣。李淑贤回答说，她的父亲原来在银行工作，但很早就去世了。记者

---

① 戴明久：皇帝出狱——末代皇帝获释前后。北京，1999 年，第 440 页。

溥仪夫妇去往上班路上

又问溥仪："一个过去的皇帝怎么能娶普通女子呢？这在英国是根本不可能的！在西方人看来，这不可思议。"溥仪答道，别忘了他现在是个普通公民，他以自己是个中国公民为荣。最后一个问题是：他的妻子每天都上班吗？"是的，她在医院工作，是个普通护士。"溥仪答道。①

李淑贤的朋友们经常对她与末代皇帝的家庭生活感到好奇，因为这太不同寻常了。有一次她告诉女友们："不怕你们笑话，溥仪是那样一个人……好像他从来就离不开我似的，每次我上街，他都跟在我后面。在家里他也总是围着我转，甚至我洗脸的时候他也在一边看着，直到我洗完。我在厨房做饭，他也前前后后看着，就像个尾巴似的。"

溥仪总是去医院接妻子下班。如果她加班，他就会一直等到她下班。他常常等到夜里十一二点。假如她长时间地耽搁，溥仪就会给她带吃的。后来医院领导知道了，就免去了李淑贤同志的夜班。妻子生气地问溥仪："你为什么老跟着我？怕我跑了不成？""从前我不知道什么是爱情，直到遇见你，我才懂得，人与人之间有这样甜美的感情。"② 溥

---

① 戴明久：皇帝出狱——末代皇帝获释前后。北京，1999 年，第 440 页。
② 戴明久：皇帝出狱——末代皇帝获释前后。北京，1999 年，第 442 页。

溥仪兄弟夫妇翻看家庭相册

仪如此回答。

"我认为溥仪是个非常诚实的人。"李淑贤在 1995 年说道，"他总是不可救药地需要我的爱，并随时竭尽所能地给我爱。"李淑贤说，她生病时，溥仪非常担心，生怕她会死去，整夜陪床，直到她康复。

妻子生病的时候，溥仪带了一个小日记本，记录下她所有的变化，她服用的药物以及体温。一夜他起来好几次，给她喂药，测体温，打开水。白天，她喜欢静静地坐在窗前看着大街上发生的一切。他担心她会感冒，就悄悄把窗户关上，或者放下窗帘。

溥仪的细心深深感动了妻子。当溥仪重病动了手术——摘除了左肾，右肾的问题又来了，她主动要把自己的肾捐给丈夫。[1]

李淑贤回忆，丈夫完全不会做家务。因为这个，他们没少发生矛

---

① 戴明久：皇帝出狱——末代皇帝获释前后。北京，1999 年，第 444 页。

盾。婚后第一个月，溥仪决定去买一些结婚时没来得及买的东西。领到工资后他没和妻子商量，就去百货公司买了一堆东西：花露水、头油、香皂、毛巾、内衣。这在当时被视为奢侈品。当他快活地带着这些东西回家、展示给妻子看时，没料到妻子非常生气。"你的工资呢?"她不满地问。他就像一个淘气的小男孩儿，翻开空空如也的口袋。"你怎么能这样乱花钱呢? 这些中看不中用的东西能吃吗? 咱们是靠工资过日子的。不然我们下一步吃什么呢?"① 晚上，稍微平静之后，李淑贤让丈夫坐下，给他解释家里的开销都有些什么。沮丧的溥仪终于明白自己犯了大错了，保证以后再也不会乱花钱了。他说，此后由妻子负责开销，他所有的工资都交给妻子管理。他甚至都不会洗手绢。有一回，李淑贤实在受不了他的无能和笨拙，吵着要和他离婚。他双膝跪下，痛哭流涕地请求她的原谅。"我永远都忘不了他说的话：我在这世上不能没有你! 你是我老婆。你要是走了，我就去死。"

婚后，他们住在政协大院的一间小平房里。虽然不是很宽敞，但他们很满足，认为这个小窝会越来越温暖的，他们会过得很开心。然而，随着中外记者对溥仪的兴趣与日俱增，领导经过讨论，决定给溥仪换一套大点儿的房子。1963 年 6 月，他搬到了另一个住处：西城区东冠英胡同。这回他有了新房子：两室两厅，带厨卫和仓库。溥仪甚至有好几次和领导说，对于一个普通的、快要死了的公民，用不着住这么大的房子。

溥仪喜欢读书，将 18 世纪中国文学经典之一——曹雪芹的《红楼梦》读了好几遍。这部小说在中华人民共和国成立前后都很流行。中国甚至有名言说："开谈不说《红楼梦》，读尽诗书也枉然。"小说根据封建贵族经济的衰落和精神的没落，展示了中国贵族家庭三代人由盛转衰的命运。小说作者能够从 18 世纪的中国社会生活中提炼出生动的、心

---

① 戴明久：皇帝出狱——末代皇帝获释前后。北京，1999 年，第 446 页。

理分析细致入微、个性刻画入木三分的人物形象。溥仪有时候读书到深夜。他对《红楼梦》的兴趣主要和他在战犯管理所时中国社会掀起的《红楼梦》意识形态批判有关。

溥仪还开始学习中国传统体操：太极拳。每天早晨起床后，他都会去院子里练一会儿。晚饭后，他总是拽着妻子去街上遛一两个小时的弯儿。

溥仪动手术后，家务就由服务员来打扫了。不管干多少活儿，他对他们都是很尊敬的，平常他们会在一张桌子上吃饭。

溥仪喜欢吃面食，经常央求妻子给他烙玉米饼。他喜欢吃玉米和小麦做成的糕。有的客人跟他开玩笑说，皇上可不能吃老百姓吃的玉米面。他回答道，以前他从来没见

1963年，溥仪在田间劳动

过玉米面，但这说明不了什么，玉米面是最好的食品。

溥仪有了戏票或电影票，就会和家政工一起分享。他们遇到困难时，他也会帮忙。有一次，他从前的家政工眼泪汪汪地来找他，说女儿上学交不起学费（当时中国学校的学生都是要交学费的）。他专门去学校替孩子交了学费，三年里从未间断。①

---

① 戴明久：皇帝出狱——末代皇帝获释前后。北京，1999年，第452页。

末代皇帝的病与死

意料不及的是，中国的政治舞台上突然出现了上千万名红卫兵，都是十八至二十五岁之间教育程度不高的年轻人。他们是伟大领袖毛泽东领导的"文化大革命"的突击队。

李淑贤回忆，当出现了红卫兵、开始斗廖沫沙的时候，溥仪为他尊敬的廖感到很担心，想去看看到底是怎么回事。李淑贤陪同丈夫去了批斗现场。现场所见令他震惊：廖沫沙的脖子上挂了一块六十公分长、六十公分宽的木牌子；上面写着"黑帮""反党分子"；几个扎着腰带的红卫兵挥着胳膊，喊着口号，另外几个红卫兵使劲儿按着廖沫沙的脑袋——这种姿势被他们称为"坐喷气式飞机"。溥仪受不了这个，就赶快回家了。

那些日子里，溥仪不敢、也不愿出门，因为无论他去到哪里，都能听到人群中声嘶力竭的喊叫："打倒彭真！""打倒廖沫沙！""打倒……"很多领导的名字他是熟悉的，有的不久前还接见过他。他在街上会与这个或那个领导不期而遇：他们被反剪双手，摁着脑袋，胸前挂着大牌子——上面写着骂人的话，四周是年轻的"造反派"。他们一边喊着什么，一边挥着胳膊。这一切都让溥仪非常难受。

1966 年 8 月，中共八届十一中全会在北京秘密召开，改组了中央机构，颁布了《中国共产党中央委员会关于无产阶级文化大革命的决定》（即所谓"十六条"），这也是唯一公开的一份文件。内容基本上都是与"文化大革命"相关的。其中写道："资产阶级虽然已被推翻，但他们企图用剥削阶级的旧思想、旧文化、旧风俗、旧习惯来腐蚀群众，征服人心，力求达到他们复辟的目的。无产阶级恰恰相反，必须迎头痛击资产阶级在意识形态领域里的一切挑战，用无产阶级自己的新思想、新文化、新风俗、新习惯来改变整个社会的精神面貌。"①接下来提出了新班子的目标："在当前，我们的目的是斗垮走资本主义道路的当权派，批判资产阶级的反动学术权威，批判资产阶级和一切剥削阶级的意识形态，改革教育，改革文艺，改革一切不适应社会主义经济基础的上层建筑，以利于巩固和发展社会主义制度。"②

虽然红卫兵最早是在1966年5月底就有了，但在中国将其产生的日子定为1966年8月18日。这一天，毛泽东等人在天安门广场接见了大串联的红卫兵代表。这次接见通过广播和电视广为传播。溥仪认真收听了中共八届十一中全会的报告，阅读了毛泽东在天安门广场接见红卫兵的报道。他很清楚，国家和他个人的生活中罪孽的日子就要来了，接下来就是等噩耗了。

单位贴出了红卫兵和造反派要求政协削减一级工资——百分之三十至百分之五十的大字报（溥仪刚好属于这个级别），溥仪算了一下，每月一百元的工资很难养活两个体弱多病的人。他公开表达了自己的意见，即他为了生存至少也得一百五十元。但是因为害怕被指为要求"特权"，他旋即又将金额降到了一百二十元。③

这个时期，红卫兵按照指示破四旧、树四新。红卫兵和造反派要求消灭封建和资产阶级残余。他们宣称，在无产阶级革命的中心，中国的首都，街上还有各种封资修留下的愚蠢名称。他们开始给过去溥仪如此

① 伟大的无产阶级文化大革命：重要文件（俄文版）。北京，1970年，第118页
② 伟大的无产阶级文化大革命：重要文件（俄文版）。北京，1970年，第119页
③ 王庆祥：皇帝成了公民之后。北京，1985年，第92—93页。

熟悉的那些地方改名：首都的大街、商店、医院、电影院、饭馆、理发店、药房以及其他机构。

这期间，溥仪不能忘记统战部的朋友们。他们利用《红旗》上刊登的要重新接受工农兵再教育的指示，将正在遭受红卫兵围攻的"不纯洁"的溥仪送去工厂。他在那里安然度过了一个多月。这也是在那个混乱岁月里他最后的一段平静时光。他一回到政协大楼，就出现了大字报，要求溥仪接受"劳动改造"、削减工资，等等。他再次成为红卫兵批斗的对象。红卫兵闯进他的家，砸碎门口的石狮子，想带走他和毛主席的合影，要他上交沙发、铁架子床、电话、写字台。那都是当初统战部门给溥仪配置的。

溥仪认为，政协大楼的办公室要比家里还安全些。每天他都会起个大早，跑到办公室躲起来。过了几天通知说，政协停止办公了，所有人都必须回家去自我教育。后来他听说，这是周总理为了保护民主党派和无党派领导免遭红卫兵攻击而采取的措施。溥仪只得又回到家里。

1966 年 9 月 15 日，溥仪收到一封来自长春的长信，是他过去宫里的一个"童仆"写来的。这人后来入了党，成为先进工作者，如今是革命战斗队的成员。他在最后通牒般的信中写道："告诉你，我又看了八十页的《我的前半生》。你必须回答我的问题。否则，我要号召全国的工农兵批判你，从第一页批到最后一页，直到你承认错误。你必须声明，你的书从头到尾就是一棵大毒草，你所得的稿费五千元必须马上还给国家。我要求你重新改造。"① 尽管身体非常不舒服，溥仪很快就给他回了一封长达一万五千字、充满自我批评的信。溥仪告诉他接受建议：剩下超过四千元的稿费都返还政协了。1966 年 9 月 16 日，溥仪在日记中写道："我把稿费中的四千元交给了政协领导。另一千元，对于

① 王庆祥：皇帝成了公民之后。北京，1985 年，第 94 页。

帮助提供材料的人酬谢六百元，余四百元为贤治病用。剩余四千元交机关奉还国家。"①

然而，对方对于回信并不满意，十天之后又从长春寄来一封讨伐信。尽管溥仪又一次住进了医院，这封信还是到了他的手里。这些信件简直让他崩溃。他觉得自己好像上了战场一样，产生了可怕的焦虑。在回复完第四封信后，他已经无力再写回信了，就请弟弟溥杰代笔。此外，他还向好友们求助：如何才能停止打笔仗……

很显然，他为此遭受了巨大的压力，精神力量濒临枯竭了……

1966 年 10 月 14 日，几个来北京串联的红卫兵暂居在因为政治形势而停课的学校里。他们不知从哪里听说末代皇帝溥仪住在附近，就决定去给他点儿"赏赐"。溥仪请他们进客厅。他们四下张望后，得意洋洋地训斥房主："你为什么有这么多东西？吃白米，睡沙发，过着这样的生活？……"② 说完，就动手把屋子里所有的东西都扔了出去，并宣布溥仪以

在同事协助下工作

后不准使用。然后，给他下达命令："溥仪，爬上房顶，砸碎石狮子！"情况紧急，他得以及时和地方派出所联系上。一个警察找到这几个红卫

---

① 王庆祥：皇帝成了公民之后。北京，1985 年，第 95 页。
② 王庆祥：皇帝成了公民之后，北京，1985，95 页

兵的头目，检查他们的介绍信，看是谁派来的。商谈了一番之后，这个小头目带着几个红卫兵溜走了。①

1966年10月27日，据溥仪日记记录，他的同事来看他过得如何。他们告诉他，如有不速之客，就马上给派出所打电话。溥仪的一个同事过去是国民党高官，说公安部的某个负责人告诉他，党委有指示，不准动像溥仪这样的人。在公安部的社会安全部门及其机关里，都有这样的指示。

为了保护溥仪等人免遭红卫兵的冲击，根据中国资料，周恩来建议允许政协文史资料研究委员会的成员可以不参加"文化大革命"。然而，这种"不参加"仅仅持续了半个月，很快就被其他大人物的决定取代了。②

随着"文化大革命"规模不断扩大，国内的形势越来越严峻了。

1967年1月初，上海的红卫兵和造反派在军队的支持下，占领了《文汇报》《解放日报》的编辑部。在经过一个星期的流血战斗后，占领了上海市人民政府和党委的大楼。这就是所谓"一月夺权"。继上海之后，北京、山西、贵州、黑龙江都出现了"夺权"。北京的造反派向中共统一战线发起了进攻。

这时，溥仪的前妻李玉琴出人意料地从东北来了，她家出了几件大事。"文化大革命"开始后不久，三十九岁的李玉琴和家人就遭到了红卫兵、造反派的冲击。李玉琴被指为"皇帝的婆娘"，遭到了批斗，被禁止加入"文革"的任何一种"革命组织"，还被单位开除，接受了调查。在无法忍受的情况下，她和嫂子一起来到北京，请溥仪给她写一份书面证明，证明她入宫后没有做皇帝的女人，和皇亲没有来往。然而，

---

① 王庆祥：皇帝成了公民之后。北京，1985年，第96页。
② 戴明久：皇帝出狱——末代皇帝获释前后。北京，1999年，第457页。

她们来的不是时候，溥仪的健康每况愈下。

到了北京，这两位来客打听到了末代皇帝及其亲属的住址。这时候，溥仪已经住院了。李玉琴从溥杰处得知溥仪得了不治之症——肾癌。尽管如此，李玉琴还是向溥杰宣称：她是来与溥仪清算的，他的哥哥当皇帝的时候压迫她，并要为此负责。在北京，她与首都红卫兵的"第三红色司令部"进行了谈判。1967年1月30日早晨9点，她和嫂子来到溥仪住院的医院。一进病房，她就宣称自己是代表东北人民来与溥仪算旧账的。

她要求溥仪给她写证明材料，并交给他准备好的十四个问题，随后就离开了病房。在弟弟的帮助下，溥仪尽量回答这些问题，写下了很长的证明材料，超过三千字。他写了李玉琴是怎么进宫的，并为前妻提出二十一条以及六条和她的亲属有关的禁令：不准李玉琴见他们。

1967年2月7日，李玉琴再次来到溥仪的病房，带着一队造反派。在遭受可怕病魔折磨的末代皇帝病床前，他们组织了批斗会。造反派说："我们要把你揪回东北！砸烂你的狗头！"

1967年2月10日，溥仪在日记中写道："过去确是对人民犯了滔天罪行。蒙党和毛主席特赦，重新做人，才有今天。可是历史是事实，李、杜等借东北人民名义要抓我回去，虽然是恫吓的话……自己实在无法对待。"①

"文化大革命"一浪高过一浪。1967年4月1日，溥仪再次住院之际，中央"文革"小组成员、教育史学家、毛泽东的笔杆子戚本禹写了一篇文章——《爱国主义还是卖国主义——评反动影片〈清宫秘史〉》，被所有大报都转载了。

这部电影是新中国成立前在香港拍的，讲的是1900年发生的事情。

---

① 王庆祥：皇帝成了公民之后。北京，1985年，第101页。

故事讲述了想借义和团之力与八国联军对抗的慈禧太后与在悬殊实力面前寻求与洋人和平之道的光绪皇帝之间的斗争。关于这部影片的争论，在文艺片《清宫秘史》上映之后的 1950 年代就开始了。① 戚本禹的文章催生了对新闻纪录电影《溥仪：中国末代皇帝》，包括对溥仪本人的各种威胁。当局的这些行动不仅对溥仪产生了负面影响，也影响到了医院的工作人员。他的病房成了批斗场所，他成了新的批判对象，不得不偷偷从医院跑回家里。

溥仪时常感到外界的压力，令他紧张、不安。这加剧了他的病情。溥仪在日记中这样写道："……在拍摄电影的问题上，过去自己没有认识是毒草，而认为是在党和毛主席特赦后自己成为新人，如何表现伟大的毛泽东思想，表现党和毛主席伟大改造世界、改造人类、改造罪犯的光辉成就。"②

从铺天盖地的大字报可以看出，溥仪的同事和领导也受到了粗暴的冲击。这些不幸的消息让病重的溥仪极为抑郁。还有全国红卫兵、造反派"把叛徒揪出来"的行动要求溥仪交出 1959 年至 1960 年的特赦人员——"叛徒""特务""间谍"的全部名单，散发给全国红卫兵和造反派。这一切令末代皇帝的生命日渐垂危。1967 年 10 月 17 日北京时间凌晨 2 点 30 分，中国末代皇帝溥仪因肾癌在医院病逝。

他的遗孀后来回忆道："我怎么能忘记那个可怕的夜晚呢？他醒过来的时候，用尽最后的气力说：请，请，把我的骨灰埋在义父旁边，和玉龄的一起……"

---

① 话剧《清宫怨》于 1941 年第一次搬上中国的舞台。编剧姚莘农是中国 20 世纪初大戏剧家吴梅的高足。1937 年他组织了京剧在苏联和英国的巡演，随后在美国生活了三年，学习西方戏剧。1949 年后他移居香港。1948 年他将话剧《清宫怨》改编成电影剧本《清宫秘史》。

② 王庆祥：皇帝成了公民之后。北京，1985 年，第 102 页。

然而，在"文革"的第二年，要这么做几乎是不可能的。因为这样的丧葬被认为是"旧制度"和"封建"的；再说，他的遗孀也没有钱按照规矩举行葬礼。然而，正如李淑贤所说，她是忘不了自己对爱人溥仪的责任的。

溥仪是在1962年5月中旬、婚后两周患病的。一开始是有少许的尿血。这是肾癌的前兆。据他的遗孀回忆，出现了几滴血尿后，溥仪曾到人民医院检查，但那里没有太当回事儿，只是给他注射了维生素K。溥仪非常相信中医，经常去海军总医院门诊的医生那里看病。医生给他的诊断是膀胱炎。医生还给他开了中药，告诉他三副药后血就止住了。非常遗憾，无论西医还是中医，都没能在早期诊断出癌细胞。①

1963年，癌细胞已经扩散到溥仪的全身了。这一年他经常感冒、发烧、全身无力。外表上看起来他还不错，精神很好。1964年，他两次全国旅游，胃口很好。8月，他参观了东北和中原地区，回到北京后又出现了血尿。妻子陪同溥仪去人民医院做检查。医生诊断为前列腺炎。他又被注射了维生素K。医生又一次没能诊断出溥仪得了癌症。尿血越来越多，状况加重了。直到1964年11月他住了院，被周恩来偶然间知道了，要求将溥仪治愈。名医被请来会诊，他看过病人之后说："问题很严重。"溥仪被安排转院到协和医院。检查后，发现了恶性肿瘤。他做了手术，过了几个星期就出院了。但很快又发现了血尿。1965年5月25日，他又一次住进协和医院。7月，他动了第二次手术；12月，动了第三次。在周恩来和彭真的指示下，政协、统战部负责人去医院探视了溥仪。

溥仪出院后，于1966年2月再次入院。3月，为他请来一个中医专家，给他开了民间的方子，似乎略有好转。1966年4月29日，溥仪第

① 王庆祥：皇帝成了公民之后。北京，1985年，第104页。

315

四次住院。从 1962 年 5 月到 1966 年 5 月，溥仪四次住院，动了数次手术。① 1967 年 10 月 15 日，主治医生在查房后对他的亲属说，最多也就只能再拖一两天了。②

　　10 月 16 日，他大部分时间都在昏迷中，偶尔能听到他的自言自语："周总理……改造……公民……" 10 月 17 日，溥仪的心脏停止了跳动。

溥仪和爱新觉罗家族三代人在一起

　　两天后，1967 年 10 月 19 日，《人民日报》刊登了一个新华社发的简短的讣告："中国人民政治协商会议全国委员会委员爱新觉罗·溥仪先生因患肾癌、尿毒症、贫血性心脏病，经长期治疗无效，于十月十七

---

① 戴明久：皇帝出狱——末代皇帝获释前后。北京，1999 年，第 446 页。
② 戴明久：皇帝出狱——末代皇帝获释前后。北京，1999 年，第 466 页。

日二时三十分逝世于北京。终年六十岁。"①

　　溥仪去世次日，周恩来派代表去他家里吊唁，向遗孀表达深切的慰问。来客说："总理非常关心在'文化大革命'中溥仪的治疗情况。因此，总理叮嘱我们跟进和关注后续事情。"关于溥仪的安葬地点，周恩来表示，要尊重家属的意愿。家属表示，因为溥仪已经是个普通公民，就应该和其他公民一样埋葬在人民公墓。当时决定把溥仪的骨灰放在人民公墓。② 1967 年 10 月 19 日，末代皇帝的遗体在著名的八宝山火葬场火化，骨灰盒寄存在八宝山人民公墓骨灰堂。③

　　直到"火热"的"文化大革命"过去之后，才出现了关于他葬礼的消息。1980 年 5 月 29 日，在清朝末代皇帝去世十三周年之后，按照政府的特别决议，在政协礼堂举办了溥仪以及其他两位原全国政协委员的追悼仪式。④ 追悼会上来了三百多人，其中有中华人民共和国党和国家领导人，中央政治局委员、周恩来夫人邓颖超、乌兰夫、彭

全国政协副主席王首道在为溥仪补办的葬礼上
向其亲属致哀

① 王庆祥：皇帝成了公民之后。北京，1985 年，第 113 页。
② 戴明久：皇帝出狱——末代皇帝获释前后。北京，1999 年，第 467 页。
③ 刘信君编著：宣统皇帝佚事。太原，1993 年，第 339 页。
④ 消息报，1980 年 5 月 31 日。

冲；人大常委会副委员长朱蕴山，政协全国委员会副主席季方、王首道、杨静仁、胡子昂、刘澜涛、李维汉、胡愈之。王昆仑代表政协和文史资料研究委员会送了花圈。① 此外，《人民日报》关于溥仪葬礼的消息也比十三年前详细多了。

末代皇帝溥仪的骨灰盒本来寄放在八宝山公墓的革命英雄纪念厅。这里专门存放党和国家的著名政治活动家的骨灰盒。1994 年 12 月的一个夜晚，李淑贤做了一个梦，梦见溥仪变成一条一米长左右的活龙，求她善待，她将这条小龙放入深井。她下意识地感到这个梦与丈夫的遗骸有关。两天之后，香港商人张世义来和李淑贤会面，建议她将溥仪的骨灰安葬在他开发的、离光绪墓不远的西陵境内的陵园中。

这处清代皇帝陵墓群落是这样的：它坐落在离北京一百二十五公里的河北易县，包括清代四个皇帝、九个皇后、五十七个嫔妃、七十六个阿哥和格格的陵墓。这里最早是雍正皇帝为自己修建的陵墓，因为他不想和自己的父亲康熙皇帝埋在一起。1729 年，他派自己最信任的人——弟弟允祥去选地方。一年后，在风水先生的帮助下找到了这个地方，修墓持续了七年，直到雍正去世两年后方才完工。此处称为泰陵。地宫里有雍正皇帝、孝敬宪皇后、敦肃皇贵妃的石棺。泰陵是清西陵最大的一处陵寝。泰陵西面是仁宗，即嘉庆皇帝的昌陵。这里吸引游客的是，它的隆恩殿地面铺设的不是金砖，而是抛光的大理石。西边是宣宗，即道光皇帝的慕陵。它建于 1832 年至 1836 年，是在东陵的修建工程废弃之后修的。为了讨好地下的龙，皇帝下令修建了规模巨大的各种龙的形象。最后，慕陵就比相邻的几个陵寝奢华了，虽说它在建制上取消了明楼与石像生。中国最后的皇帝陵寝——清德宗光绪（1875—1908）的崇陵，坐落在清西陵的东面。直到 1908 年才开始选址，为了避免触怒慈

---

① 戴明久：皇帝出狱——末代皇帝获释前后。北京，1999 年，第 467 页。

318

禧，没人敢提这一茬。

大臣溥伦带风水师去西陵堪舆宝地。借助罗盘等设备，经过勘测，确定了合适的地点并下了界石为标记。到了吉日，开始动工，在做标记的地方挖一个圆形的深坑——"金井"——在里面打上木头的甬道，为的是不让棺椁透进日、月、星光。

地宫的地面是用黏土、石灰、砂子、石子混合夯实的，再在坚实的地基上修建墓室。墓室四周是巨大的砖墙，就像城堡一样。墙内在地宫的上方，用黏土和砂子堆砌起墓室。接下来的几天里，附近村子里的上百个少年要用脚踩踏墓室。墓室的石门有特殊的结构：在门扇的下方刻有槽线，里面放着石球。因为在完全关上门扇的时候，石球会掉到地面上挖好的坑里。这样，大门就永远关上了。

还没有完工，辛亥革命就开始了。1912年，宣统皇帝退位。在新政府的《清室优待条例》中，特别提到要保护帝王的陵寝，要把德宗皇帝的陵墓修完。最后，在某些时候要投入六千人、由二十个工厂提供必要装备和技师。这样，又花了一年半时间才修完。

香港商人张世义开发的陵园，就紧挨着西陵。张世义告诉溥仪的遗孀，他的陵园是为有钱的华侨服务的，他们想在中国归根。据他说，溥仪葬在这里有巨大的商业价值。张世义承诺负担一切花销，包括将来李淑贤本人的身后事。他计划将溥仪的坟墓扩建为陵墓，里面可以放三个人的骨灰盒。

1995年1月，溥仪的骨灰盒迁葬到清西陵，离光绪皇帝不远处。雕刻着溥仪名字的现代风格陵墓，就在离溥仪名义上的养父、先人光绪皇帝那巨大的陵墓三百米远的地方。

非常出人意料的是，中国共产党能如此认真对待末代君主。这位君主在他享誉世界的著作——《我的前半生》中，真诚地忏悔并批判了自己的过去。

这就是中国末代皇帝六十一年的人生与命运。他在历经苏联的五年牢狱、中国的十年改造生活之后，变成了一个普通公民。"文化大革命"的最初两年，红卫兵和造反派的冲击究竟在多大程度上加速了中国末代皇帝溥仪之死，只能猜测了。或许，历史会给出答案的。